U0895961

武汉珍稀地方小志

Wuhan Zhenxi Difang Xiaozhi

武汉地方志编纂委员会办公室
武汉出版社有限公司 组编

汉口小志

徐焕斗/著
张博锋 尉侯凯/点校

武汉出版社
Wuhan Publishing House

（鄂）新登字 08 号

图书在版编目（CIP）数据

汉口小志／徐焕斗著；张博锋，尉侯凯点校. — 武汉：武汉出版社，2019.12

（武汉珍稀地方小志）

ISBN 978-7-5582-3357-9

Ⅰ. ①汉… Ⅱ. ①徐…②张…③尉… Ⅲ. ①汉口-地方志 Ⅳ. ①K296.34

中国版本图书馆 CIP 数据核字（2019）第 265984 号

著　　者：徐焕斗
点　　校：张博峰　尉侯凯
责任编辑：胡　新
装帧设计：马　波
出　　版：武汉出版社
社　　址：武汉市江岸区兴业路 136 号　　邮　　编：430014
电　　话：(027)85606403　85600625
http://www.whcbs.com　　E-mail:zbs@whcbs.com
印　　刷：武汉市籍缘印刷厂　　经　　销：新华书店
开　　本：787 mm×1092 mm　1/16
印　　张 23　　字　　数：258 千字
版　　次：2019 年 12 月第 1 版　　2020 年 12 月第 1 次印刷
定　　价：126.00 元

编 委 会

总　　序

近年来，为适应国家关于古籍再生性保护和科学研究的目标，也为了适应群众充分利用地方志史料为科研服务，为各项建设事业提供借镜的社会需求，各图书馆、方志馆和出版社竞相整理出版历代方志，尤其是珍稀旧方志，已蔚然成风。现在，武汉地方志编纂委员会办公室和武汉出版社有限公司联合组编出版“武汉珍稀地方小志”丛书，正当其时，很有意义。

所谓“地方小志”，是民间人士以个人力量就某一事物单独纂修的志书，是相对于由官方主导的大部头的总志、通志、府州县志而言的。其实它是一种“专志”，即专记某项内容的志书，有山水志（山志、水志、山水合志）、名胜志（庵志、庙志、祠志、塔志、陵志、楼志）、书院志、岛屿志、巷里志，等等。专志是在地方志的类别志基础上发展起来的。

民间人士以个人力量纂修的志书，具有“珍稀”的特色。“稀”，即稀少，当年印数很少，后来流传不广，如今很难搜求。“珍”，即珍贵，倒主要不是说物以稀为贵，而是“地方小志”具有对“大志”拾遗补缺、甚至补苴罅漏的作用。相对于郡邑志内容广泛、包罗万象来说，专志内容集中于对某项事物的专题记述，将其来龙去脉、方方面面叙述得很详细，有关资料囊括无遗，具有珍贵的史料价值。

我国历史上尤其是明清时期的地方官员比较重视编修地方志，他们认为“治天下者以史为鉴，治郡国者以志为鉴”。他们经常会谈及“征文考献，守土者之责”。他们认识到地方志在存史、教化、资政等方面的重要功能，并拨官帑，捐廉俸，设馆修志，委托饱学之士承担修志任务，自己则参与其中，或策划，或审订，努力使任内纂修的地方志成为佳志、精品。因此明清时期留下了一大批体例严谨、资料翔实的通志、府志、县志。

但是，对于某一座山或某个湖泊，某一座书院或某个会馆，某一座佛寺或某个道观，某一处名胜或某处古迹，在这些“大志”里，往往略而不详，使许多有意义有价值的陈迹或史实隐而不彰，甚至湮没无闻。如，家喻户晓的武昌蛇山（黄鹄山），在明嘉靖《湖广图经志书》（又称《湖广通志》）里就只有这样几句话：“黄鹄山，在县西南，一名黄鹤山，旧因山为城，即今‘万人敌’及子城也。世传仙人骑黄鹤过此，因名。”而蛇山上从夏口城到郢城遗址，从辛氏酒家到黄鹤楼，从石照亭到游仙洞，从孔明灯（胜像宝塔）到涌月台、压云亭，从南楼到北榭，多少古迹和轶闻趣事，在《湖广图经志书》里就缺少反映，即使有反映也是通过艺文志抄录前人诗文的形式出现，缺乏系统性。再如，颇负盛名的汉口山陕会馆，在民国《夏口县志》的《各会馆公所表》里也是几句话：名称：山陕西会馆（又名关帝庙）；地点：循礼坊；起原：清康熙年山陕旅汉商业建筑；性质：结合团体，维持公益。关于其附属建筑“瘗旅公所”和“山陕里”的记载文字则更少。而关于该会馆的沿革、规模、建筑、功能和各种活动，均无记载。要知蛇山古迹详情，就需要阅读《黄鹄山志》；要了解山陕西会馆的历史，就需要阅读《汉口山陕西会馆志》。这就是“地方小志”与郡邑志的区别。郡邑志中对书院之秩秩有仪的祀典和精彩纷呈的讲学课艺往往是略写的，而这次重新整理出版的光绪《问津院志》，则系统记载了问津书院的建置、祀典、讲学、艺文等内容。据说该志是湖北现存唯一一部保留完整的书院志，对研究古代书院发展史、教育史和研究地方社会、人文均具有重要史料价值。可见，体例完备、考据精当的“地方小志”，在保存史料、传承文化方面具有独特的功用，弥足珍贵。“地方小志”不仅可供輶轩之采择，供学者之研究，还足以资儒雅之观览，那些参观书院会馆的骚人墨客、游览山水名胜的仁者智者，如果能手持一本相关“小志”不时翻阅，一定比走马观花式的观览收获更多，更可知祖国大地上，虽蕞尔之地、培塿之区，其蕴含的文化底蕴如此深厚，则“文化自信”遂油然而生。

章学诚曾提出编纂方志“归四要”的要求：简、严、核、雅，即体例简明，结构严谨，事实准确，文字典雅。这个要求对于今天整理旧志应该也是适用的。不能认为“小志”整理是很简单的事情，校注工作做起来并不容易，因为“最难不过点古书”，真正体现水平的就是古籍整理。如何句读，是用句号还是逗号，能不能把人名地名注对，正是高下之所在。这需要校注者具有深厚的学养和古文功底，尤其是以陈旧的、甚至文字漶漫不清的版本做底本，将竖排繁体字本转化为横排简体字本，难免出现许多问题，这对校注者提出了更高的要求。多年前，武汉地方志办公室成立了旧志整理领导小组，开展旧志整理重印工作，已出版了若干种成果。这次与武汉出版社有限公司联合组编出版“武汉珍稀地方小志”丛书，有部分“小志”还是首次整理重印，做了一件很有意义，很有价值的工作。校注出版这些珍稀小志，不仅可以使学者免去搜求之劳，而且可以让一般史志爱好者也能读懂用文言文写作的，包含生僻典故的乡邦文献，获致许多文史知识，可谓功莫大焉。这次出版的成果，基本做到了校对认真，句读准确，注释恰当，校注者和出版社编辑为此付出了辛勤的劳动，在此谨向他们表示敬意。

出版社总编室电话约序，本人一向对地方志颇有兴趣，遂满口应承，没有以不文推辞。拉杂写来，不知是否可算一篇序言？

严昌洪

2019 年 10 月于桂子山忍斋

前　言

徐焕斗（1873—1949），字星槎，号滠渔，称“泊园鱼叟”，湖北孝昌花园人。1894 年入两湖书院，毕业后留校助教。他对文史方志颇有热情，曾深入研究《文心雕龙》《水经注》《读史方舆纪要》。后来，荐举孝廉方正，为补用县知。曾留学日本士官学校，毕业后回国，在汉口从事警务。辛亥之后，任职汉口警察局局长。汉口是“通商巨埠”“扼南北之纽”，社会风气美恶、财富多寡、地理环境、政治教育之得失，无一不会被外人“观听之”。作为中国中部最大市场的汉口却没有一本可以“问俗观风”的书。不仅是游览者的遗憾，也是地方社会的缺失。因而，徐氏在警局工作期间，利用闲暇，征以见闻、考诸载记，历时三年编撰成一部《汉口小志》。此外，还编有《琴台纪略》《赤壁纪略》各一卷，及其家乡孝感历代名人诗文集《孝感诗征》《孝感文征》《滠风集》等。不过，对后世影响最大的还是《汉口小志》。清代著名学者章学诚曾说：“志乃史体”。小志，方志的一种，承载着一个地方众多具体的社会历史风貌，有以小见大的意蕴。

当时民国肇建，举国百业待兴。徐氏的《汉口小志》力图突显进入民国后的时代特色和武汉地方特色，展现出很多走出帝制时代后的社会风貌与气象。新时代写新方志，他摒弃了传统地方志书的一些惯例章节，如“祥异”“礼祀”“秩官”“选举”“恩荫”“乡贤”“孝友”“列女”等门类都被放弃了。该书原为上下两册，按照专题编排，共分门类十五项：气候志第一、沿革志第二、川流志第三、户口志第四、风俗志第五、教育志第六、交通志第七、商业志第八、建置志第九、名胜志第十、寺观志第十一、义举志第十二、兵事志第十三、艺文志第十四、轶闻志第十五。前有“序”六篇，后有四“跋”一“序”，共计十一篇。附有“引用书目”“外国人居留地”等部分。其中，“气候志”中使用近代科学术语概念——经纬度、日月食等——介绍自然地理位置、天文物候特征等情形。“户口志”利用表格分类介绍了八万人口的性别等分布情况，列举了汉口街道的名称，还简要说明了本地民众的宗教信仰。“教育志”从清末湖广总督张之洞办学起讲，概述设置夏口厅后的学额分配、义学筹办、家塾、新式学校等问题，完全是清末民初的教育实录。“商业志”篇幅最大，作者用力最勤，有别于倾向重农轻商的传统志书。徐氏从商路、市场着眼，列举并分析过往汉口的大宗货物，罗列了各行业商铺数量，还对商事习惯等进行了说明。“交通志”先讲水文特征和水道商路，并讨论京汉铁路与长江航运的关系，以及水陆联运对汉口经济社会的意义。“兵事志”除了简述历史上的相关军事活动，还记录了辛亥革命时期汉口的民军和清军对峙交战细节。“艺文志”分上下两部分，收录了大量有关汉口地区的古今诗文。“轶闻志”收录了众多民间流传的奇人异事，可以当民间文学来看待。“外国人居留地”收录了《英国汉口租地原约》《俄国汉口租界条款》《法国汉口租界条款》《日本汉口租界章程》《日本拓展汉口租界条约》等内容。

汉口地处水陆要冲，明清以来备受推崇，赞誉之词举不胜举。清代刘献廷《广阳杂记》中说：“北则京师，南则佛山，东则苏州，西则汉口。然东海之滨，苏州而外，更有芜湖、扬州、江宁、杭州以分其势，西则惟汉口耳。”清末日本人所编《中国经济全书》说：“汉口为中国中部唯一之大市场”，“清国商人之营进取的商业者，无一不居于此”，“汉口者，实中国商业分子荟萃交换之区也，实中国商业之心脏也”。在这个华洋合璧、五方杂处的“东方芝加哥”，1915年出现了两部志书，一部是官方编撰的《夏口县志》；另一部就是私人著述的《汉口小志》。在建制、户口、风俗、交通、商业等方面，两部书可以互为参证、相互补益。《汉口小志》在有些方面更为丰富，譬如“艺文志”“轶闻志”中辑录很多地方竹枝词，以及士人诗文、地方碑刻、民间故事等，这些内容早已不可寻觅，保存了很多研究汉口社会具体面貌的珍贵素材。

徐焕斗撰《汉口小志》把着力点放在了当时汉口的经济社会发展上，目的不在于给过客游人提供一本城市指南，而是包含着深邃历史眼光和时代责任感，他潜心致力于助推汉口更进一步的发展。通过这本书，后人看到了那个时代的真实记录，也看到了那个时代有责任、有担当的社会贤达的思想观点和积极努力。首先，“体例酌诸名家山水、方隅等志，取材得诸旧籍、新译之书，而又访之口碑，稽之目验”。徐焕斗的《汉口小志》有史料，有考证，比日本人写的《汉口》“更为有根柢”。至于上海、天津等地的旅行指南类的“问途之书”，不可同年而语。第二，附录引征文献，正文注明出处，是《汉口小志》编纂体例的一大特色。明清方志都是收罗文献、选精集粹而成，但不列参考书目、不标明资料来源。这种方式下，读者面对不同史料和史论时很容易混淆，也不利于了解知识累进和作者立意。徐氏撰写本志，列出参考文献，注明材料出处，可以说是近代中国学术规范上的一个重要进步。第三，《汉口小志》是一本资料汇编，但有别于明清方志，并不是史料的简单重新编排，而是加入了大量编者按语，颇具考据色彩，对于读者阅读是一种很大的便利。第四，关注地方社会的日常民生。譬如：汉口市民的市场供应，徐氏说“市场中所供牛肉、羊肉、鸡、鸭等皆佳，冬则野味尤盛，其价与上海不差。别有洋人数家，专设收存入口诸品，以为接济之用”。再如街道布局，“汉口旧为芦苇丛生之地，后以地当要冲、货物往来，遂变为一大镇也。至其繁盛，实可称为长江各港中第一。街市区划有三道大街，互相贯通，而横以小巷。横街等大街两傍，俱属富商巨贾新设市肆”。又如下层民众住所环境，“贫民住屋矮小，夏时炎热，劳役者皆露卧。盛暑时寒暑针至百度以上，极寒时至三十五度”；“夏间热度颇烈，轻罗薄纱，愈轻愈好。下等劳动家有终日赤膊者，亦有通宵露宿于外者”。第五，重视新旧交通对社会经济的作用。武汉号称“九省通衢”，长江水道、汉江水道在其中意义重大，水路交通工具的更新换代是非常要紧的事情。近代开埠通商之后，汉口新旧船只并存，“有汽船公司三四所，常有十四五号汽船。上下出入以便外国人搭乘者，为太古、怡和两公司之汽船。长江、汉水两岸中国码头甚多，大小船舶锚系相连约二里，水面几无余地，朝去夕来，什以千数。中国各港中除上海外，殆罕其匹也”。第六，乐于记录地方社会民俗百态。如家庭称谓、禁忌、冠婚丧祭之礼、民间信仰、服饰、娱乐活动、卫生条件、节庆、饮食等方面，随着时代变迁会有很大的改变，当年的历史风貌在《汉口小志》中得到了很好的保存。

《汉口小志》刊行于民国四年（1915），至今将近百年，所存无多。就笔者所知，中国国家图书馆、湖北省图书馆、武汉市图书馆藏有原本。《中国地方志集成》的湖北部分也收录了此书，但是仅有一百五十多页，还不及原书内容总量一半。在网上流传的各种版本，与《集成》版所收内容基本相同。因而，真正阅读到足本的人并不是很多。《汉口小志》初版也是唯一版本。本书以武汉图书馆藏本为底本，变繁体为简体，以通行标点进行整理，并对疑难之处进行简要注解，以便于阅读为旨。

在整理过程中，遇到缺页情况需要向读者进行说明。一种情况是点校作为依据的藏本中有缺页，如“兵事志”藏本原书第七、八页，通过国家图书馆藏本对比补齐。另一种情况就是明知有缺页，经过多方查找，还是未能找到缺失的部分，如目录里的“改良汉口市政详细新图”，藏本缺失，有可能当时单独附图，非常遗憾未能找到；“教育志”最后一句“提倡教育事宜，以资”，从句子语义来看后面应该还有内容，但藏本下一页是“商业志”。仔细查阅武汉市图书馆和国家图书馆的藏本均未发现残损，似乎是当年刊印时就有缺失。特此说明。

目　　录

汉口
小志

小汉
志口

汉口
小志

漢口小志

民國四年

杜士夔署

聽竹廬叢書之一

漢口小志

趙儼葳署

《汉口小志》目录

武汉珍稀
地方小志

王　序

夏口为东南一大都会，自春秋至季汉，[①] 地本在江北岸，为今汉口地。洎东吴置夏口，督屯江南，地名遂移南岸，为今武昌省会地，考史者不可不辨也。其方位当纬线赤道北三十度三十二分，经线当伦敦天文台百十四度十九分。其版舆为汉水挟沔、夏诸川入江之冲，又为武昌、汉阳两雄郡交错之区域。乱时利用攻守，平时利用交通。自春秋之楚，迄三国之吴，六朝之南北，唐之淮西，五季之南楚，南宋之战蒙古，清代湘军、粤寇之交争，[②] 天下之利害系焉。楚谓之夏汭，吴谓之夏口，南齐谓之汉口，庾仲雍谓之沔口，祝穆谓之鲁口，财赋之雄剧称焉。自唐以降，号称官商行旅辐辏之区，可指数者。贾至《秋兴亭记》所谓“阅吴蜀楼船之殷，鉴荆衡薮泽之大”，李白《赠江夏韦太守》诗所谓“万舸此中来，连帆过扬州”，[③] 是其证也。罗隐《忆夏口》诗所谓“汉阳城下多酒楼”，亦其证也。爰逮有宋，势尤炽矣。陆游《入蜀记》所谓“贾船客舫不可胜计，衔尾者数里，自京口以西者皆不及”，又谓“市邑雄富，列肆繁错，城外南市亦数里，虽钱塘、建康不能过，隐然一大都会”，又谓“出汉阳门，江滨堤上居民市肆数里不绝，其间复有巷

① 季汉：蜀汉，犹言汉之季世。

② 粤寇：旧时对太平天国起义军的蔑称。

③ 连：原误作“运”。

陌往来，幢幢如织。盖四方商贾所集，而蜀人为多”，此其可证者也。范成大《吴船录》所谓“鹦鹉洲前南市在城外，沿江数万家，廛闬甚盛，列肆如栉，酒垆楼栏尤壮丽，外郡未见其比。盖川、广、荆、襄、淮、浙贸迁之会，货物之至者无不售，且不问多少，一日可尽，其盛壮如此”，此尤可证者也。考放翁所云“当南宋乾道己丑之岁”、石湖所云“在淳熙丁酉之岁”，相去八年。而夏口南北两岸同时如此，吁其盛矣。然放翁所状为江南岸夏口之盛，在今汉阳门一带；石湖所状为江北岸夏口西上之盛，为今鹦鹉洲一带。二者皆密迩今夏口，而实非今之素。今之夏口，是时盖犹然一芦苇荒洲，大约与十年前大智门以下等。至明洪武中，始见零畸小肆。方志曾纪，当时营造者卜日，预验后来之昌盛。由是借明人三百年缔构之力，遂以杀宋代汉阳门、鹦鹉洲之盛势，而驱归新市肆中。① 至崇祯中，顾氏《郡国利病书》之言曰：② “禹功矶之旁为铁门关，商舶鳞集，阛阓外屏。”则今汉口属汉阳，设有巡检司，是可考见自鹦鹉洲下移之渐也。至清乾隆中《一统志》之言曰：③ “汉口巡司在汉阳县北，旧在汉水南岸，后在北岸，往来要道，居民填溢，商贾辐辏，为楚中第一繁盛处。明设巡司，清朝分仁义、礼智两司，移本府同知驻此。”是又可考见自南岸下移北岸之渐也。今则自海通后，外国之居留地日益增。自矿山、铁路既开，而上环及月湖诸山，下且延及谌家矶之水口。清季既设厅治，民国又以军官镇守。于是西人之称汉口也曰：“据全国

① 驱：原误作“殴”。

② 《郡国利病书》：顾炎武撰《天下郡国利病书》。

③ 《一统志》：《大清一统志》。

适中之地，控揽五省之商利，而四通八达。”东人之称之也曰：[①]“当九省总汇之通衢，实腹地无二之商市。”夫以如是之奥区大埔，而无一书以纪其实迹，宁非憾欤！且以如是之奥区大埔，而反借彼日本人之《汉口》一书以最其大都，[②]不尤为吾人之大耻欤？况以近六十年来，始经咸丰庚申粤寇一炬，继经宣统辛亥北军一炬，阗咽化为瓦砾，[③]瓦砾复化为阗咽。蕴利毒生，盛难衰易，俯仰陈迹，悲愉无端。乌乎！此孝感徐君星槎《汉口小志》之所由作也。将以示衣裕履霜之戒，返浇俗而挽之大淳，俾芸芸者惧满持盈，观诸已往灿然之迹，而穆然思返其本也。此尤作者之深意也。星槎少劬于学，博涉多通，自有清之季从事警务，于役汉口有年，以其公暇，辑为是编。体例酌诸名家山水方隅等志，取材得诸旧籍、新译之书，而又访之口碑，稽之目验。其于东儒之作，[④]但取见世而未遑考古者，更为有根柢，下视上海、天津诸镇近出资旅客问途之书，尤不可同年语矣。葆心夙昔喜搜讨乡邦旧闻，今得星槎是书，顿触所好，既与商榷义例，又应其请，本诸平昔钩考所得者而为之序，质之星槎，未知果有合乎否耶。

甲寅夏正秋七月，罗田王葆心序于长沙官书局

案：汉口为交通百货之地，而非屯积之地，自唐已然。卢纶《晚次鄂州》诗云：“估客昼眠知夜静，舟人夜语觉潮生。”但侈商船而不及其他，证以贾、李诗，可知唐代商船

① 东人：指日本人。

② 《汉口》：指水野幸吉的《汉口：中央支那事情》。

③ 阗咽：喧闹。

④ 东儒：日本学人，暗指水野幸吉。

之盛也。宋时亦然。胡寅《登南纪楼》案：此当是汉阳南纪门城楼，宋、明人多题咏。诗云："平时十万户，鸳瓦百贾区。夜半车击毂，差鳞衔舳舻。"此又并水陆言之，合以放翁记，亦可证宋时商船之盛也。元代亦有可证者，余阙《登太平寺》诗云"贾客帆樯出汉阳"是也。明代亦多可证者，李梦阳《汉江歌》云"楚蜀帆樯风欲趁"，吴国伦《饮江汉楼作》云"舳舻衔尾障晴川"，张居正《汉江望黄鹤楼》诗云"贾客帆樯云里见"，皆足想见当日商船之殷盛矣。惟宋时商市之盛在鹦鹉洲下，至汉阳南门尚尤繁炽，合之范《录》、胡诗固可见。惟至明则南门外犹如昔时，且其时地形与今略异。明《汉阳县志》郡人王光裕曰：弘正间南纪门外，江中有大洲，[①] 洲上多芦荻，中有大河套，案：此河今尚未湮，但已洿，而两岸都荒废。客舟蚁聚两岸贸易，居民相为市，民乐其利。此可考见宋时汉市上起鹦鹉洲，合以胡诗所云，内且延及南门，南门之盛，至明尚未衰也。《志》又云：万历二十六年正旦，自汉阳崇信坊火起，延烧东阳坊一带。是年水涨，止存别山，[②] 万户鳞集岿。[③] 是又可证由南门至东门，迄今山头街道渐渐下延之迹矣。至汉口民俗之奢侈与游匪之成群，又群尚迷信，在明季清初已然。案旧志又云：汉口一带，五方杂处，商贾辐辏，俱以贸易为业。旧事繁华，今侨居仕宦、商贾富家多侈，外饰炫燿，虽臧获亦穿紬缎，[④] 侈靡极

① 大：原脱，据万历《汉阳府志》补。

② 止：原误作"只"，据万历《汉阳府志》改。别山：古大别山，今龟山。

③ 岿：原脱，据万历《汉阳府志》补。

④ 臧获：奴婢的贱称。

矣。又曰：汉镇水陆珍奇，舟楫捆载，靡不备至。每一宴会，穷极丰腆。不独侨官富商为然，虽中产之家亦勉强徇俗。然务外饰而内实鲜积藏，至有典春衣以为之者，亦习俗使然也。又曰：汉土地称佳丽，人尚浮华。近日复多流寓棍徒，三五为群，或撞太岁，① 或冒牙行，② 少不如意，小则胁制，大则呈告，穷年累月不休。又至信巫重鬼。以上均明季及清初之弊俗，盖二三百年前便如此，无怪今日之民无不为此恶习所困。况今日更有租界，自居化外，为万恶之渊薮乎！余序此编，更著弊俗之始，将以望培风之有人也。葆心再识。

① 撞太岁：旧时勾结官府的恶棍，假借官威欺压良善、弱小。

② 牙行：旧时为买卖双方说合交易而从中收取佣金的商行、商号或个人。

沈　序

武昌、汉口、汉阳，世称三镇。然而谭名胜者，往往首武昌、次汉阳，而置汉口于不问，论者多疑之。余谓武昌、汉阳，其人多文而不陋，其地远俗而不嚣。每当月夕风晨，天空如洗，登楼一望，恒足以系游子之羁愁，动骚人之逸兴。以是知名之士，每一过从，遂皆形为歌咏，以抒其性情之所托。后人抚景流连，以为某人士之所浏览，某贤达之所遗留，虽一椽一石，尚相与珍重惜之。地以人传，此武昌、汉阳所以独有千古也。汉口去武昌、汉阳，特一衣带水耳。然其为地也，商贾辐辏，毂击肩摩，湫隘嚣尘，不可终日。亦有歌台舞榭、弦管清扬，为游观者所娱骋。惟春华秋艳，亦只足移庸俗人之耳目。大雅君子每视为过眼浮云，曾不屑以一觞一咏留去后之鸿泥。汉口一隅，终不得与武昌、汉阳俱传者，讵不以此也欤？虽然，抑又有说焉，汉口为通商巨埠，其地又厄南北之纽，习尚之美恶，财货之赢绌，地势之险夷，与夫政教之得失，无一非外人观听之所集。古者太史陈诗，虽里巷歌谣，尚为问俗观风者所必录。况在交通之世，商埠之盛衰，即国家之强弱所恃为转移。繁盛如汉口，竟令其一无纪载，不得与黄鹤一楼、烟波片石并传不朽，此非徒游览者所引为遗憾，其为政治之累，岂不大哉？吾友徐星槎孝廉，作宦汉口，已三载矣。以其地不可无传，乃分门别类，成为《汉口小志》一书。是书之成，吾意汉口商业之进步，殆必视此书为嚆矢。若视为网罗名胜，徒以供过客游人之一览，则非作者之本意也。予同年友王君葆心，于序文中言汉口沿革事甚详，故不赘也。是为序。

民国三年十一月，沈颂康序于京都旅次

王　序

汉水出自陕西白河，径郧阳城南，又历均州及光化之北、谷城之东，又东至襄阳城北，折而东南，径宜城之东，又南，径安陆城西、荆门之东，复东南出，径潜江北及景陵南，又东历沔阳北及汉川南，又东，与大江会于大别山北。其地即汉、涢合流入江处。春秋时，以其近夏水，谓之夏汭，又谓之夏州，在江北岸。吴孙权于江南岸筑城，谓之夏口，亦因夏水为名。至南齐始因汉水谓之汉口。庾仲雍以沔、汉合流入江，又谓之沔口。祝穆以对鲁山岸，又谓之鲁口。今时复从南齐之名，以江北岸为汉口。同一地也，名称屡易。盖溯其初为夏汭、夏州，以至为夏口，自夏口以至为汉口，自汉口以至为沔口，自沔口以至为鲁口，自鲁口以至复为汉口，凡二千余年矣，未有为之志。县志虽及之，略而不详，不足以备考，览游者多憾焉。于是孝感徐君星槎，发愤博稽古志及亲所见闻，箸书数卷，名曰《汉口小志》。既成，请序于余。时余方从事于鄂之将军行署幕府，书牍旁午，[①] 固辞而不获。因读是志，观其所载甚详，灿然可考。乃掩卷而叹曰：呜乎！所谓知本之士者，于此见之矣。何者？孟子称诸侯之宝二，土地其一。故禹详四夷于《山海》，迁列大宛于《史记》，班固以匈奴载于《汉书》，陈寿以乌丸

---

① 旁午：纷繁。

记于《三国志》。况乃汉口为吾国中原之地，当大江之上游，又为五洲洞达、万商辐辏之胜区，安能轶其记载哉！自是之后，方闻博学之士皆能如徐君之用心，亦庶乎其无愧矣！

甲寅秋八月某日，桐城王光鸾序

刘　　序

汉水之名变更不一，本曰夏水，又曰汉水，又曰沔水，又曰沧浪之水，其最普通者，则惟汉水之名为独著。汉水入江处曰夏口，俗称汉口。虽迭见史传，皆就兵事上之水道而言，非言今之商埠也。汉口为通商巨埠，自明季始，罗田王晦堂先生序之綦详，无劳再赘。第愚尝阅《安陆新志》，于记述夏逢龙叛事一节，曾列有《汉口小志》之目。顾予见其目，未见其书，心颇憾焉。民国元年寄迹汉皋，至今已三易寒暑。居既久，则地方人情风土均能得其大略。正拟分类纂辑，勒为成本，如《西湖游览志》之类。忽闻孝昌徐君星槎早已先我而为之，索稿浏览，其体例简而要，其采录约而精，所谓崔颢题诗、[①] 李白搁笔，愚从此可以已矣。

古随云集山人刘茂寅筱竹氏叙于本埠之消闲社斋，时民国三年十月上浣也。[②]

① 颢：原误作“灏”。

② 上浣：上旬。

李　序

古澴徐先生焕斗，瀚神交者有年矣。工诗古文辞，曾以孝廉方正重于世。辛亥岁，出其先王母饶宜人《机声灯影图》登报征题，[①] 一时学士文人为之序、赞、诗文者，稿盈尺。瀚以记归之，成《澴风集》。今年秋，先生篆警察一署事，招瀚往谈，始识先生。面赠以集，并出近著《汉口小志》一书，嘱瀚序之。汉口为九省通衢，以商务闻，国中一商埠也。熙熙攘攘，为利往来者，举目皆是。与之话时局之变迁，风俗之改革，莫不视为陈迹，漠不关心。虽有一二笔之于书、传之于记者，又皆一爪一鳞，非大观也。先生《汉口小志》之成，计日历三年之久，脱稿经数次之易。举凡所谓气候者，沿革者，川流者，户口者，风俗者，教育者，交通者，商业者，建置者，名胜者，寺观者，兵事者，艺文者，轶闻者，或采公家之史乘，或录私家之杂记，煌煌巨制，纤介无遗，其用心亦良苦矣。瀚皖人，生长汉口，或有以汉口之风土若何、物情若何为问者，则将茫然不知所对。今读先生书，深自愧也。是为序。

民国三年秋，嚼雪斋主李瀚撰

① 先王母：过世的祖母。宜人：宋、元、明、清时妇女因丈夫或子孙而得的封号。近代以后，有时也作为对女性的尊称。

自　序

昔者先王省方巡守，[1]命太史陈诗以观民风，命市纳贾以观民之所好恶。《周官》：诵训掌方志以诏观事，[2]道方慝以诏辟忌，[3]以知地俗。训方氏掌道四方之政事，[4]与其上下之志，诵四方之传道。汉丞相张禹使属颍川朱赣条天下风俗，班孟坚因之作《地理志》，于民质良楛，俗尚贞淫，盖三致意焉。江文通有言："修史之难，无出于志。"诚以志者宪章之所系，非老于典故而富有三长者不能作也。[5]匡庐、雁宕、西湖、澉水，雄峙一方，皆能不胫而走天下者，有为之辨区域、征因革、纪胜迹、察风土，煌煌巨制，纤介毕备，而榭石无稍遗漏焉耳。焕斗本贯孝昌，总角时登吾邑白云最高处，见其形势壮丽，慨然有感。及读乡先生聂云屏氏所纂《白云山志》，始叹先生之关心胜事也，而白云为不虚矣。嗣登大别、黄鹄诸山，辄先购取其书，以按图索解。壮游日本，凡藐躬所经历，若通都巨邑、名山大川，下逮一丘一壑，为名流屐齿所经，罔不笔之于书，而藏诸行箧。汉口

---

① 省方：巡视四方。

② 诵训：周代官名，负责为周王口述说四方久远故事，介绍各地风俗忌讳。

③ 方慝：各地的忌讳。

④ 训方氏：周代职官之一。

⑤ 三长：指史学、史识、史才。

轮轨交通，在吾华为绝大商埔，行旅往还，冠盖相望，独无仿西湖、澉水、雁宕、匡庐诸例，汇集而成一帙者。陈士元之《丛谈》、阮汉闻之《游纪》，虽有专书，传本罕见。坐令学士大夫、墨客词人来游兹土者，考据莫繇，[①] 过眼皆成化境，不其戚欤？焕斗督察此方警察有年，公余之暇，颇好留意旧闻。昔吴梅村氏自谓："在广陵日了公事，夜接词人，以拟刘穆之、渔洋山人在扬州日，于金陵、京口、梁溪、姑苏诸名胜，皆于簿书期会中不废登临，而公事亦无濡滞。"焕斗菲材薄植，曷敢妄拟前贤，然山川之癖则庶几近之。每忆古人"身到处，莫放过"之语，恒欲妄握麋隃，[②] 贻诸来叶。[③] 是以自忘固陋，考诸载记，征以见闻，旁搜远引，门分类别。曰气候，曰沿革，曰川流，曰户口，曰风俗，曰教育，曰交通，曰商业，曰建置，曰名胜，曰寺观，曰义举，曰兵事，曰艺文，曰轶闻，为门十有五，命其书曰《汉口小志》。噫嘻！后生小子，一知半解，就令穷老尽气，亦复何所发明？聊记见闻，以备遗忘焉尔。若夫持此以贡诸地理家、游历家之采择，上拟古人揽辔骖鸾之录，岁时风土之书，将以征文献、纪政令焉，则亦仅为椎轮嚆矢而已。是为叙。

民国三年某月，孝感徐焕斗星槎父叙于汉口商埠警察厅。[④]

---

① 繇：同"由"。

② 麋隃：一为隃麋，以产墨著称，后世因借指墨或墨迹。

③ 来叶：后世。

④ 父：同"甫"，古代在男子名字后加的美称。

《汉口小志》引用书目

《书·禹贡》

《尔雅·释水》

沈钦韩《春秋左氏传地名补注》

《三国志》

《五代史》

《唐书》

《元史》

洪齮孙《补梁疆域志》

《平定粤匪纪略》

王葆心《天完国志》

《南北春秋》

《竹书纪年》

范成大《吴船录》

《太平寰宇记》

《周礼·夏官》

《左传》

《汉书》

《晋书》

《隋书》

《宋史》

《明史》

《图书集成·职方典》

周圣楷《楚宝》

《中国革命日记》

《广舆记》

陆游《入蜀记》

《水经注》

《皇舆考》

《宋一统志》

《清一统志》

《汉阳府志》

《汉中府志》

《汉阳县志》

《孝感县志》

《京山县志》

顾祖禹《方舆纪要》[①]

钱坫《新斠注地理志》

陈澧《汉书地理志水道图说》

《新译英国远东各口岸险要志》

《新译扬子江流域现势论》

《东亚各港口岸志》

《新译最近扬子江大势》

《荆楚岁时记》

《明一统志》

《湖广通志》

---

① 《方舆纪要》：《读史方舆纪要》简称。

《荆州府志》

《安陆府志》

《沔阳州志》

《监利县志》

《天下郡国利病书》

《蜀郡杂抄》

洪颐煊《汉志水道疏证》

李吉甫《元和郡县志》

《中国江海险要图志》

《远东商场志》

《新译汉口》

《述异记》

《健斋丛说》

《中国通览》

吴格斋《闲情丽品》

俞樾《右台仙馆笔记》

郝懿行《曝书堂笔录》

王葆心《晦堂近世事笺》

《国民快览》

《情史》

《京汉旅行指南》

《各国租界条约》

《太白集》

《襄阳集》

《迪功集》

《敬业堂集》

《剑南诗抄》

《所存集》

江绍莲《闻见闲言》

《竹中记》

钱咏《履园丛话·臆论》

李元复《常谈丛录》

金城《湘汉百事》

《因果录》

《汉口丛谈》

《中华邮政章程》

徐焕章《懒园杂俎》

《杜诗抄》

《山民集》

《石臼集》

《遂初堂集》

《风楸偶啸》

《洪乐集》

《白茅堂集》

《葆愚山房文集》

《汉上消闲集》

《汉上消闲社主诗抄》

《听竹庐文稿》

《汉口竹枝词》

《汉口警察厅三年份统计书》

《绿溪草堂集》

《汉皋杂咏》

《汉上消闲社主文抄》

《惜英悼梅集》

《好学为福斋诗存》

潘焕龙《卧园诗话》

槎 星 者 箸

气候志

汉口当北纬三十度三十二分五十一秒，东经百十四度十九分五十秒，距上海六百哩，[①] 气候和煦。《新译扬子江》[②]

汉口镇在北纬三十度三十二分，东经百十四度十九分，属湖北汉阳府汉阳县。汉口镇气候，冬不甚寒，夏不酷暑。《新译最近扬子江大势》

汉口在东经百十四度十九分五十五秒，北纬三十度三十二分五十一秒，为扬子江各港中心点。气候干燥，比之上海，则尤适宜人体也。夏日虽属炎热，然八九月间暑气即退，比于沿岸南地，尤觉差胜焉。每年自十二月至正月必行降雪，或至冰冻，然为时亦不久也。《新译东亚各港口岸志》[③]

汉口在扬子江北岸，当北纬三十度三十二分五十一秒，东经百十四度十九分五十五秒，距上海六百哩，气候和蔼宜人。《新译扬子江流域现势论》

汉口天气晴，干时较上海尤快爽，而一年之景亦不齐焉。夏则炎热，虽其热度稍高于南方诸埠，而热气尚无海滨

---

① 哩：英里旧称。英美制长度单位，1 英里等于 5280 英尺，合 1.609 公里。

② 底本如此，为《新译扬之江流域现势论》简写。该书为日本法科大学生林繁著、汪国屏译，清光绪二十九年（1903）五月二十日上海广智书局出版。

③ 前文引用目录中未见“新译”二字。该书为日本参谋部所辑官书，上海广智书局光绪二十八年（1902）译印。

之烈也。热时尝至西历九月中旬始已，由此至十二月皆安乐之候。寒暑渐跌至凝度，及至新年，冰霜降而成冬，然为时不久。今将逐月所历之天气分剖如下：

西历正月，风向盛东北与正东绕东南，多晴而冷。东北大风凡三日，并大风雨一次，亦三日下雪。风雨表升则三十寸〇七，[①] 跌则三十寸〇〇一。寒暑针升则五十八度，[②] 降则二十七度。江落。

二月，风向盛东北，此向大风猛烈者三次，亦转于西北，有雨。别向之微风三四日，常阴，下雪。风雨表升则三十寸五二，跌则三十寸一九。寒暑针升则五十九度，降则三十度。江落。

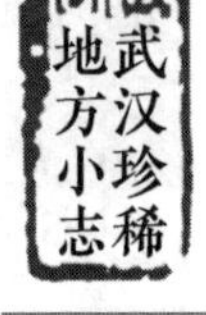

三月，风向盛东北至正北，大风猛烈者一次，为南向无风者十日，雨七日，频有雨意。风雨表升则三十寸〇六，降则二十九寸八五。寒暑针升则七十八度，降则三十七度。

四月，风向盛东北至西北，亦有无风者。东北烈风三次，转西北，所吹特劲则晴。晴风平，复有雨意，久雨八日，东南与西南十三日。一千八百七十五年四月十二日，江始涨。自是则渐增。风雨表升则三十寸三四，降则二十九寸七三。寒暑针升则八十八度，降则四十二度。

一千八百七十五年五月，常阴而雨，风无定向。盛者由北转东至南向，凡十九日至二十二日。江涨甚速，至三十日忽落二丈六尺。三十一日复涨。风雨表升则三十寸一一，降则二十九寸六六。寒暑针升则九十二度，降则六十四度。

---

① 风雨表：有晴雨标记的气压表。

② 寒暑针：英国制造的华氏温度计。

六、七月之间，风在东北，有半大之风。一千八百七十五年六月下雨凡二十一，涨入城市。风雨表升则二十九寸〇九，降则二十九寸四六。寒暑针升则八十八度，降则六十四度。

一千八百七十五年七月，风雨表升则二十九寸七四，降则二十九寸四六。寒暑表升则九十八度，降则七十五度。水道之中有时其流在五讷半。十三日，江落。

曩者八月之天气，湿而无定，而一千八百七十五年甚热，一月皆晴干，仅有一日雨，且无风。风雨表升则二十九寸九三，降则二十九寸五五。寒暑针升则一百零度，降则七十八度。是时有中风热症，① 三有一为不治。江落。

九月，风向皆东北至正北，并有无风，或微风由东南至正西，若东北风则挟雨矣。寒暑针自八十七度至七十度。十一月之风向亦盛于东北及正北，北居三日分之二。雨点稀少，月杪有北向大风猝发三日，风雨表有预兆。继而所吹益烈，轮船皆下双锚。他船有因急流而失于泥沙者。寒暑表由六十七至四十八度。

十二月，正北微风与东北风盛，小雨无多，有西北大风挟细雨从邻郡至，雾轻微。寒暑表由六十一降至三十一度。

汉口气候既为夏暑冬寒，而涨落亦因之而异。江在汉口，夏日之涨过于冬日之水平，由三十九至十尺。今由一千八百六十四至七十年所测扯算之数如下，而一千八百六十八年二月之最低，特举以为准：

高水之平四十五尺二寸，低水之平二寸，涨则在四十四

① 症：原误作“政”。

尺八寸，其最高与最低之水平数，礼拜之间涨落之差，仅数寸。而流势之更则甚速，两岸任涨仅宜三十八尺，若至四十尺，则低岸已没矣；若至四十五尺，则所有低地皆漫矣。遂有数节之地漫如大湖，是时航行特难，当具大智慧以别之。

兹因冬日至低之水平扣计涨落如下：

年份	低水日期西历	尺寸	高水日期西历	尺寸
一千八百六十八年	二月四日	为平度	十月十九日	四十四尺四寸
一千八百六十九年	正月二十八日	十尺六寸	七月二十三日	四十九尺
一千八百七十年	三月九日	二寸半	八月四日	五十尺六寸
一千八百七十一年	二月五日	一尺二寸	九月六日	四十三尺四寸
一千八百七十二年	正月二十五日	四尺七寸	七月九日	四十六尺三寸
一千八百七十三年	三月二日	较平底低八寸	七月二十六日	四十三尺
一千八百七十四年	正月二十九日	三尺五寸	七月十日	三十八尺二寸
一千八百七十五年	正月十四日	四尺三寸	八月二十六日	四十五尺
一千八百七十六年	正月二十六日	一尺五寸	五月二十三日	四十三尺九寸
一千八百七十七年	正月二十六日	二寸	八月六日	三十四尺四寸
一千八百七十八年	正月三十日	一尺六寸	八月六日	四十九尺
一千八百七十九年	三月二日	二尺九寸	七月二十四日	四一尺四寸半
一千八百八十年	正月十一日	七寸	七月三十日	三十九尺七寸

有时四月之水亦落。一千八百七十三年四月八日，其水竟落五尺。嗣而又涨而极大。汉口与九江之间，江之两岸石与沙滩与足以为其涨时之志。至汉口涨至三十八尺，则有淹没之候矣。今取之以为高水之准，一千八百七十六年二月涨十五尺五寸，三月落一尺五寸。四月涨十二尺一寸，五月涨二尺一寸，六月涨十一尺七寸，七月落九寸，八月落八寸。

是年八月八日，水高四十一尺七寸。是年正月二十七日，是为江路之中最低之水，一尺六。七月五日为最高之水，计四十二尺十寸。一千八百七十六年二月水涨凡五日，六尺八寸。四月水涨凡七日，七尺四寸。七月水涨凡七日，十尺二寸。更前数年大涨之期于下：一千八百七十年三月十四至十八，凡四日，涨七尺三寸。是年四月十八至二十三，凡五日，涨六尺七寸。一千八百七十一年三月十七至二十三，凡六日，涨八尺六寸。是年四月二十二至五月四日，凡十四日，涨十四尺六寸。是年六月八日至十五，凡七日，涨十一尺十寸。一千八百七十三年六月八日至十七，凡九日，涨十一尺。一千八百七十四年二月十日至十六，凡六日，涨七尺八寸。是年三月二十三至三十，凡七日，涨八尺八寸。一千八百七十五年三月十一至二十一，凡十日，涨十一尺二寸。一千八百六十六年最低之水在正月三十一日，① 最高之水在八月十日。是年水落非尽在于正月，而正月所落较多，至十尺。及二月第一个礼拜内始涨。然其落也愈于涨，似系多晴之故，意者雨时必有所增涨矣。而所涨各等次第尤在扬子上节之多雨与否也。大雨一日，此江可涨三尺，其流之速力较缓，至此则为江上较大之涨，汇而积之，则十点钟可涨二尺。兼以上节层山之积雪融化，亦足以以助其涨。故正月时，值南风则涨，值北风则落。《新译英国远东各口岸险要志》

汉口之地，由七月至九月，四围皆水绕之，三城皆如岛屿，望之汪洋，又如泽国，此寻常事耳。又四年中，且有漫溢入城矣。富人则迁避于武昌，贫人则栖止于附近之山岗，

① 疑有讹误，正月无三十一日。

余者且登屋顶而居焉。是时，外国租界亦沦于水，汉口江岸污潴泥泞如沙滩。前年，此水亦大溢。[①]一千八百八十九年，最低者在其水平底志之下二尺，最高者四十八尺三寸。一千八百九十年，最低者在水平底志之上四尺十寸，最高者四十六尺八寸。

汉口气候，冬夏各殊，而其流亦有因时缓急之别。当漫溢时，其速力当至五讷半，而有时不及二讷半与三讷也。当十二月时，扬子之上流有人测得由一讷半至四讷，是为最后其流之力量，距岸一百码停泊之处。七月则三讷半，八月则三讷半至四讷，十月则二讷半至三讷，十一月则一讷半至二讷，十二月则半讷至一讷半，夏日则四讷至四讷半，漫溢时则五六讷矣。而开通之水道间至末后之时即十二月则愈减少其速力焉。自注：言其力微也。《远东商场志》

汉口在北纬三十度三十五分，与日本种子岛同一纬度。然距海过远，气候不免激烈。附近无崇山峻岭，冬季微寒。至夏则炎热酷烈，有华氏五十度至九十七八度。[②]且日夜同一温度，少最高最低之差，其苦热实觉难堪。春期烟霞叆叇，[③]天气虽好而雨量甚多。惟秋季较良，金风飒飒，为一年中最佳之时节也。

一年间之平均温度难得精密之标准，而秋季比之春季较为温暖，晴快之日数亦多。

自最高及最低温度言之，则以阴历二月为最低之月，以六月为最高之月。

---

① “水”：原误作“火”。

② 华氏：原误作“摄氏”。

③ 叆叇：浓云密布或云雾缭绕的样子。

年内温度变化之情状，平均二月为最低。尔后，每月大约以平均六七度之比例为升腾，至于六月则达于最高矣。然自七月移于八月之际，略有一度半之减温，至九月约减四五度，至十二月寒气渐催，平均减温六度以上，自正月移于二月之际，则以一度内外而达于最低也。要之，温度升腾之比例甚为急剧，于六、七、八之三个月，仅以平均一二度之差为推移。炎暑殆亘于三个月，又温度减少之比例比之上升虽不过疾，至十二月则见为急剧之变化也。

日夜寒暖之差点不甚悬殊，其最大之月为五、六及十一之三月，有平均八度。前后之差最小者，自十二月至二、三月之间，为平均四度强。然不依平均温度，单就其差观之，有示非常之点者。

寒候自十二月下旬至三月上旬，暑候自五月中旬至九月下旬，为适当之期。

汉口温度虽未能详，大约为平均百分之八十前后，由平均之数观察之，则干湿皆不失宜也。一般于夏冬两期常干燥，春秋两期常湿润。

降水量以何月为属于雨期，尚不能确定，综合已往之观测与故老之谈说，则以三、四、五、六之四个月为降雨多量之时期，但霖雨及梅雨之季不在此限。

每年略以十二月上旬至二月下旬，约三个月间，为降雪期。以十一月至三月，五个月间，为降霜期。地上积雪之深度一般甚少，数年来尚无达于一尺者。即在气温寒冷时亦降霜雪，普通皆随降随消，为时亦不久也。

雷电，一般自三月至八月六个月间为多。地势虽不大震，然亦有时而微震者。

汉口地方昙天之日恒多，快晴之日恒少。每年昙天日数约及于二百五十日，以各月分配之，则自十二月至四、五月五六个月间，略在二十日以上。其甚者有通全月而终于昙天者。而八、九、十、十一月之四个月间，则昙天为较少也。大约快晴日数夏秋为多。

风向通于四季，以东风、北风及东北风为多，西南风最少。一般风力极为微弱，终年无大差异，就中以七、八、九月间为风力最弱之期。其一年中风位之变化，六、七月东南风虽多，由八月转而为东北，以至翌年五月迄无变化。以上《新译汉口》

民国三年九月四日汉日月食时分方位表　　食八分六

时分＼食象	初亏	食甚	复圆
午	下	下	下
时	七	九	一一
分	五四	三二	一〇
方　位	下偏左		右偏下

汉口月食图

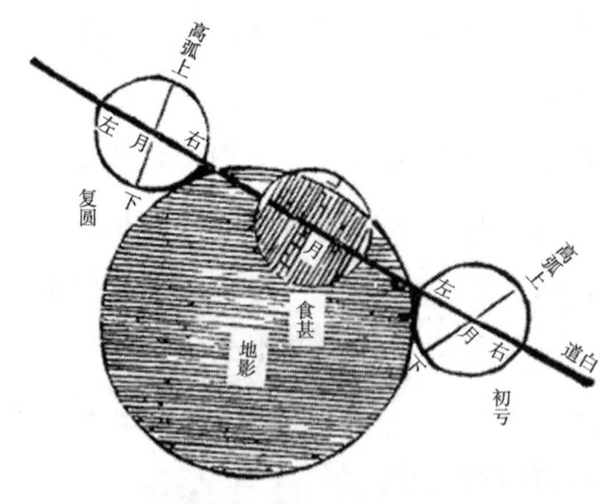

沿革志

汉阳军，一本故沔州也。春秋时郧国地。《左传》曰：“郧人军于蒲骚。”杜预注云：“国在江夏郡云杜县东南，楚灭之。”按：郧国，即安州城是也。战国属楚。秦并天下为郡，此即为南郡地。在汉为安陆县地，后汉为江夏郡。《三国志》云：“魏初定荆州，屯沔阳，以为重镇。初使文聘为江夏太守，继屯沔口。吴大帝累攻不克。在吴亦为重镇，使陆逊屯之。”故《舆地志》云：“鲁山临江，盘基数十里，[①]山下有城，即吴江夏太守所理之地。晋立沔阳县，属江夏郡。”故《晋书》云：“永嘉六年，王敦表陶侃为荆州刺史，镇沔州。”盖此，宋、齐、梁因之。后周于此复置。隋大业初改为沔州，盖以沔水为名。寻改为沔阳郡，置沔州。天宝初改为郡。至太和二年四月，鄂岳道节度使牛僧孺奏废州，[②]以其地入鄂州。四年又置，复废，入鄂州。周显德五年，平淮南，画江为界，江南以汉阳、汉川二县在大江之北，[③]故先进纳。世宗以汉川隶安州，[④]以汉阳县置汉阳军，仍析汉阳地置汉川县以属焉。[⑤]《图书集成·职方典》

---

① 基：原误作“茶”，据《太平寰宇记》改。

② 使：原脱，据《太平寰宇记》补。

③ 汉：原误作“汉”；在：原误作“先”，据《太平寰宇记》改。

④ 汉：原误作“汉”，据《太平寰宇记》改。

⑤ 析：原误作“悉”，据《太平寰宇记》改。

汉阳县，旧六乡，今四乡。本汉安陆县地，属江夏郡。《宋书·州郡志》云："晋于临嶂山置屯阳县，[①] 属江夏郡。"开皇十七年置汉津县，大业二年改汉津县为汉阳县，[②] 以在汉水之南、居嶂山之阳为名。《太平寰宇记》

沔阳郡，《隋志》："沔阳，梁置郡。"《舆地广记》："汉云杜县地，梁置沔阳郡。"《通鉴》："武帝大通五年，魏贺拔胜攻沔阳等郡，拔之，领二县。"《府志》

沌阳县，沈《志》："江右立。"《元和志》："晋于安陆县地临嶂山下置沌阳县，江夏郡自上昶城移理焉。晋后郡又移理夏口，[③] 沌阳县属江夏郡。"《舆地广记》："沌阳县，梁属沔阳郡。"《梁书·元法析传》："子景隆，封沌阳县公。"《南史·周铁武传》："元帝承制封沌阳县子。"[④] 案：或谓梁改沌阳为沔阳者误，《元和志》："梁置沔阳县于汉云杜县。"此为汉安陆县地也。又谓梁于此置梁安郡亦误。洪齮孙《补梁疆域志》

汉阳府，《禹贡》荆州之域，春秋郧国地。战国属楚，秦属南郡，两汉属江夏郡，三国初属魏，后属吴，皆为重镇。晋仍属江夏郡。初立沔阳县为江夏郡治，后郡移治安陆。宋、齐、梁因之，并属江夏郡。后周属竟陵郡。隋属复州，大业初属沔阳郡。唐武德四年讨平朱粲，析置沔州。治汉阳县。天宝末改汉阳郡。乾元初，复为沔州。建中二年，州废。四年，复置。宝历初州废，属鄂州。周显德五年平淮南，以汉阳县置军。宋熙宁四年仍废为县，元祐元年复置军。绍兴五年废，

① 嶂：《太平寰宇记》中作"江"。

② 汉津县："县"原脱，据《太平寰宇记》补。

③ "后"上原衍"晋"字，据《元和郡县志》删。

④ 承：原误作"丞"，据《南史·周铁武传》改。

七年复置。元至元中升为汉阳府。明洪武初因之，九年省入武昌，十三年复置府，领二县，今因之。《府志》

汉阳县，本汉安陆县地，属江夏郡。东晋于临嶂山下置沌阳县，后废。开皇十七年，置汉津县，属复州。大业初改曰汉阳，属沔阳郡。唐初于此置沔州，后废州，以县属鄂州。五代周为汉阳军治，元至元以后，皆为府治。顾祖禹《方舆纪要》

汉阳府，《禹贡》荆州之域，天文翼轸分野。春秋郧国地。战国属楚。秦属南郡。汉为江夏郡安陆县地。三国属魏，后属吴，皆为重镇。晋立沌阳县为江夏郡治，后郡移治安陆县。宋、齐、梁并属江夏郡。后周属竟陵郡。隋属复州，大业初属沔阳郡。唐置沔州，治汉阳县。天宝初改汉阳郡，乾元初复为沔州。宝历初州废。周世宗平淮南，以汉阳县置军。宋熙宁中废为县，绍兴中复置军。元至元中，升为汉阳府。本朝因之，领县二。《明一统志》

汉阳县，汉安陆县，地属江夏郡。东晋于临嶂山置沌阳县，后废。隋开皇末置汉津县，属复州。大业初，改曰汉阳，属沔阳郡。唐初于此置沔州，后废州，以县属鄂州。五代周为汉阳军治。宋废军，绍兴中复置。元为汉阳府治，今因之。同上

汉阳府，《禹贡》荆州之域，天文翼轸分野。春秋郧国地。战国属楚。秦属南郡。汉属江夏。三国属魏，后属吴。唐曰沔州，曰汉阳。宋废为县。元、明为汉阳府，领县二。《汉阳府志》

汉阳县，汉安陆县地，晋沌阳，隋汉阳，唐沔州。《广舆记》

汉阳府，《禹贡》荆州之域。春秋郧国地。战国属楚，秦属南郡。汉属江夏郡。后汉因之，建安中为江夏郡治。三国属吴。晋属江夏郡。宋、齐因之。隋置汉阳县，属沔阳郡。唐武德四年析置沔州，天宝初曰汉阳郡，乾元初复曰沔州，属江南道。建中二年州废，四年复置。宝历二年又废，属鄂州。五代周显德五年置汉阳军。宋熙宁四年仍废，属鄂州。元祐初复置军，属荆湖北路。绍兴五年废，七年复置。元至元中升为汉阳府，属湖广行中书省。明洪武九年省入武昌府，十三年复置府，属湖广布政使司，本朝因之。康熙三年属湖北省，领县四州一。《清一统志》

汉阳县，东西距九十三里，南北距二百六十里。东至武昌府江夏县界，七里；西至汉川县界，九十里；南至沔阳州界，一百四十里；北至黄陂界，五十里；东南至武昌江夏县治，七里；西南至沔阳州界，一百二十里；东北至黄陂县界，四十里；西北至孝感县界，七十里。汉江夏郡沙羡县地。后汉末尝为沙羡县治。晋治石阳县，属江夏郡，后改名曲阳。宋又改名陵曲。齐为沌阳。梁为梁安郡地。隋开皇十七年改置汉津县，大业初改曰汉阳，属沔阳郡，初为沔州治，宝历二年州废。县属鄂州。五代周为汉阳军治，宋因之。元为汉阳府治，明初属武昌府，后复为汉阳府治。本朝因之。同上

夔清案：汉阳府，唐乾元初曰沔州，建中二年州废。四年复置。宝历二年又废，属鄂州。见《旧唐》本纪与《新唐志》同。而《旧唐志》作太和七年州废，乐史《太平寰宇记》作太和二年废，四年复置，又废。宜两义并存。

汉阳府，唐虞荆州地。《禹贡》九州："荆及衡阳惟荆

州，江汉朝宗于海，道山内方至于大别，道水过三澨至于大别，[①] 南入于江。”商为荆楚地。周文王之化，被于江汉，作《汉广》之诗。召公所巡行者也，分封为郧。春秋夷王时，楚并其地。时楚子熊渠甚得江汉民和，乃兴师伐庸、扬粤，至于鄂，后灭郧，以封其臣斗氏。赧王二十七年，秦拔楚，置南郡。汉为江夏郡安陆县地。《汉书·地理志》：“江夏郡十四，首安陆。”注曰：“横尾在东北。古文以为陪尾山，今山在德安府安陆县东北四十里。”《通志》尝辨其非，盖汉初地广民稀，安陆一县实兼今云梦、孝感、安陆、汉阳之地，而江夏郡治固在本府临嶂山，去汉口五十里。至孙权筑黄鹄东北之城，乃始徙治江东，而江夏之名归于沙羡，为五代以来之夏口矣。安陆始终不离于临嶂，德安之安陆非古也。献帝末，沔口为重镇，使黄祖为江夏太守，表守郤月、沙羡二城，皆在沔口之左。三国属魏。青龙后属吴，始置鲁山县。嘉禾四年，[②] 使陆逊、诸葛瑾屯之。时曹操赤壁败后，[③] 遂与吴、蜀三分荆州，北境属魏，西属蜀，东南属吴。今境在荆州东。晋初仍江夏郡名，别置沌阳县于上昶，寻移临嶂。上昶城不知所在，第以县名度之，应在沌水之阳。而府治西南槠山之下数里有诸葛城者，其墟正临沌流。山水奔会，气势雄杰，或即上昶废城也。后县虽治临嶂，沌阳之名未改。郦道元注《水经》，合沔、沌为一，遂若沌阳在临嶂之西，同临汉水者然，盖道元未履南土故耳。其实沌阳移治临嶂，若夏口之移于沙羡，与安陆之移于德安也。后

① 三澨：句澨、雍澨、薳澨，汉水及其分支的名称。

② 禾：原误作“和”。

③ 操：原误作“女”，据万历《汉阳府志》改。

又置安陆县。秦《志》曰："按汉江夏郡有安陆县，晋沿革与汉同，而不载沌阳，似初置沌阳废安陆，置安陆废沌阳也。"今考愍帝建兴三年，周访击杜曾，至沌阳。安帝元兴三年，桓振遣孟山图据鲁山城、桓仙客守偃月垒，而刘宋、齐、梁皆有沌阳县，不得云置安陆时便废沌阳也。然沌阳移于临嶂，为江夏郡治矣。安陆县城未详何所，岂在云梦、汉川之间乎？盖晋后又析江夏置安陆郡也。安陆之郡，汉以来于江夏为属县，于临嶂为治所。自东汉始分郡名，及东晋遂分郡界，而安陆渐移于德安矣，然犹未尽变古也。观五代之以安陆属郢州，赵宋之以德安治临嶂，则汉阳、安陆始终未相远绝矣。独沌阳、曲陵、马骑、汉津诸废城无可考耳。徙江夏郡治于夏口。按：考义熙元年，是时江东已专江夏之名，宋沌阳县属郢州江夏郡。齐沌阳县属郢州江夏郡。萧衍始筑汉口城守鲁山，梁更为梁安郡，西魏改魏安郡，兼置江州，寻改郡曰汉川。按魏收《地理志》，梁安郡领县二，济阳、阳城，属光州，郡治济阳。又：梁安郡治建昌城，领县一。梁兴，属北江州，无魏安郡也。后周增置甑山县今甑山下，废江州，更名复州，属竟陵郡，亦曰沔州。《五代志》："沔阳郡甑山县，梁置梁安郡，西魏改曰魏安郡，置江州。废帝三年改曰沔州。"《资治通鉴》："临海王光大元年，周与陈既交恶。周沔州刺史裴宽白襄州总管请益戍兵,[①] 并迁城于羊蹄山以避水。"胡三省注曰："甑山有阳台山，在汉川之南三十五里，土俗讹为羊蹄山。"按：此则梁魏之郡、后周之州，俱治甑山而复自甑山移于阳台也。《通志》、秦《志》

① 戍：原误作"戌"。

俱云："甑山属复州景陵，而竟遗沔州之名，未知何故。"又五代时鲁山、沌口岁岁用兵，亦未知定属谁县。陈、梁角立，汉为要地，周、齐亦分据焉。考陈宣帝大业五年伐齐，郢州刺史李综克滠口城，是鲁山之东四十里即齐地也。梁末陈初，有江州，又有北江州，江州重于梁，而北江州夺于西魏，亦为梁置。《通鉴》："王琳遣樊猛袭据江州，又以北江州刺史鲁悉达为镇北将军，而陈又置北江州于南陵，与魏之所建不同矣。北齐师助王琳伐陈，先守鲁山，琳败，弃城走，陈文帝令南豫州刺史程灵洗守之。大建二年，赂周以鲁山郡。"注曰："得鲁山则全有汉、沔。"是梁、陈、周、齐皆尝分据汉阳，而后全并于周，曰江州、沔州、魏安郡、鲁山郡、甑山县、沌阳县、滠口城、沌口，城名亦伙矣，总不离于汉阳百里内外也。梁江州，一在隆山，一在浔阳。独北江州治鹿城关，领梁安等六郡。而《五代志》曰黄州木兰县，梁曰梁安郡，岂汉阳割东属于黄耶？又按《五代志》："竟陵郡旧置郢州，所领有汉东县，旧曰上蔡。"魏收《志》："郢州有汝南郡。"胡三省谓："汝南郡即在汉东县城。"宋白曰：[①]"晋汝南郡人流寓夏口，因侨立汝南郡、汝南县于潼口。"《荆湘记》云："金水北岸有汝南旧城。"是也。金水即金口，其北方为大小军山。此地亦有古郡县矣。盖汉南江北建立不常，东则属于梁安郡，为江州地。西南则属于鲁山汝南郡，为郢州地。西北则属于汉川郡，为沔州地。北则属于安陆郡，为安州地，无一定也。隋开皇十七年置汉津县，属复州。秦《志》曰："复改复州曰沔州，今之沔阳也。唐武

① 白：原脱，据《资治通鉴》卷一百六十三补。

德四年置沔州，始在今府治。大业初改汉津为汉阳，与甑山县并隶复之沔阳郡，自此始有汉阳之称。前此汉阳俱在汉中府沔州，此但名沔口。唐平朱粲、萧铣，乃改甑山曰汉川，寻以沔阳之汉阳、汉川置沔州汉阳郡，汉阳之别为郡统二县也自此始。其自临嶂迁今治也，亦始于此。”按：汉武、元魏俱置汉阳郡，在今秦州。后周、隋、五代周俱置沔州，今沔阳州。宋改兴州为沔州，入洛阳县，非今之沔阳也。天宝元年改汉阳郡为沔阳郡，时改天下之州为郡。乾元初复为沔州，肃宗复郡曰州。建中二年州废，四年复置。宝历二年，牛僧孺节度武昌,[①] 欲损冗官，奏废沔阳，以汉阳、汉川入鄂州，属淮南道。五代属吴，杨行密称吴。后属南唐，俱淮南地。周世宗显德五年平淮南，始与南唐画江为界。割汉川隶安州，今德安府，而以汉阳县置军。宋初仍为军，统二县，汉阳、汉川。后改汉川为义川，治刘家隔。太平兴国二年避太宗讳，改义川曰汉川，属汉阳军。汉阳军领汉阳、汉川，始此。是时始有汉川之名，前此皆在秦、蜀。熙宁四年废汉阳军为汉阳县，省汉川为镇，并其地入县，属鄂州。盖王安石之徒所议也。元祐元年复为军。崇宁七年徙德安府治于临嶂山，领县四：安陆、应城、应山、孝感，其汉阳军隶复州。绍兴五年八月改军为镇，使兼知县事。寻复汉川县。七年闰十月从岳飞请，复为军。元仍为军，统县如宋。至元十四年升为散府。其年行中书省迁于湖南，以鄂州设湖北道宣慰司府隶之，统汉阳、汉川。十八年五月行中书省迁治鄂州，宣慰司徙治汉阳。十九年八月罢宣慰司，以府隶行中书

① 孺：原误作“儒”。

省，省治鄂州。至元中，德安北徙，自临嶂复还安陆。明初仍为府，统县如元，属湖广布政司武昌道。洪武九年五月革府，以二县隶武昌府。十三年复府如故。正德十三年，左都御史陈金以汉阳一府统二县，仅二十余里，欲增州县，以全府治，奏以沔阳来属，添设府同知一员，知沔阳州李濂奏罢，并革同知。清因之。《汉阳府志》

汉阳县，汉初置，安陆县地属江夏郡。东汉因之。晋初置沌阳县于临嶂山，属江夏郡，寻废，入安陆。南北朝宋、齐、梁俱属江夏郡。隋开皇末，置汉津县，属复州。大业初改汉阳，属沔阳郡。唐武德初，置沔州，后废州，以地入鄂，属淮南道。五代周世宗平淮南，以汉阳县置军，属安州。宋废军为县。绍兴中，复置军。元至正中，升汉阳府。明初武昌府隶武昌道，洪武九年裁。后复置，仍隶武昌道。清因之。同上

夔清按：汉口在明洪武以前直一芦苇荒洲，今则殷阗大市，沧桑变幻，不可思议。然吾尝考其陈迹，在夏则隶于荆州，《禹贡》"导山内方，至于大别，导水过三澨，至于大别，入于江，惟荆州江汉朝宗于海"是也。在商则为荆楚地。周文王之化被于江汉，召公所巡行者是也。后分封为郧。春秋夷王时，楚子熊渠得江汉民和，遂有其地。秦分天下为三十六郡，汉口隶于南郡。汉于汉阳置江夏郡安陆县，汉口即为所领之沙羡县。三国时，吴、魏相继据为险要。吴置鲁山县，嘉禾四年使陆逊、诸葛瑾屯之者即汉口也。《魏志》"江夏太守王基城上昶，以逼夏口"者，亦即汉口也。《吴志》："以沙羡为孙皓奉邑。"《水经注》"汉与江合于江北翼际山旁，上有吴江夏太守陆奂所治城"，是即汉口。晋武

帝改沙羡为沙阳。永嘉以后，于临嶂山置沌阳县，汉口隶焉。宋、齐、梁时，汉口俱属江夏郡。隋开皇末置汉津县，汉口则为汉津县之地。大业初改汉阳，则汉口隶于汉阳。唐武德时属沔州，后入鄂，属淮南道。五代周世宗平淮南，以汉阳县置军，属安州，则汉口隶于安州。宋废军为县，则汉口仍隶于汉阳县。寻又置军，则隶于汉阳军。元升军为府，明因之，隶武昌道。洪武九年裁，复置，仍隶武昌道。清为汉阳县地。光绪己亥，南皮张文襄之洞督鄂时，以汉口为华洋杂处之地，事务纷繁，汉阳县又隔越数里，襄水时涨，阻滞殊多。因奏设抚民同知，北之溾口流域地，南及汉水流域地，为夏口厅。从此汉口始为直隶独立之区域矣。民国夷为砾，① 隶鄂东道。考汉口一名夏汭，一名夏口，一名沔口，一名鲁口。《春秋》昭公四年："吴子伐楚，楚沈尹戌奔命于夏汭。"杜预注："汉水曲入江处。"今夏口也。沈钦韩《春秋左氏传地名补注》曰："自堵口下沔水兼通夏口，而会于江，谓之夏汭，即夏口也。"《水经注》："夏水入沔，自汭口下，与沔水同，兼夏水而会于江，② 谓夏口亦即夏汭也。"胡三省《通鉴注》："今汉阳军，即夏口。"《广舆记》："水北曰汭，夏汭者，即江北之夏口。"《左传注》："汉水曲入江处，即所谓汉口，是汉口亦名夏汭之证也。庾仲雍谓之沔口。"《水经》引《地说》曰："汉与江会于衡北翼际山者也。"《地理志》曰："夏过郡入江，故曰江夏。江左即沔水口矣，是即夏口也。"乐史《寰宇记》引《三国志》云："魏

① 砾：原误作"乐"。

② 水：原误作"口"，据《水经·江水志》改。

初定，荆州、沔阳为重镇。初，使文聘为江夏太守，继屯沔口，吴大帝累攻不克。后属吴，亦为重镇，使陆逊屯之。”又曰：“晋永嘉六年，王敦表陶侃为荆州刺史，镇沔州。”盖即夏口。宋、齐、梁因之。顾亭林《天下郡国利病书》曰：“汉阳府，魏、晋、宋皆为沔口重镇。”注曰：“汉水曲入江处，谓之沔口。”《明一统志》引《书》，疏应劭曰：沔水下尾与汉水合，乃入江。是汉口亦即沔口。《清一统志》谓其地有沔水，故曰沔口。是汉口亦名沔口之证也。吴、魏又谓之夏口。《清一统志》谓其地有夏水，故名。祝穆谓之鲁口，因逼近鲁山而名。是楚之夏汭、吴之夏口、庾仲雍之沔口、祝穆之鲁口，实是一处也。其地本在江北，自东吴于魏黄初二年筑夏口城于黄鹄矶之东北，督屯江南，于是相承以鄂州为夏口，而江北之夏口由是乎晦矣。

夔清按：六朝以前，夏口商埠应在今武昌文昌门外鲇鱼套口一带。考《水经注》：“直鹦鹉洲之下尾，江水溠洄洑浦，[1] 是曰黄军浦。昔吴将黄盖军师所屯。故浦得其名，[2] 亦商舟之所会矣。船官浦东即黄鹄山，山涧甚美。”《宋书·沈攸之传》：“昇明初，攸之举兵江陵，讨萧道成。引兵至夏口，泊黄金浦，将东下。柳世隆时守郢城，遣兵于西渚挑战。”《方舆纪要》云：“西渚即鹦鹉洲西渚也，亦曰南堂西渚，盖时建射堂于渚上。齐永元末，萧衍攻郢州，遣荆州将邓元起自夏口进据南堂西渚。”[3] 胡氏曰：“渚在射堂之南、[4]

① 洄：原误作“曰”，据《水经·江水注》改。
② 浦：原误作“甫”，据《水经·江水注》改。
③ 州：原误作“洲”，据《读史方舆纪要》改。
④ 堂：原误作“唐”，据《读史方舆纪要》改。

江渚之东是也。”据此知当日鹦鹉洲未没，其间既有西渚泊兵，又有南堂校射，可知其地之殷盛。又洪齮孙《补梁国疆域志》云：“《寰宇记》引《荆州记》，侯景令宋子仙夜袭江夏，① 藏船于鹦鹉洲。”② 亦可知六朝以前商船由黄军浦北迤鹦鹉洲之证。由洲南迤，又有黄军浦为商舟之聚会区。《明一统志》谓：“黄军浦与黄金为声近之讹，商舟既会于是浦，以今地势按之，应在今鲇鱼套一带。因江水至此一曲，又内通湖港，利于泊舟也。商船既在此，则市肆亦应列洲渚之上矣。”《方舆纪要》云：“船官浦在黄鹄矶东，自昔为泊舟之所，有船官司之，因名。”《括地志》：“船官浦东对黄鹄山是也。黄军浦为泊舟之会，船官浦又为泊舟之所，可知两处泊舟必相连属。其以官司船者，即明、清河泊所所官之属。”《清一统志》引《经注》云：“历黄鹄矶西而南，可知由鹦鹉洲西渚南堂而迤南至黄军浦，又南而至船官，其时商船与商肆南迤，直入今套口而南也。故去城南三里又有南浦。”《清一统志》云：“一名新开港。”《太平寰宇记》：“《离骚》云：送美人兮南浦。”其源出景首山，西入江。春冬涸竭，秋夏泛涨。商贾往来，皆于浦停泊，在郭之南，故名。《名胜志》：“有起陀石在其内，长十丈许，高半之。”据此，是商船又由船官浦入南浦矣。由此至城南又有管家套。《方舆纪要》云：“弘治中，郡守陈晦修凿，使水绕城南，商旅得避风涛之险，今亦名陈公套。”此虽后起泊船之所，然亦因鹦鹉洲及诸浦渐湮，水势渐趋而南，故有此套。鲇鱼套疑即管

① 令：原误作“会”，据《太平寰宇记》改。
② 藏：原误作“等”，据《太平寰宇记》改。

家套之讹。按《清一统志》：“金沙洲在江夏县西南大江中，白沙洲亦在西南大江中，对陈公套，土壤甚沃。新淤洲在西南，与鹦鹉洲相对。明永乐中，立水母，初以饶之。”据此三者以观，必是濒北岸之鹦鹉洲既湮，而南遂渐生此新洲也。是皆可考见鹦鹉未没以前，六朝至唐代商埠之所在矣。

夔清按：卢纶《晚次鄂州》诗：“云开远见汉阳城，犹是孤帆一日征。估客昼眠知浪静，舟人夜语觉潮生。”罗隐《忆夏口》诗：“汉阳城下多酒楼。”据此可知唐代汉口商埠渐由梁以后船官鹦鹉洲之水市，迤而北抵汉阳之南岸，直今汉阳南门以上。而其时帆舶之盛，如贾至《秋兴亭记》云：“阅吴蜀楼船之殷，[①] 鉴荆衡薮泽之大。”及李白《赠江夏韦太守》诗所谓“万舸此中来，连帆过扬州”，[②] 皆可证。至商船则多居上游之蜀与下游之吴，所以交通货财下抵扬州，则当时汉埠实与扬州交易为最剧，大略如今日汉口之与上海也。据此可知唐代商埠之所在矣。

夔清按：放翁《入蜀记》云：“出汉阳门，江滨堤上居民市肆数里不绝，其间复有巷陌往来，憧憧如织。盖四方商贾所集，而以蜀人为多。”范成大《吴船录》云：“鹦鹉洲南市在城外，沿江数万家，廛閈甚盛，列肆如栉，酒垆楼栏尤壮丽，外郡未见其比。盖川、广、荆、襄、淮、浙贸迁之会，货物之至者无不售，且不问多少，一日可尽。”观此可知南宋乾道、淳熙间，江南岸则汉阳门一带，北岸则鹦鹉洲南纪门一带，商务同时并盛，二者皆逼近夏口，实非夏口

① 船：原脱，据《全唐文》卷三百六十八补。
② 连：原误作“运”。

也。胡寅《南纪楼》诗云："平时十万户，鸳瓦百贾区。[①]夜半车击毂，差鳞衔舳舻。"亦可证宋时汉口商埠之所在地矣。

夔清按：元代商场亦多在汉阳。余阙《登太平寺》诗云"贾客帆樯出汉阳"是也。盖元代逼近宋代，故无变迁。明代商场亦多可考者，李梦阳《汉江歌》曰："楚蜀帆樯风欲趁。"吴国伦《饮江汉楼》诗作云："舳舻衔尾障晴川。"张居正《江汉望黄鹤楼》诗云："贾客帆樯云里见。"足想见当时汉阳商务之盛矣。是汉口在尔时尚未有商场之设，犹然一芦苇荒洲也。洪武中始有零星小肆。顾炎武《天下郡国利病害书》云：[②]"禹功矶之旁为铁门关，商舶云集，阛阓外屏。"是明代商市由西南而迤东北之证也。又明《汉阳县志》郡人王光裕曰："弘正间，南纪门外江中有洲，洲中多芦荻，中有大河套，客舟蚁聚两岸贸易，居民相集为市，民乐其利。"亦可考见汉市在宋上起鹦鹉洲，合以胡寅诗且延及南门，南门之盛至明末杀。又云："万历二十六年正旦，自汉阳崇信坊火起，延烧东阳坊一带。是年水涨，只存别山，万户鳞聚。"是又可证明代商务自南门延东之迹也。

① 百：原误作"白"。

② 害：当为洐字。

川流志

汉水源出今陕西巩昌府秦州嶓冢山，始出为漾水，东流至西和县，[1] 入武都、上禄之地，名为西汉水。又东流至成县，名六汉水。折而稍西，又折而东南，入汉中府凤县界，又过沔县城西，别为潜水。又东合沔水，又东径洋县界流入湖广郧西县界，又至均州，为沧浪之水。又历光化、襄阳、宜城、荆门州、潜江县诸界，至沔阳州，过三澨，又径武昌府城、汉阳府城南大别山下，[2] 与江水合流，东至江南镇江府城东，入于海。《水经注》

荆及衡阳为荆州，江汉朝宗于海。[3] 蔡传。江汉合流于荆，去海尚远，然水道已安而无有壅塞横决之患，虽未至海，而其势已奔趋于海，犹诸侯之朝宗于王也。大全王氏炎曰："汉水入江处，在汉阳军大别山下，正属荆州之域。"《书·禹贡》

嶓冢道漾，东流为汉。孔传。泉始出为漾水，东南流为沔水，至汉中东流为汉水。疏正义曰："传之此言，当据时人之名为说也。"《地理志》云："漾水出陇西氐道县，至武

① 和：原脱，据《水经·汉水注》补。

② 武昌府城：疑为衍字。

③ 朝宗：比喻小水流注大水。《书·禹贡》："江、汉朝宗于海。"孔颖达疏："朝宗是人事之名，水无性识，非有比义。以海水大而江水小，以小就大，似诸侯归于天子，假人事而言之。"

都为汉水。”不言中为沔水，孔知嶓冢之东、汉水之西而得为沔水者，以禹治梁州，入帝都自所治。云逾于沔入于渭，是沔近于渭，当梁州向冀州之路也。应劭云：“沔水自江别至南郡华容县为夏水，过江夏郡入江。”既云江别，明与此沔别也。依《地理志》汉水之尾变为夏水，是应劭所云沔水下尾，亦与汉合，乃入于江也。《书·禹贡》

荆州，其川江汉。《订义》。黄氏曰：“汉水自房陵以下为州界，东南至汉阳入江。”易氏曰：“《汉志》不知《汉志》所自误认水，[1] 水山之西嘉陵江为西汉水，与《禹贡》漾、汉大异。”考之唐《元和志》，兴元府金华县，嶓冢山在县西三十里，漾水所出，东流至洋州兴道县，又东流至金州西城县，又东流至均州当县，有沧浪川，[2] 即《禹贡》沧浪之水。又东流至襄阳府襄阳县，又东流至鄂州长寿县，又东南流至复州竟陵县，今为景陵县，有渗参水，即《禹贡》三澨也。又东南流至沔州汉阳县，今县为汉阳军，有大别山，即《禹贡》云于大别以入于江之地。《禹贡》所记江汉皆发源于梁州，《周礼》不载梁州山川，故至荆州而后言其川江。川江自今归州之秭归县以至鄂州之武昌县，[3] 凡一千四百余里。汉江自今均州之武当县以至汉阳军之汉阳县，凡一千四百余里，皆荆州之地。江汉分流于其间，至是合流。《诗》曰“滔滔江汉，南国之纪”，是也。王昭禹曰：“即《禹贡·荆州》所谓江汉朝宗于海。”《周礼·夏官》

---

① 此句疑有讹误。

② 川：原误作“州”。

③ 川：原误作“汉”。

汉为潜。[①] 疏《地理志》云：陇西郡西县嶓冢山，西汉水所出，沱出于江，潜出于汉，二水发源梁州而入荆。故荆州亦云沱潜既道。案郭氏《音义》云："沱自蜀郡都水县陇山，与江别而更流。"又云："有水从汉中沔阳南流，至梓潼汉寿入大穴，通峒山下西南潜出，一名沔水，旧俗云即《禹贡》云潜也。"然则水从江汉出者皆曰沱潜，所以荆、梁二州皆有也。《尔雅·释水》

西山经嶓冢之山，汉水出焉，而东南流，注于沔。注：至江夏安陆县，江即沔水。《山海经》

武都郡即武都，东汉水受氐道水，一名沔水，过江夏谓之夏水，入江。沮水，今陕西沔县上沮水，出县北境山，下流为东汉水。东南流，至湖北江夏县入江。养水，今甘肃秦州黑峪江也。今黑峪江不与东汉水通流。《志》云："养水至武都为汉。"又云："东汉水受氐道水。"皆存《禹贡》故道耳。汉时东汉水已不受氐道水，故更以沮水为其源也。自注：此金辅之说。凡东汉水所纳之水，《志》云入汉，或云入沔，惟不云入沮，则以沮水本非东汉水正源故也。夏水者，汉水支流。今汉水至湖北潜江县、汉川县、沔阳州，支分南出，交络为邋遢湖、赤野湖、沙湖，皆东流入江。陈沣《汉书地理志水道图说》

武都郡武都县东汉水受氐道水，一名沔，过江夏，谓之夏水，入江。《尚书·禹贡》："嶓冢道漾，东流为汉。"《史记》集解引郑玄云："《地理志》漾水出陇西氐道，至武都为汉，至江夏谓之夏水。《山海经》：'嶓冢之山，汉水出焉，

① 潜：汉水别名。

而东南流注于沔。’应劭曰：‘沔水自江别至南郡、华容，为夏水，过郡入江，故曰江夏。’”《史记》正义：“夏水口在荆州江陵县东南二十五里。”洪颐煊《汉志水道疏证》

东汉水受氐道水，一名沔，过江夏，谓之夏水，入江。《禹贡》：“嶓冢道漾，东流为汉。”本志云氐道《禹贡》漾水所出，东至武都为汉。是东汉水于氐道曰漾水，于武都曰汉水也。是漾、汉一原，《志》不言水所出山，遂迷汉水之原，而后人复以为东汉水出今宁羌州者，非矣。《水经注》引庾仲雍云：“献水南至关城，今西汉水是。”当有一水出徽县，南下至阳平关，与东西二汉相通。今则山坡零杂，无从究辨。求所谓献水，渺不知所在矣。今汉水从宁羌州北，东南流，折东经沔县南、褒城县南，又东南经汉中府城西南，又东经城固县南、洋县西、西乡县北，又东南径石泉县南，折南径紫阳县西南，折东径兴安府城北、洵阳县南、白河县北，折北又东径郧西县南、郧阳府城南、均州东北，又东南径光化县西南，又南径谷城县西，折东经襄阳府城北，折南径宜城县东、安陆府城西、荆门州东，又东径潜江县北、天门县南、沔阳州北、汉川县南，至汉阳府城西北、武昌府西，入江。云过江夏谓之夏水者，汉水东合夏水，汉水亦得夏水之称。故庾仲雍云沔口亦曰夏口也。阎氏若璩曰：“‘东汉水受氐道水’七字最为乱道，汉武都县傍仇池山远在东汉，发源三四百里之上，岂有及下受漾水之理?”王氏念孙曰：“东汉水‘东’字后人所加，下文陇西郡氐道下云养水东至武都为汉，不言东汉也。《志》言西汉水者，别于汉水而言之。若汉水，则本无东汉之称。”沈氏垚曰：“东、西二汉水俱出陇西郡西县之嶓冢山，西汉水南入广汉、白水，东南至江州，入江。东汉水在氐道则为养水，至武都则为汉水。盖嶓冢山包络数县，班氏著嶓冢于西县，而氐道则不言，以既言《禹贡》养水，则知是《禹贡》之嶓冢道养，不必再言嶓冢也。西县在西，氐道在东，二县相联，嶓冢绵亘二县南。山之西南，西汉水所出。山之东南，东汉水所出。细检班《志》，源流极分明。东汉水至武都，又受沮县之沮水，犹西汉水至广汉、葭萌，又受甸氐道之白水也。后世自氐道至武都养水，故渎不可见，于是专以沮县之沮水为东汉之源，而西县之嶓冢遂属之西汉所出，又别名一山曰嶓冢，而真冢之在西与氐道者，转付之茫昧矣。不知沮水特东汉之别源，其正源之漾水实在陇西，而经武都耳。《水经》撰于曹魏时，始误以东汉之漾水为西汉之源，然则漾水辍流，盖在东汉后矣。”按：金辅之先生有《汉水所出考》，段注《说文》引之。又按：《说文》作“漾水出陇西鸡道”，虽与班《志》不合，而钱氏径行改字，非也。钱坫《新斠注地理志》

岷嶓潜沱之义难解，今蜀山连绵延亘，凡居左者皆曰岷，右者皆曰嶓，凡水出于岷者皆曰江，出于嶓者皆曰汉，江别流而复合者皆曰沱，汉别流而复合者皆曰潜，恐属方言耳。故岷谓之汶，今汶川是也。汉谓之漾，或谓之沔，或谓之羌，今沿汉水而东，有宁羌州，有沔县，又东有洋县，即古洋州也。洋、漾声相近，岂皆得名于汉水耶？按：《华阳国志》云汉有二源，东源出武都氐道漾山，因名漾，《禹贡》漾流为汉是也。西源出陇西嶓冢山，会白水，径葭萌入汉，始源曰沔，故曰漾沔。《蜀郡杂抄》

汉水，考《禹贡》云：“嶓冢道漾，东流为汉，又东为沧浪之水，过三澨，至于大别，南入于江，东汇泽为彭蠡，东为北江，入于海。”今按：嶓冢之山，汉水出焉，禹则自嶓冢而道之，浚其源也。东流而为汉焉，汉即漾也，而易其名。又东流即为沧浪之水焉，沧浪即汉也，而易其称。又东过三澨之水，至于大别之山，南入于江，会同东下，有朝宗之势焉。《蜀郡杂抄·图书编》

汉水出陕西巩昌秦州嶓冢山为漾水，东流至西河县，即入武都、上禄之地，名为西汉水，又东流至成县，即武都郡治，名六汉水，折而稍西，折而东南，入汉中府凤县，过沔县西，别为潜，又东合沔水，东流经本府洋县，流入湖广襄阳府郧阳县，至均州为沧浪之水。历光化、襄阳、宜城、荆门州、潜江县至沔阳州，过三澨，至汉阳县大别山南，流合于江。《蜀郡杂抄·图书编》

汉水在城北三里，自沔阳州景陵县界东流入府境，经汉川县南流至此，又东与大江会于大别山北，其地名汉口。《志》曰汉水与涢水合流入江处也。《方舆纪要》

汉阳大江，郡城与县，武昌相对峙，大江环抱东南，汉江合溭水、沔水、沌水，与大江会于郡城北，涨则弥溢于诸湖，为卑洼田地之害。《天下郡国利病书》

汉水一名沔水，西自汉川县界流入。刘澄之《永初山川记》云：“沔口，古文以为沧浪水，即屈原遇渔父所云‘沧浪之水清兮’是也。”《太平寰宇记》

汉水在府城北。《禹贡》：“嶓冢道漾，东流为汉。”即此。《广舆记》

汉水在府城北五里。《禹贡》：“嶓冢道漾，东流为汉。”是也。《明一统志》

汉水源出陇西嶓冢山，由汉中流经郧县、均州、光化，

至襄阳城北，又东南经宜城县，抵安陆州，至大别山出江。《楚宝》

汉水自沔阳州东流入汉川县界，又东流入汉阳县界，至县北汉口入江。一名沔水，一名沮水，《书·禹贡》："嶓冢道漾，东流为汉，至于大别，南入于江。"《汉书·地理志》："沮水南至沙羡南入江。"《水经注》："沔水东与力口合，①又东涢水合焉，又东径沌口，又东径沔阳州北，又东径林鄣固城北，又南至江夏沙羡县北，南入于江。"《元和志》："汉阳县汉水自汉川流入。"《寰宇记》："汉水在汉川县东南四十五里。"《汉阳府志》

汉江在府城南三里，自沔县嶓冢山发源，始出曰漾水，南合沔水，东流为汉，又东至汉阳，会大江。《汉中府志》

汉江源出陇西嶓冢山，由汉中流径郧西、均州、光化，至襄阳府城北，又东南径宜城抵安陆府，至大别山入江。其水因地而名，曰漾，曰沔，曰汉，曰沧浪，总之一汉也。按《襄阳府志》：汉水源自嶓冢山，经梁、洋、金、房、均、襄、郧，至汉阳入江。《湖广通志》

汉江在府西，上至襄阳七百里，下至沔阳七百里，其江自北来，经石城西南至沔阳、汉阳入于江。《水经》云沔水自武都至乐城称沔，渡口至此方称汉，襄阳至沙羡又称沔，其实一水也。今鄂城上溯宜城，下至沔阳，东岸径钟祥、京山、景陵三县，西岸径钟、荆、潜、沔四州县境，沔径故郡县南入境。今荆门界汉江北有县故基，南岸有石崖，俗名石梁山。山上有台，即《水经》所谓南临沔津。津南有石山，

① "口"：原脱，据《水经·沔水注》补。

上有古烽火台。[①] 县北有大城，楚昭王为吴所迫，绝郢徙都者也。丰乐河注之。又南径石城，即郡城，又南十里为洗马滩，世传关将军洗马于此。南与臼水合，东南流径内方山东，又东南会权口，即古之权国也。东南与阳口合，径古云杜县东，夏水从西来注之。又东径左桑，又东合区亮水口，又东得合驿口，又东谓之横桑，又东谓之郑潭，又东得断沔，又东与力口合，出境，至汉阳入于江。《安陆府志》

汉水出陇西氐道县嶓冢山，初名漾水，东流至武都沮县始为汉水，东南至葭萌与羌水合，至江夏安陆县名沔水，故有汉沔之名。又东至竟陵，合沧浪之水，又东过三澨水，触大别山南入江。《京山县志》

州受汉水之害有三：一自潜江西南上流十五里名夜泽口，汉水从此分流，为入荆之要路，合大白诸湖萦九真山达沌口而入江者为一道；其由潜之张接港过竟陵三澨至沔北仙桃镇，下注于汉川县，得涢水，至汉阳府之大别山而入江者为一道；其由潜之张接港分入芦洑河距沔南莲子口，合复池诸湖而总汇于九真、太白诸湖者为一道。《沔阳州志》

沧浪水在州东。《禹贡》："东流为汉，又东流为沧浪之水。"即此。同上

夏水今名长夏河。《水经注》："即堵口，为中夏水。"《舆地广记》："夏水入沔，谓之堵口。冬竭夏流，[②] 故曰夏水。自监利入，东为大马长川，过沙口，又东北过柴林河，至直步与汉水合。"同上

---

① 烽：原误作"峰"。

② 竭：原误作"渴"。

汉口由岸口分入，合杨水、湖水而东南流注于江。十里九湾，郢、沔之潴，间为泽薮，皆汉之漾也。《荆州府志》

汉水在县北，即沔水也。由武都历襄、樊自夜汉口，澔漾交流，绕县西北，俗称襄水。《监利县志》

汉阳县，汉水在县治北三里。[①]《禹贡》曰："嶓冢道漾，东流为汉，又东为沧浪之水，过三澨，至于大别，南入于江。"《水经》曰："沔水之南至江夏沙羡县北，南入于江。"注引庾仲雍之言"夏口亦曰沔口矣"。《图经》曰："汉水至江夏、安陆县，又名沔。"《通鉴》载："梁武帝筑汉口城以守鲁山。"盖夏口、沔口、汉口，名有三而实则一也。以沔水之下尾与汉合流，乃始入江，故称沔口。以江夏郡本治安陆，而安陆城在临嶂，且夏水为江之汜，南北初无定名，故称夏口。自孙权筑城于黄鹄山东北，以夏口为名，徙江夏郡之治安陆者治之，于是夏口之称移于江南，而汉水所出专名沔口。故何尚之谓：夏口在荆江中，正对沔口，通接梁雍，是为要津也。祝穆曰："三国以前，史传多言沔，不言汉。三国以后，多言汉，不言沔。"后人不察，妄疑汉、沔为二，以至《湖广通志》于汉水之外别书沔水，而注之曰在县西南四十里。夫县之西南三十里止有一沌水出江耳，安从而得沔水乎？又安从而得四十里外之沌水乎？其讹甚矣！今详列江、汉、沌三水源流分合之故，而削去沔水不载，使考者有征焉。秦《志》曰：水自竟陵乾滩镇入汉川之田二河，经张港口、两河口循县治下涢口，然后经蔡店、临嶂山、郭师口，又北出大别山后东入于江者，汉之正流也。又

① 北三：原误作"三北"。

有自孝感安河出者，有自云梦苛河出者，有自应城五龙河出者，有自竟陵皂角河出者，有经田二河沈下湖出者，有经回流湾及经南河金刚脑出者，此在涢口以上小水出汉者也。有自猪龙潭经汉阳三叉会臼水，又经东西二至山过陈门湖下蔡店者，此汉之别流，分为涢口之上、合于涢口之下而复于汉者也。《汉阳府志》

考汉口北岸十里许有襄河口，旧时汉水从黄金口入排沙口，东北折，[①] 环抱牯牛洲至鹅公口，[②] 又从西南转北至郭师口，对岸曰襄河口，长四十里，然后下汉口。成化初，忽于排沙口下、郭师口上直通一道，约长十里，汉水竟从此下，而古道遂淤。襄河者，汉水自襄阳来也。《方舆纪要》

《府志》：汉水故道在今汉口北十里许，从黄金口入排沙口，东北折，环抱牯牛洲至鹅公口，[③] 又西南转北至郭师口，对岸曰襄河口，长约四十里，然后下汉口。成化初，忽于排沙口下、郭师口上直通一道，约长十里，汉水径从此下，而故道遂淤。今鱼利略存，不通舟楫，俗呼为襄河，以上流自襄阳来也。又水有自云梦苛河出者，有自应城五龙河出者，有自竟陵皂角河出者，有径田二河沈下湖出者，有径回流湾及径南湖金刚脑出者，皆涢口以上小水入汉者也。有自猪龙潭径汉阳三叉会臼水，又径东西二至山过陈门湖下蔡店者，此汉之别流，分于涢口之上，合于涢水之下而复于汉者也。旧志：汉水自沔阳州沈波亭入汉川县境，[④] 会城隍港

---

① 折：原误作“析”。

② 环：原脱，据嘉靖《汉阳府志》补。

③ 鹅：原误作“鸿”。

④ 阳州：原误作“汉洲”。

水，又东分流为麻布港，又东右会郤月湖，左会江西湖之水，折而北，右会白石、段庄二湖之水，左会麻布港水，东北流径县城东而北，左径石冈口稍东，右会许家湖向东流，凡一百八十里。入汉阳县界，至潢口会涢水，分流为金牛港，又东过蔡店临障山，又东过黄金口，南流至县北郭师口，一支南流，经大别山后至汉口；一支北出，亦至汉口，为前襄河。凡一百二十里入大江。《清一统志》

大江在府城东南，上接潇湘、洞庭诸水，合流东南入本府界一百五十里，转烟波湾四十里，入黄州界而东。宋吴处厚诗："江汉滔滔一向东，暮云叆叆夕阳红。"《明一统志》

大江在府城东南，上接潇湘、洞庭诸水，入府境一百五十里，自大别山东而合于汉江，转烟波湾四十里入黄州界。《府志》云：烟波湾在城东三十里，旁有里曰烟波里，今土人谓之白沙湾。元至正九年，蜀江大溢，浸汉阳城云。《方舆纪要》

郡城与武昌相对峙，大江环抱东南。《天下郡国利病书》

大江在府城东南，上接潇湘、洞庭。《广舆记》

大江自沔阳州东南流入汉阳县界，与武昌府江夏县分界，又东北受汉水入黄陂县，又东入黄州府黄冈县界。《水经注》："江水自沙阳州东左径百人山南，又东径大军山南，又东径小军山南，又东径鸡翅山北，又东北至沌口，又东径叹父山南，又东径鲁山南，山左即沔水口，又左得湖口，又东合滠口，又东湖水自北南注，谓之嘉吴江。右岸频得二夏浦，北对东城洲。江之左岸，东会龙骧水口，江之左有武口水，上通安陆之延头，南直武洲，洲南对杨佳水口，荆州界尽此。"《元和志》："大江水南自复州沔阳县界，流入汉阳县，去县东二十步，[1] 东北流入黄州界。又大江水在黄陂县南一百一十九里，西来自江夏县界，流水又东入黄冈县界。”《府志》：“大江环抱郡城，[2] 去城仅数十丈。自荆州、监利而下，会沌口，至城南与汉合者，江之正流也。有自沔阳播为阳明诸湖汇于太白，有沌口出江者，有径沔播为黄蓬诸湖径上平、下平放至新滩镇出江者，有自孝感径汉阳之石潭河入黄陂境至沙口出江者，此在邻境旁出而入江者也。旧志：‘江水自东江脑入府境，历新滩曰大江口，百人、大小军诸山过沌口至府城东境大别山，合汉江转烟波湾抵五通口，共一百九十里。入黄陂县境，径县东南五十里，流十五里至沙口，入黄冈县界。’”《清一统志》

江水在县治东南，环抱郡城，北去即岷江也。上接蜀川、潇湘、洞庭诸水，合流东南，入本府界一百五十里，转烟波湾四十里入黄州界东流。《水经》曰：“江水东右得滠口，左径百人山南，右径赤壁山北，东径大军山南，又东径小军山南，又东北至夏口沙羡县西北，沔水从此来注之。又东径叹父山南，又东径鲁山南，左得湖口，又东合滠口。”秦《志》曰：“自荆州、监利而下，经汉阳玉界、水洪二口东江脑，又经大小军山北会沌口，过城南，经大别东北与汉合者，江之正流也。有经沔阳播其阳明诸湖汇于太白自沌口出江者，有经沔阳播为黄蓬诸湖、经上平放过汉阳之下平放至新滩镇出江者，有自孝感经汉阳之石滩河入黄陂境至沙口出江者，此在邻境别出旁出而皆入于江者也。出沌口新滩

---

① 步：中国旧制长度单位，一步等于五尺。

② 郡：原误作“部”，据康熙《汉阳府志》改。

者，在府治西南；出沙口者，在府治东北。”按：《书》言江沱潜汉，及史云江夏，其水皆会于汉阳，而今不可悉指矣。大江东流环郡二百里，出府城仅数十丈。《诗》曰“滔滔江汉，南国之纪”，言纪志南国也。江既浩瀁，中多洲渚，鱼苇所资，分岸输税。曩时江岸有鹦鹉洲蔽之，去水略远。百年以来，洲既沦，沿岸亦崩洗。《汉阳府志》

潇湘湖，在汉阳县北十里，其水南流，分二支，经流东入汉水为杨林口，一支稍西，南流入汉，汉口水涨时，游船如织。明太祖《潇湘湖》诗：“马渡沙头苜蓿香，片云片雨渡潇湘。东风吹醒英雄梦，不是咸阳是洛阳。”《清一统志》

自堵口下沔水，兼通夏口而会于江，谓之夏汭。《春秋左氏传地名补注》

堤后深沟广约一二丈，襟带堤街，由上路之大桥口起，直至下路堤口，长十有余里，名玉带河。旧时大桥口下襄水入河，别绕镇后至堤口，东南流入江。襄河本曲折而下，又在镇后左右回环，所以财聚汉口之盛，甲于天下。今大桥口外沙涨日高，玉带河逐处淤塞，[①] 或有居民架屋于上，至于堤口，市廛相接，莫知出江之道矣。余昔年在汉，夏水涨入，犹见小艇往来，好事者作逭暑之游。[②] 今故道尚存，不通舟楫，而河上木桥横跨，或相距里许，或半里许，在在有之，过桥谓之堤外。复有土人筑室聚居，近已上下成衢，且有招提梵宇、会馆公所以愒游人。[③] 再后则为后湖，俗名黄

① 淤：原误作“游”。

② 逭暑：避暑。

③ 招提：梵语，四方僧的住处，泛指寺院。梵宇：佛寺。愒：同“憩”，休息。

花地，又名潇湘湖，即昔之废襄河也。《汉口丛谈》

北湖土垱，一名土塘，俗讹土荡，在汉口北岸里许，古汉水正道，久淤，为偃月城遗址。考偃月城亦曰郤月城，《寰宇记》："与梁城相对，以形如郤月，故名。"《水经注》："沔左有郤月城，亦曰偃月垒，戴监军筑。"余儿时应郡试，曾停泊于土垱闸口，见石壁上有"偃月城"三字，先师武彬如广文曾指以相示。水涨之日，江河毕达，好事者由土垱买舟溯湖而上，出桥口到小河，携酒乘凉，亦一快事。《懒园杂俎》

玉带河，名目无可考证，参阅《汉阳县志》及旧有地图，仅有由臼口绕三道桥至谌家矶出江形迹，旧有老襄河名称，淤塞不知始于何时。说者谓襄水下通江水，由臼口分支，越后湖出江，汉口包括于中，遂有玉带之名。然官港一条上起桥口，下至堤口，江岸港水亦由襄河灌注于江，后人遂有玉带港之名义。迨前清同治间筑城，乃名其门曰玉带，揆厥由来，均因玉带之形，而后有此河港之分称云。玉带河之原委如此。至港地租卖时期，以前无可考。自洪杨乱后，官港出租，归汉阳县经理，每年约计收钱二三百串文，汉阳岁修考棚经费借此。迨光绪二十四年，阳、夏分治，江汉关监督添设清丈局，此港方由江汉关清丈局出租。自是清厘港地有年，由委员殷安民定出港基宽六丈，以港心为主，每边三丈，听人民租买。

烟波湾，《舆地纪胜》："在汉阳县东北三十里。"唐崔颢诗曰"日暮乡关何处是，烟波江上使人愁"之句，旁有里曰烟波里，亭曰烟波亭。《清一统志》

户口志

汉口户口向无确切之调查。考诸中国地理名书，统称曰八十万人，言其众也。《懒园杂俎》

前清汉阳县新旧两志所载户口，均与《府志》两歧。洪杨之役，往来蹂躏者亦阅岁，居民流亡转徙，闾舍萧然。于时开办保甲，曾经编审，不过沿袭虚文而已。兹就彼时所查之户口录左：

仁义司巡检所属烟民，一万四千一百八十九户，四万七千七百三十一名口。

礼智司巡检所属烟民，一万八十零二十户，五万一千六百四十九名口。

民国二年八月各警察署所调查之户口列表于左：

署所	正户	附户	男丁	女口	壮丁	学童
第一署	三二六八	二一〇三	一五七九八	一〇八六〇	三四七八	一八〇〇
第二署	二一三八	一〇〇五	一〇一二三	六二六〇	二二四六	一二四一
第三署	二四七〇	一〇七六	九九二八	五三六〇	三三四四	一九四七
第四署	二四九五	五七六	一三二九一	五四三一	五〇二四	一一四三
第五署	二八六二	七一〇	一五九〇〇	三八二五	七九八四	一一〇九
第六署	二六六三	一一一二	一〇四九六	六〇二八	四五七八	一〇二二
第七署	一八二三	一〇一〇	九七六四	四四一八	一〇六六	五七八
第八署	五三五六	一七三九	一六四四一	一二〇一二	五六六四	二四五〇
一分驻报	八一二	一六五	二七九五	一七八九	一〇四一	四六七
二分驻所	三二九〇	一二二九	六二九〇	六二八六	四七八四	一一六七
总　计	二七一七七	一〇七二五	一一〇八二六	六二二六九	三九二〇九	一二九二四

后湖一带暨各荒僻地方临时蓬户甚多，人类复杂，下流社会实居多数。兹就各署所查确数记录于左：

户数　　一万五千一百十七

男丁　　三万三千一百三十五

女口　　二万三千七百四十六

壮丁　　九千四百六十四

学童　　七千四百六十七

汉口人民有从事渔业或操航运，仅有船舶而无陆上定居者，尚未调查及此，姑付阙如。

汉口民人身分调查统计表

政　界	一三五	律　师	二〇	美　术	七三七
土泥工	一九一四	军　界	一九六	馆　幕	六〇
地理星卜	一七七	窑　工	四四	警　界	二二四
司　事	五七二	术　士	四七	各实业工人	二二二一
法　界	九七	矿　师	二八	教　士	一〇一
小　贸	九四六四	学　界	二〇二五	儒　士	五七一
机　匠	六四〇	小　艺	四六二五	报　界	三三
医　士	四〇一	金　工	一八〇一	船　业	二五一
绅　界	二九三	种　植	七〇四	木　工	三五〇七
洋　伙	七四九	商　界	三〇九九〇	畜　牧	五七
石　工	三八四	渔　业	五八八	水　手	三二四
挑水夫	八二〇	道　士	一九五	乞　丐	四九四
划　夫	一四七九	佣　工	九二五六	僧　侣	二二〇
公　差	四八七	车　夫	二一五七	使　役	五〇〇
苦　力	三六七一	优　伶	一〇九	轿　夫	六七一
厨　役	三二〇三	废　疾	九八	无　业	四五七九
码头夫	七九一四				

附录汉口现行各种宗教

一、儒教

二帝三王之道，孔子出而集其大成。孟子继之，守王道，距杨墨，其道更明。其教不语神怪，惟以孝弟仁义为纲领。由修身齐家以迄治国平天下，是以后世皆推崇孔孟，奉为圣人。各处建立文庙，春秋致祀。然不具宗教之迷信。上流社会行之。

一、佛教

佛教以释迦为祖，其始起于印度，其教以转迷开悟、厌现世、喜冥界为宗。洪杨之变，贫贱富贵，倏忽变幻，故因果之说，益得中于人心，学士文人，亦得参禅宗、茹清斋，自谓高出尘表。独其所谓白莲教者，原因佛教别开生面，又析其名曰无为、曰罗祖、曰大成。所诵皆鄙俚不根之词，男女丛居，恣行渎乱，所在煽聚。此固当世所当法缉者也。

一、道教

愚民崇奉之者，又有道教，其源出于《道德经》，故以老聃为祖。其教以制欲养心、虚无恬淡为宗，全与儒教相反。江西张道陵之子孙，俗云张真人者，世为此教之长。前清沿明旧制，于各府州县设道录、道纪，盖即庶人在官之类。民国概行废止。

一、天主教

天主教自唐德宗朝始入中国，元代以后次第蔓延。其宣教者法人为多，伊人亚焉，且多改装效我国，以从事于布教者，大抵踵二氏之故智，撰造成书，传播中国。自前清以来，京师许立天主堂后，汉口即于至公巷创造一所，为神父栖止之地。

一、耶苏教

此教初起于沿海，渐及于内地。传教者曰牧师，概是英、美二国人。自汉口设立教堂，信从者益众。

一、回纥教

即天方教，陈、隋间阿剌比亚人谟罕默德所创。盖窃取犹太教、罗马崇奉造物主之义，而不事偶象，则其教所发明者也。唐时葱岭东西之突厥、回纥盛行其教。其后回纥衰微，降人入中国，中国人见回纥之奉此教也，因谓之回纥教，语讹为回回。其实葱岭以西波斯等国人奉此教者，自称曰木速儿蛮。义谓正教之人。中国之奉此教者，颜其寺曰清真。今此教蔓延于我国，其教徒在汉口者甚众，于广益桥、大夹街两处各建有清真寺，并设清真自治公益会。

街巷名称一览表

排楼前街	玉带门正街	崇仁巷	杨家河下巷	排楼中街	闸口
黄家南巷	李家巷	排楼后街	居仁门	方家巷	黄家北巷
怀新里	皮纸街	石膏帮	酒厂码头	三有码头	西记堆栈
皇经堂	艾家嘴街	郭家巷	静康里	协康里	贞元观
百子堂	谢家巷	堤街	书院巷	积庆里	谢家上巷
天宝巷	节烈祠巷	育婴局巷	静室庵巷	唐家巷	安定巷
兴隆巷	陈刘巷	劝工院堤街	福茂巷	宗山庙	小桥口
广安巷	卡房巷	油榨厂	清远巷	小清远巷	裕丰巷
庆平里	天馨槽坊巷	哈家巷	胭脂巷	翠美巷	蔡家巷
至公巷	尚义巷	朱家巷	祥太巷	高家巷	轩辕殿巷
大通巷	牛斗巷	花园南巷	花园北巷	小朱家巷	毛厮巷
杨家河	杨家河上巷	和义里	仙山巷	仁义司上巷	仁义司下巷
大令巷	牛路口巷	老当铺巷	江家巷	火巷	三善巷
万兴巷	春生巷	天泰巷	华林庵	砖瓦巷①	马家巷
粉馆巷	铁坊巷	合顺巷	惠昌里	义盛巷	义盛上巷
豆腐巷	九条湾	永安里	维新巷	崇德里	康乐里
老官庙正街	巴家巷	洪益巷	观音阁	玉皇阁	当铺巷
育婴局巷	淮盐局上巷	淮盐局下巷	圆照寺	绳子巷	三官殿
平安里	依善堂	纯正巷	大王庙	利济巷	益兴巷
舒家巷	九莲庵	朝阳北巷	大亨巷	童公馆巷	小新码头
药王庙巷	久成巷	光裕德巷	竹牌坶	万安巷	胡善培巷
武圣庙正街	仁里巷	彭家巷	丘家坶巷	遇字巷	遇字下巷
新兴巷	徽州巷	朝元巷	久彰巷	花翎巷	善根巷
缙绅巷	福音堂巷	洋铁巷	老官庙巷	老官庙下巷	孔义和巷
孙祖阁	吴家巷	江西巷	泉隆巷	烧饼巷	板子巷
牌楼巷	五彩正街	苏湖公所	多福桥	安乐桥	大火路口
新火路口	杜家巷	燕山桥	由义门	正堤街	延寿桥

① 砖：原误作“专”。

续表

永清桥	花园巷	吴公桥	张家巷	小火路口	循礼门
永安桥	保寿桥	广帮公所	旌德会馆巷	咸吉公巷	福音堂上下巷
淮盐公所上下巷	广东会馆上巷	中闸口	关圣庙巷	鸭蛋巷	升基巷
安善堂巷	大水巷	白家巷	盔头巷	多宝林	兴国街
汪同兴巷	神农殿	石码头正街	富善里	永宁巷	体仁巷
大火路街	大生巷	永昌巷	白云乡巷	琉璐巷	宝庆街
广昌和	高兴巷	板厂巷	宝庆巷	广福巷	五彩上中下巷
石码头	宏庆典巷	玉器园巷	益太巷	蔡家巷	兴隆巷
郑家巷	高家巷	小兴隆巷	聚仙巷	永宁公所巷	金庭公店巷
仁寿巷	长胜街	浙宁公所	纬子街	大布会馆	朱同丰巷
武鸣园巷	田家巷	衡裕巷	太乙堂巷	齐鲁公所	万年街
延寿庵	杨千总巷	贺公祠巷	流通巷	九如桥	集稼嘴
新火路私巷	广福巷	江苏会馆	戏子街	五桂巷	太平巷
白家巷	仁寿宫	青莲庵	新街	准提庵	徽州会馆
十方庵	陶家巷	里仁为美巷	大夹街	鲍家巷码头	苏家巷
新马头正街	横堤口	三元殿巷	美人术巷	延寿庵巷	大二爽巷
篮子街	万年街	紫竹庵	棉花街	土垱巷	荣华戏园
宝林庵	长盛街	上下横堤	清隐寺巷	南城公所上下巷	半边街
恒延公巷	木兰庵	文书巷	六度桥	依善堂巷	丁家巷
惠滋堂巷	得胜街	美人街	三皇殿巷	五圣宫	李至元巷
火巷	钟台书院	雷祖殿巷	福建庵巷	水龙巷	回生堂巷
愿善堂巷	株林庵巷	乔家巷	福聚公巷	杨家殿巷	砂钵巷
兴盛桥	万寿桥	葛仙殿	三义殿	万寿宫街	清真寺
官钱局	黄陂街	解家塘巷	王家巷	龙王庙	鲍家巷
佛林庵巷	小火巷	财神庙	瞿家巷	青龙街	衣服街
萃和里巷	丘家巷	大码头	花布街	豫章巷	洪都公所

续表

太平巷	戴家庵巷	大兴巷	打扣巷河街	草纸街	咸宁码头
中码头	柳家巷	四官殿码头	老兴巷	老水巷	剪子街
驭驾桥巷	财神庙	潮嘉会馆	横码头	小夹街	罐头尖
潜龙巷	火路口	涂家厂	堤口	十人馆巷	郭家巷
周家巷	芦席街	严家湾	长沙会馆	马王庙巷	谢家巷
打铜街	广益桥	龙家巷	香山会馆	太平会馆	大江家院
袜子街	马王庙	米厂河街	牛皮巷	关道街	太和桥
大小蔡家巷	纸马巷	苗家码头	太古码头	招商码头	磨子桥
洪益巷	熊家码头	长春公所	猪巷	苗家南北巷	熊家巷
大小董家巷	前后花楼正街	宝顺里	张美之巷	百子里	水泥厂
小关帝庙	天一阁	辅德里	贻德里	崇信里	兴业里
土垱	兴隆街	仁寿里	百子巷	新堤巷	老审判厅巷
歆生路	水塔	杏初里	聚星里	笃安里	张美之后巷
小新堤	球厂	三码头	玉成公司	横街	崇阳街
何家墩	大智门	牛皮厂	庆平里	铁路前后街	复兴街
华丰街	大同里	长安里	新菜厂	华景街	三有里
上滑坡	德华里	庆安里	辅仁里	绵庆里	庆安总里
如寿里	板厂	何家墩上下	横铁路	老菜厂	隆兴街
新庆里	万民街	小华景街	汉昌里	福兴里	新庆里
公与栈巷	洋火厂	分金炉	花园口	袁家墩	唐家墩
马家墩	小新街上下巷	寿松里	辛兴里	小新街	双龙街
中和里	四成里	三分里			

风俗志

楚有江汉、川泽、山林之饶，江南地广，或火耕而水耨，民食鱼稻，以渔猎、山伐为业，故呰窳偷生而无积聚。[①] 信巫鬼，重淫祀。《汉书》

汉阳实楚地，民性劲直决烈，多存仁义，有历世不分者。《宋一统志》

民淳朴，怯于争讼，不好奢侈，有礼让之风。《皇舆考》

汉口一带，五方杂处，商贾辐辏，俱以贸易为业，不事耕种。又多湖荡，资渔以生，其土著居民尚力农务，但平地皆下湿，宜麦者少，只插稻苗。春分时平地浸种，春夏之交分秧插田，越一月一耘，秋时收获。《汉阳府志》

街居妇女惟事剪绣，乡农及礼义之家勤于纺织，虽老妪、处女，寒暑无间。同上

汉镇旧事繁华，今侨居仕宦、商贾富家多以服饰炫耀，[②] 虽臧获亦穿绸缎，侈靡极矣。同上

汉镇水陆珍奇，舟车捆载，靡不备至，每一宴会，穷极丰腆。不独侨宦、富商为然，虽中产之家亦勉强徇俗。然惟务外饰，而内实鲜积藏，至有典春衣以为之者，盖亦习俗使然也。同上

---

① 呰窳：苟且懒惰。

② “以”后原衍一“以”字，据康熙《汉阳府志》删。

汉口地势低洼，两面滨水，故其人脆弱。

俗尚奢华，喜文字。然桥口上下暨后湖一带农民，则俭朴耐劳。

前清咸同以前，汉口人民均质朴，鲜诈伪。近世则趋于绮靡，争奇斗丽，不知所终。

家庭称谓各有不同，大半呼祖父为爹爹，祖母为婆婆，又有呼之为太者。呼母为妈，呼父为爹，又呼为爷爷。亦呼女叔为爷爷，呼伯父为伯伯，呼叔父为叔叔，呼伯母为伯娘、叔母为婶娘。呼小孩为毛头，又小孩多名搭毛。转运者、小孩不清吉者，多投寺记名，以和尚、道人呼之。

妇女均呼奶奶，年尊者即呼太婆。现在无论何人，均呼太太、老太太矣。

俗呼陶情为顽，高兴为热，体面为刮器，饮食为开餂，避人为装箱。《汉口竹枝词》注

各行皆有隐语，米市尤甚，谓之打橘子，疑谲字之讹。

童子入塾，多用七岁、五岁，俗云忌双。

居民土著者十分之一，冠、婚、丧、祭及四时礼节，亦各不同。

俗谓纳采为行茶，果味虽备，必主以茶、盐而名之，曰山茗、海沙。语又云："一片黄茶叶，定倒须弥山。"亲迎时，肩舆以杂色缫缀其上，曰花花轿。合卺谓之饮交杯酒。三日庙见，今人家多无家庙可见，只称拜堂，俗曰见大小。新妇到时，亲友群相庆贺，言人所不能言，以取笑乐，名曰闹房。又三日双诣妇翁，名曰回门。

结婚时必待父母之命、媒妁之言，自由结婚者甚少。近世文明发达，间亦有之。

汉口人嫁女，只求丰衣足食，皤皤白发，所不计也。习俗如此，内政所以不修。

丧礼含殓丰厚，多以宝玉殉葬者。死者木主，多聘贵显者题点。① 下葬必卜地、卜日，延浮屠、黄冠、方相。② 明器以巧为能，亭彩、旛帐以多为贵。人死至七日为头七，递数以至七七或十七。俗云每七日过一阎罗，请僧道诵经焚楮。③ 又以竹为箱形，糊以纸而实寓钱其中，谓之箦。或装纸袋内，谓之包袱，上书死者姓名，不经之甚，然莫之或易也。

小家喜唱孝歌，业此者扁所居曰“悲乐堂”。鼓盆歌，令人绝倒。回煞，俗呼回殃，芦秆作梯，倚于屋檐，云亡人由此而下地。或洒灰以验足迹，停棺之家灵门贴一“罨”字，不知何取，讯之，土人亦不解也。

信巫鬼，重淫祀，负性使气，乃其故习。妇女尤好烧香敬神。

阳历颁行已久，而商民因比期之习惯与节序之关系多不适用，④ 至今尚承用阴历。每月朔望，焚香祀神，相沿不改。

小孩出生时，必延请稳健催生婆日夕伺候，又必预备红糖、红蛋等物，亲往母家报喜。满三日后，即将小孩净洗一

① 木主：木制的神位，上书死者姓名以供祭祀，又称神主，俗称牌位。

② 浮屠：指僧人。黄冠：指道士。方相：上古传说中驱除疫鬼和山川精怪的神圣。文中指方士、相士。

③ 焚楮：烧纸钱。

④ 比期：官府催缴租税的期限；旧中国银钱业和工商业公定的一种债务结算日期，一般在五日、十日、十五日、二十日、二十五日等。

次，谓之洗三。满月后，款待宾朋，谓之吃满月酒。

种痘一事，初不盛行，近年来痘疫传染，多致夭折，故男女婴孩无一不种牛痘。

俗喜喂猫以捕鼠，故鼠疫不甚流行。

俗谓老鼠作啧啧声不吉，闻者即披发而起，将发咬口中以抵制之。又谓母鸡作雄鸡鸣不吉，又谓狗子作人哭不吉，灯烛开花俗云大吉大利。

俗谓眼跳不吉。谚云："左眼跳财，右眼跳祸。"常用墨书云："眼跳不止，书破大吉。"

小儿好夜哭者，即书"天皇皇，地皇皇，我家有个吵夜郎，过路君子念一遍，一觉睡到大天光"等语，贴于道旁。

夏天臭虫流行，无论贫富，均卧不安枕，惟睡钢丝床可免。

遇有婚嫁庆吊，或开张时，即群聚赌博，成为习惯。

上下社会群耽于酒色游惰，故供此等娱乐所需之店铺日见繁盛。首饰店、茶酒楼、绸缎号，其最著者也。

习俗趋于奢侈，有一节俭者，则群鄙其吝啬焉。为害于社会，不可胜道。

贫富之悬隔日益加甚，恐社会问题之根原即基于此。

冬夏衣服花纹、彩色，由季而异。夏时则好蛋青、血青、宝蓝、白色、灰色、米汤娇色、出炉银色，以淡为雅素；冬期则爱玄青、二蓝、品蓝、玉色、虾青、灰青等色。花纹则随时变改，男女老稚，无大分别。《新译汉口》

极寒之际，男女衣服多着狐羊皮里，以御寒气。妇人则多用火炉、火钵，燃烧白炭、炭巴等类，以助体温。同上

夏间热度颇烈，轻罗薄纱，愈轻愈好。下等劳动家，有

终日赤髆者，亦有通宵露宿于外者。男女多爱吃茶，以故茶楼日渐发达。《新译汉口》

女子以红、绿为吉服之色，凡有婚姻庆事时，家内一切修饰，如帷帐等类，皆以红色布制之。其他家具类用红色，满堂光耀，彩幔缤纷，俗称为满堂红。同上

缠足为往昔家族习惯，现虽渐渐改良，然普通以脚小为最贵。刳木如桥，缀于鞋底，名曰弓鞋。莲勾小者，缓行似敲玉棋，急走如挝羯鼓，其声清脆可听。参《汉口竹枝词》注

起义时，汉口人士多穿着洋式衣服，现已仍旧。因其逼窄拘束，有碍身体自然之发育故也。女子亦间有剪发着洋装者。

叶调元云：不避生人，称为大方。闺阁言谈，胜于男子，音脆如玉，气和若春。《梵书》云：闻声相思，吾于楚女。又云：富家习气有“老爷不见面，奶奶不认生”之谚，可谓善谑。

男女多喜照相，每逢佳会，即撮影纪念。

本地儿童打扮可爱，女孩尤为出色。手脚端正，衣服明洁，应对拜跪，无不合制。良由母教之娴，匪尽天姿之美。

迷信星命，以故五星卦命之士沿街摆设，行政官厅亦不禁止。

夏天夕阳之时，男女喜跑马车周行洋街一带，谓之消夏。

后街妇女多于门口纳凉。新浴之余，重匀粉面，罗衣甫换，花朵斜簪，一柄芭蕉，青葱摇动，行其间者，时闻香泽。《汉口竹枝词》注

男女信教自由，其入天主、耶苏教者，星期日多赴各会

堂做礼拜、念祷告。

鞭炮为汉口一种习惯，每逢庆吊、开贸，即任意使放，年节尤甚。因此失慎者亦多，然已不可禁止矣。

国人心理崇尚新剧，前新民所排之《大香山》，社会趋之若鹜，而大舞台之座殊觉冷淡。后大舞台排《潘烈士投海》与《情天恨》等剧，武汉人士亦喜趋之，而新民之座不觉顿减。可见人心世道，好奇喜新，此其证也。

汉口各戏园多按时令排演剧曲，如端午则演《白蛇传》全本，七夕则演《天河配》，中秋则演《唐明皇游月宫》等曲，观者争先恐后，每夜座上客常满矣。

汉有游女，余风未殄，烧香也，看会也，龙船也，游湖也，看戏与赏花也。地方稍有盛举，逐队成群，出头露面，谈笑无忌，饮啖自如。一种轻浮子弟，评肥量瘦，眉语目挑，恬不为怪。所以然者，由于夫纲不振，廉耻道丧，或因是以炫富，或因是以招财，良贱混淆。

从来习惯，不重视婴孩及童稚之死体，故水边道旁多抛弃者。现已由警察厅设法收掩。汉口人民不讲卫生，往往为外人所借口，粪窖便池，尤为污秽不堪。

男女乞丐，三五成群，无屋可止，其流离道路，日炙雨淋，霜欺雪虐，一切困苦难堪之境，不堪言状。惟门口贴“学堂”二字者，则乞丐远避。

书画名家，往往自定润格，① 有求其书画者，或予以一元至数十元不等，谓之润笔。其有不受润笔者，则酌量馈送礼物。

① 润格：为人作诗文书画所定的报酬标准。

每遇月蚀之时，居民多鸣锣鼓，谓之救月。日蚀亦然。

汉口有祷雨求晴之习惯，不知或雨或旸，乃天地自然之气，决无因祷求而变其雨旸之理。古时虽有此事，乃神道设教，以安人心。现在社会中稍有知识者，皆知其无益，而沿习既久，迄未废改。

俗呼千千为得罗，刻木为之，平头尖底，皮条缠之，引放于地，旋转不已，少缓则鞭之。

人人迷信风水。黑山匠人打凿石块，损伤气脉，以致汉口河北岸崖崩地裂，火灾频闻。清康熙间曾经举贡生员唐裔潢等呈请勒碑悬禁，大致谓汉口龙脉乃平洋龙也，平洋最宜坐空朝满。今汉口以大别为朝，山南岸为近案，后湖空旷，正合坐空朝满之局。汉口崩裂，总因汉镇水口之黑山凿石打伤，兜收无力，水无拘束，故荡洗如此。《县志》

汉口娼妓最著名者，则有钱雅文、华实秋、金相玉、王金玉、田金花、小林黛玉、花想容、李珊珊、文莺莺、爱雪楼、花媛媛、马可卿、花月红、高春燕等名，或则环肥燕瘦，色艺双佳；或则玉骨冰肌，唱工绝妙；或则有色有艳，无青楼气；或则丰姿俊秀，有大家风。细阅特别花丛告白，不禁心醉神怡。

凡为妓女所爱者，呼为盆景。愿名思义，良有意味。夫嘉卉名花，得地则根固，盆景虽佳，只供一时之玩。故风流浪子，惹草沾花，弃故怜新，捷如反掌，多情种子有几人哉！名以盆景，殆有鉴于此乎？

阴历正月元旦，男女蚤起，[①] 肃衣冠，焚香烛、楮钱，

① 蚤：同“早”。

拜天地家神，卑幼拜尊长，名曰拜年。爆竹开门，向喜神方拜，名曰出方，或有赍香楮诣寺观出方者。各于门首插松柏枝，贴五色钱纸，官不视事，民间罢市三日。

是日听禽声，五更雀噪飞云岁稳，狗群吠云乱象。风宜北。谚云："北风吹到南，无钱也去担。南风吹到北，有钱买不得。"又天晦主熟，晴主歉，雪雨主旱。

拜年客来，多留吃元宝茶，或摆果盒以待，[①] 闻客敲门，皆曰：有慢，谢。来客不见主，必留名帖。元宝茶系用红枣、莲米、花生米泡制者。

一日为鸡，二日为犬，三日为猪，四日为羊，五日为牛，六日为马，七日为人，八日为谷。俗更以九日为豆，十日为麻，皆宜晴。俗詈人则曰五牛六马。又见小儿痘后面麻者，曰九豆十麻，皆袭此成语。

元日、二日，皆停止贸易，不扫地，不取火，不打水，蔬菜皆先熟以备用，谓之压岁。至三日早膳后，焚香送神，始渐开贸，[②] 打水，并将盆盎余水泼之。妇孺各佩银洋、台票，亦谓之压岁。

人日有以杂果制为七宝羹者。

十五日为上元，道家以此日为天官赐福之辰。

自小除以来，[③] 各家锣鼓喧阗，至今益盛，谓之闹年。无锣鼓者，亦击诸响器。谚云："正月半，敲铁罐。"

入夜然灯点烛，[④] 祀天地、家神。自十一日起至十七八

---

① 待：原误作"侍"。

② 神，始：原误作"始，神"。

③ 小除：一说腊月二十四，一说除夕前日。

④ 然：同"燃"。

日止，家家挂灯结彩，小儿各买花灯一具，燃点竞赛以为乐，谓之试灯。四官殿与存仁巷等处，乃灯市集场，卖者不呼灯名，但呼“活的活的”。灯之种类不一，亡赖子有以竹为龙形，布罩之，画鳞甲，凡十余节，下各植一木柄，人手持之，宛转运行。鸣锣鼓，沿门说吉利语，索赏及香烛、酒食。一不如意，辄诟詈而去。现时已一律禁止。

米作粉团，曰元宵，如龙眼大，以白糖、桃仁、瓜仁等实之，即常用汤圆也。又以糯粉作鹅卵状，即曰鹅卵。养鹅家作之，孕妇烧之，以占男女，卵裂兆女，卵起疣兆男。

汉镇于元夕前后灯市颇盛，① 刻翠镂花，裁云缀鸟，极为斗工争巧，半属武昌渡江而来者。耕云有诗云：“上元将近月波潋，人集江头语沸腾。竹马鼇山争上市，梅花风里卖春灯。”《汉口丛谈》

是夜亦多请乩仙，或名紫姑，或名七姑。平时患病之家，间延女巫书符念咒。

二月初，各铺户择吉开张。雷宜惊蛰前。谚云：“雷打惊蛰前，高山也种田。雷打惊蛰后，低田种绿豆。”

十五日为花朝，多婚嫁事，幼女穿耳、裹脚亦多用是日。

三月清明，祀先祖，扫墓。俗云新坟祭扫，不过社日。男女插杨柳鬓边。语曰：“清明不带柳，死了变猪狗。”或云不带柳是不祭祖之讹。各家多插杨柳枝于神龛上。

三日踏青，登洪山、伯牙台等处。自备肴酒，有携至后湖青草处，拇战以为乐者。妇女戴地菜花，又有以地菜煮鸡

① 元夕：农历正月十五日为元宵节，是夜称为元夕或元夜。

蛋吃者。俗云不晕头，又云可明目。

十五日为财神会，各铺户均焚香致敬。二十八日为东岳诞辰，男女多游洪山。

童子放风筝，斗百草，打秋千，皆间一为之。风筝以鹞子为最，次则蜈蚣。

四月八日，僧家作饭供佛。

二十八日为药王生，各药材帮均敬孙真人思邈。

五月五日为端午，又曰端阳，俗云小儿节。是日饮菖蒲雄黄酒，涂朱砂、雄黄于小儿额及五官，以厌疾病，亦有以砂雄洒地辟蛇蚁者。妇女佩艾、佩香囊。插艾叶、菖蒲于门，以箬叶裹糯米为糉，亦曰角黍。捕蟾蜍，取汁以治肿毒。又有以艾叶洗澡者。

叶调元云："楚俗爱食蒜泥，是日尤尽人醉饱。后湖游人如蚁。又云：后街及堤上各店就街刺鳝，血污满地。小家儿女多扮马夫，热时汗流浃背，不计也。"

龙舟竞渡为吊屈原而设，多装故事沿街戏要者，现已一律禁止。

初四、初五日为划船雨，十三日为关公磨刀雨，其曰祀关公，山西帮尤盛。十七、十八日为洗街雨，二十四、五日为分龙雨。唯二十日俗云龙晒衣，不宜雨。

楚俗以五月望日为大端阳节，剪纸为龙船，中坐神像，自朔日起，至十八日止，鼓钲、爆竹，灯火喧阗，昼夜不辍，处处皆然。杨林口为更盛。数十人驾一小舟，众桨齐飞，疾如风雨，鼓声、人声与水声相应，岸上观者如堵，谓之龙舟竞渡。亦有士女坐四柱青幔之船，竹帘旁挂，肴醕笙歌，出游助兴。土人云："将以驱瘟疫也。"《汉口丛谈》

五月午节，估业家各停作一昼，剧饮欢呼，招朋结侣，齐上大别山，谓之“踏龟”。盖大别山俗呼为龟山也。“剥残角黍尽偷闲，药店椒行一概关。黑伞遮头日正午，大家结伴上龟山。”《汉口丛谈》

旧时每岁六月有关王会，[①] 里中各演剧迎赛最盛，近则时作时辍矣。“争将故事演新妆，枷锁高跷亦太狂。赤日烧空人泛蚁，年年六月赛关王。”同上

六月六日，敬雷祖，针灸收诸药，晒书画衣物。

七月立秋，宜昼。谚云：“睁眼秋，收又收；闭眼秋，丢又丢。”又云：“立秋一日，水冷三丝。”

七日晚看巧云，设瓜果，谓吃巧。吃巧者，吃之讹音也。至有以食瓜果为咬巧者。重在夕，故曰七夕。是后数日不见鹊，天河亦少隐，俗云为织女架桥。[②]

十五日为中元，祀先祖，谓之鬼节。浮屠氏设盂兰盆会以荐亡者，道家以此日为地官赦罪之辰，是日僧道满街，纸钱遍地。

八月十五日为中秋，俗云太太节，正花好月圆时也。以瓜饼相馈，设酒食赏月，候月华，不恒见也。俗以鼓乐送瓜，谓为宜男之兆。陈辛湄有诗云：“一届瓜期便乞灵，化生岂是度人经。波兰灭种高丽继，安用堂皇百子屏。”参《汉上消闲集》

中秋日竞尚月饼，各相馈遗，而卖饼家日夕纷制，以供买者。“碧天如水月如瑶，卖饼人家设色饶。纱罩纱笼千百

① 关王：关羽。

② 架：原误作“驾”。

盏，中秋端的胜元宵。”《汉口丛谈》

九月九日为重九，亦曰重阳，亦曰菊花会。男妇约登洪山、大别等处，佩茱萸，饮菊花酒。各名胜地砌菊为山，洵足乐也。

十月十五日为下元，道家以此日为水官解厄之辰。

十六日俗云韩婆婆生日，马和尚过江，必大风雨，水行者多避此日。

十一月俗称冬月，三冬皆冬，而独呼此月为冬月，当以长至故也。冬至数九，单日连根，双日除根。又多于是日腌鱼肉鸡鸭，预备过年之用。

十二月俗称腊月。八日煮粥，以杂果投其中，名腊八粥。僧尼沿街化米，归元寺僧数百人尝同时出外化缘。

冬令三月，自十月至十二月。大街夜市灯光夺月，列货如山，四达之衢，谨防抓帽。

二十四日为小除，俗云过小年。洁除诸屋，祀灶神，俗云送灶神上天。用果糍、豆腐，以糖为饼，或云食糖则口甜，或云粘住灶神嘴，勿令说人间是非，皆足以资笑柄。

俗云是夕鼠嫁女，人不得久坐喧闹，士女皆辍业，云恐聒鼠，得一年鼠聒。又密令妇人燃灯一盏置于床下，拜而祝曰“请红娘子看灯”，则一年无臭虫。

三十日为除日，自二十四至今日皆可祀先祖，俗名过年。家家焚纸钱信袱，老幼尊卑，围炉聚饮。或邀戚友曰吃年饭。多用黎明，戚友相过，谓之辞年。

贴门神，或冠冕，或将军，或钟馗，其象皆有寓意，如事事如意、必定如意、加官进禄、喜上眉梢、[①] 恨福来迟等类。不画象者，以红纸书字代之，各家均贴门联、堂联。贫而能书者，此月中多持笔墨于市鬻书春联。

红纸镂花贴于楣上，率以五张为准，名封门钱，至正月十八始去之。

日暮饲诸家畜，皆令饱满。注水于甕，备三日用，不泼残水，多设盆盎以盛之。三日不扫地，箱箧厨柜，亦各封锁紧固。

供案多插柏枝、冬青、天竹于花瓶内，取长青也。普通多置水仙花于客座。

是夜祀灶，曰“接灶”，谓灶神自天上归也。拜天地、家神、祖先及尊长，曰辞年。拜毕聚饮，曰团年。有围炉通夜不寝者，谓之守岁。又注清水于坛，曰腊水，亦能治热病。下雪时则贮雪水。

除夕香火极盛，阶下均燃风烛。又有烧松香桶以驱疫者。渡江、渡河，通宵不绝，[②] 各码头设松香桶，其光远被，虽雨不灭。俗呼除夕寝为挖窖。是夜最忌熟睡，俗云参庙点卯，防其死也。即老而病者，亦扶坐在堂。小孩摇窠置在帐内，罩篾筛或透空气之竹器，旁放剪子、柏枝、大蒜等物，俟天明始启。

除夕自更余至天明，爆竹之声远近相应，如沸汤煮粥，不辨东西。侵晨视之，嫣红满地。软衬靴鞋，虽云俗尚奢靡，足验太平景象。《汉口竹枝词》注

---

① 梢：原误作“稍”。

② 宵：原误作“霄”。

江内极富鱼产，其味甚美，胜于海鱼。黄鹤楼下梅花水所产如鲤鱼，有谓之楚鲤。其长大足有七八尺，以至一丈余，最著名者也。《东亚各港口岸志》

鳞族美者鲥鱼，四五月大。江汉上未被兵以前，谓初出网者为第一鲜，购之必数十缗，以次渐减焉。大者鳇鱼出江中，有甲有脆骨，巨百千斤，[①] 味肥美。宾筵大嚼，足供朵颐。《汉阳县志》

楚北为大江形胜之区，都邑错峙，山川郁盘，而汉口一镇，尤称雄杰。前临襄河，面峙古大别山，东西三十里有奇，路衢四达，市廛栉比，舳舻衔接，烟云相连，商贾所集，难购之货列队，[②] 无价之宝罗肆。适口则味擅错珍，娱耳则音兼秦赵。当夫良辰令节，士女嬉，靓妆袨服，[③] 便娟便绍者，曜野暎云。[④] 于是贵游公子、旅食词人，或跌宕文酒，或流连声色。清歌妙舞，至更残而方响犹敏；坠珥遗簪，迨月落而欢情未歇。荡魂伤精，一醉累月，直欲空北部之胭脂，压南朝之金粉也。《汉口丛谈》

天都、宝林两庵，筵宴极多，象版金尊，歌闻户外。“景览天都客似云，宝林筵宴日纷纷。紫檀版叶昆腔曲，佛号经声何处闻。”同上

大观音阁岁逢大士诞日，香闺妇女，结束光华，登阁拜祷，香火最盛。“桥铺松板树垂杨，逐队娥眉信步行。水墨轻衫红袖袄，观音阁里去烧香。”同上

---

① 百：原误作“白”。

② 队：原误作“隧”。

③ 袨服：盛装，黑色礼服。

④ 便娟：轻盈美好的样子。便绍：姿容美丽。

下关之下有蔡公祠，为士大夫饯送处。“寒风飒飒雨溟溟，送别人歌柳色青。西客店中雇骡马，壶觞争饯蔡公亭。”《汉口丛谈》

大智坊各行寓中商贾杂处，时有少妇青衣布素，手挈竹篮，入市若缝纫者，实善歌小调也，名曰唱婆子。“黑漆包头白粉腮，竹筐携去店门开。等闲爱听清平调，十个金钱唱一回。”同上

汉上人烟凑聚，家少凿井，多仰汲于襄河，故开水道，以便卖水者。辘轳转担，所过之处，日无干地。“坐空向满一沙滩，士女哄嗔行路难。九达街头多水巷，炎天时节不曾干。”同上

汉口青楼有官、私之别，上路以义和轩巷，[1] 下路以青莲楼为著名。义和轩巷近已阒寂，皆散处于巷之后街间。暗室低楼，郑声齐语，琵琶一曲，灯火留髡，所谓宜夜不宜昼也。初开竞醉之筵，竟作迷香之洞，彼夸钱树，此艳金锅，脂粉浓妆，觥筹杂沓，遂有流连荒亡之事矣。

仁和陆筱歙飞，昔馆于汉上胡氏，居近狭邪。尝有《汉皋夜市》诗云：“江头夜市散初更，醉帽欹斜白袷轻。[2] 茉莉芝兰香满路，一街灯火卖花声。梦醒犹闻隔院歌，香销酒冷奈愁何。高楼夜半凉如水，啼煞檐前纺线婆。”同上，亦见潘焕龙《卧园诗话》

送驾墩在新安会馆后，为歪妓所聚之处，又有米厂亦然。席蓬作屋，竹片为床，卖笑倚门，招摇论价，人而禽

① 义：原误作“羲”。

② 白袷：白色夹衣，亦指白色圆领的外衣。

兽，即眼前地狱也。方雨村《如川汉口冶游》诗云：“画地为牢也占春，桃花泥混逐流尘。此间便现泥犁相，那得金刚不坏身。”其寄慨也深矣。《汉口丛谈》

后湖夏秋水汛，一片苍茫。时于夕阳低坠，逭署者呼船载酒，丝竹清歌，夜分始返，今少此游矣。“月湖平厂后湖遥，六尺杉篙两把桡。[①] 菱叶风清湖水汛，酒船何日不笙箫。”同上

楚俗，以木系足，履地行舞作戏，名曰高跻。[②] 试灯之节，赛会之时，皆集，以群夸其蓺，[③] 杨林口习其伎者为多。

汉口街道宽平，尽铺磐石，五方杂处，客旅居多。词云：“石填街道土填坡，八马头临一带河。瓦屋竹楼千万户，本乡人少异乡多。”同上

五显庙马头对岸为月湖之郭公堤，湖山清秀，桃柳鲜妍。亭园兰若相望，红绿缤纷，灿如云锦。裘慎甫司马行恕有《月湖堤小记》，其佳处引人入胜，文亦如之。汉上士女每值春来花放，挈侣渡河，淡抹浓妆，及时行乐。“大河南岸郭堤悠，柳绿莎青三月头。人面赛花还赛雪，广藤轿子揭帘游。”同上

堤外隙地甚多，居人垦种瓜菜，入市卖鲜。“饶有闲园十丈长，不栽花木不栽桑。[④] 适来新物争先买，五月王瓜四

① 桡：原误作“挠”。篙：原误作“蒿”。
② 跻：原误作“桥”。
③ 蓺：同“艺”。
④ 栽：原误作“裁”。

月尝。”①

汉口人呼秋蝉为秋娘，其名甚雅，可以入诗。《县志》

汉水出荷叶鱼，形如荷叶，味似鼈，尾有毒刺，去而烹之。《汉口丛谈》

鲇鱼须，野菜也。三四月出水滨芦苇中，味甚鲜。同上

西番莲，种出汉上，花心圆圈，弄之回环不穷，取之不脱，有须一百八数。同上

羊角菜，即橙芽，采初生者濯以沸水，曝以供盘，可以下酒。同上

后湖苋菜颇佳。黑白菜长不逾尺，柔滑无比，移植别地则变，亦犹江夏之菜薹也。《汉口竹枝词》注

程秉《后湖柳枝词》六首：茶墙酒壁簇成村，② 长短枝交白版门。几日斜风兼细雨，不关送客也销魂。③ 一曲清冷湖水浔，照来眉黛总关心。不知种自何人手，护得红楼尔许深。马蹄蹋蹋麴尘生，踠地鹅黄画不成。④ 十里花飞湖上路，东风野馆自清明。湖麦青青湖草香，酒旗戏鼓剧郎当。不须更唱黄骢曲，只听莺声已断肠。袅娜晴丝几万行，远临孤驿近横塘。相逢又恐牵离思，陌上游人半异乡。桃叶桃根结比邻，鹅儿湖上不胜春。怜他一种风流树，曾拂当年解佩人。

黄承增《汉口柳枝词》：土荡临歧即灞桥，不曾离别亦魂销。青青惯送朝天客，也向风尘折瘦腰。一夜潇湘水涨

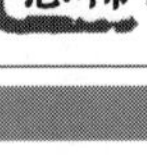

---

① 王瓜：黄瓜的别称。

② 壁：原误作“璧”。

③ 销：原误作“消”。

④ 踠地：屈曲斜垂着地貌。

宽，枝枝碧玉蘸银澜。爱他顾影多眉妩，斜倚红桥尽日看。

徐志《汉口竹枝词》：剥残角黍尽偷闲，药店椒行一概关。黑伞遮头日正午，大家挈伴上龟山。争将故事演新妆，枷锁高蹻亦太狂。赤日烧空人汛蚁，年年六月赛关王。坐空向满一沙滩，士女哄嗔行路难。九达街头多水巷，炎天时节不曾干。碧天如水月如瑶，卖饼人家设色饶。纱罩纱笼千百盏，中秋端的胜元宵。桂子盈盈白露凉，育儿心切晚添妆。蓬门少妇金闺女，并作瓜田一夕忙。桥铺松版树垂杨，逐队娥眉信步行。水墨轻衫红袖袄，观音阁里去烧香。桐油竿子大青牌，煤炭炉中小面醅。曩便可沽赊亦好，无人不上酒楼来。娈童俊仆更优俳，五五三三处处偕。白纸扇头行草字，吴绫套裤锦镶鞋。洋货新奇广货精，繁华不数汉东京。豪商大贾乘间出，簇簇油舆辟路行。酒如泉涌客如蝇，彩帐银屏布几层。演彻梨园归去好，官衔写满纸糊灯。水府关前上小舟，闲来好作过河游。丰碑有禁明文在，莫向山中打石头。平等居人分外豪，千金置就御寒袍。白羊灰鼠寻常盛，玄色狐裘紫色貂。声喧锣鼓岁年催，五色笺因吊挂裁。帖子门神欣换节，侍儿担得面糊来。

姚鼎《汉口竹枝词》：扬州锦绣越州醅，巨木如山写蜀材。黄鹤楼头望灯火，夜深江北沽船来。蜀江水长汉江低，江水东流也向西。霜后西瓜红尽落，可怜离别汉阳堤。

彭心锦《后湖竹枝词》：车如流水马如龙，未怕春寒料峭风。相约潇湘湖上去，踏青先看燕儿红。

储大文《汉滨杨柳枝词》：宜雨宜风十万枝，汉南春望

绿参差。桓家司马钟情甚，双泪垂垂直作丝。[①] 一江风月白如银，叶叶枝枝照水新。照出春愁全不管，可知愁杀弄珠人。

施襄《汉口竹枝词》：元旦黎明拜岁忙，开门先向喜神方。试看黄道是何日，妇女纷纷邀出坊。婷婷嫋嫋坐如仙，客进门来即放鞭。满口请端元宝去，送郎元宝想郎钱。踏青先上伯牙台，弓底鞋新不染埃。走遍月湖堤十里，过河还到后湖来。观音生日拜观音，可有观音再世人。二月最宜晴十九，观音阁里去寻春。蛾眉愁解礼瞿昙，[②] 逐队行间女杂男。半为烧香半游戏，天都庵与宝林庵。鹾务家来迥绝伦，坐玻璃轿去游春。不徒轿里人如玉，轿后跟随亦玉人。后湖喧闹是三春，把戏新奇影戏真。不怕有人偷看我，归来怕有打围人。艾绿蒲青重午时，家家一月挂钟馗。谁贫谁富从何辨，只看堂中端午旗。纸炮铜钲楚水津，竹帘布幔满江滨。邻舟相近不相识，不看龙船看美人。衫是轻罗裤是纱，深红浅白斗鲜华。香汤浴罢门前立，两鬓都簪茉莉花。姊妹相邀看桂花，禅林兰若路非遐。乘舆直上三山径，不是商家即宦家。千门万户换春联，炮竹如雷红满天。有屋一间灯一盏，安排春格过新年。

叶调元《汉口竹枝词》：汉河前贯大江环，后面平湖百里宽。白粉高墙千万垛，人家最好水中看。念里长街八马头，[③] 陆多车轿水多舟。若非江汉能容秽，渣滓倾来可断流。金庭店上属仁义，以下都归礼智司。虽小衙门多讼事，

---

① 作丝：原误作“丝作”。

② 瞿昙：释迦牟尼的姓，一译乔达摩（Gautama），亦作佛的代称。

③ 念：廿，二十。

天天总有出签时。华居陋室密于林，寸地相传值寸金。堂屋高昂天井小，十家阳宅九家阴。上街宅宇住胡同，堂扁门灯气象雄。[①] 乞食人稀行路绝，头门人守后门封。下街宅宇总临街，车轿喧阗室有埃。紧闭廉栊防恶丐，敲门始觉有人来。下路人家屋紧排，生人到此向难猜。但随水桶空挑者，直到河边是正街。五文便许大江过，两个青钱即渡河。[②] 去桨来帆纷似蚁，此间第一渡船多。大江浪起白头鲜，划子随风一叶颠。数尺黄旗桅上挂，往来游奕救生船。江潮汉汛到冬干，独艞凌空一尺宽。[③] 后客面挨前客踵，上坡更比上天难。河坡江岸后湖堤，多少人家构木栖。一样楼台夸近水，前河清泚后湖泥。人气熏蒸垢腻沉，大街尘土比黄金。操镰执筅谁家子，[④] 石缝扒泥一寸深。马头大小各分班，划界分疆不放宽。喜轿丧舆争重价，人家红白事为难。杂货扛抬到晚休，外班气力大于牛。横冲直撞途人避，第一难行大马头。龙王庙口汉江连，急浪惊涛似箭穿。水果行开飞阁上，渡江船舣木簰前。四通八达巷如塍，[⑤] 路窄墙高脚响腾。行客不须愁夜路，纵无月色有天灯。[⑥] 路途高下势偏颇，冰滑泥脂可奈何。险道陡然成坦道，一条草荐值钱多。[⑦] 元旦开门向喜神，皮衣皮帽簇然新。拜年不见还留帖，半是昨宵躲

---

① 扁：同“匾”。

② 青钱：青铜钱。

③ 艞：艞板。搭在船边，与岸连接，便于行人上下的长板。

④ 筅：炊帚，用竹子做的刷锅、刷碗工具。

⑤ 塍：田间的小埂子。

⑥ 天灯：旧时新年前后，民间有在高处悬挂灯盏之俗，此灯彻夜通明，谓之“天灯”。

⑦ 草荐：草垫子，草席。

债人。黑甜一枕养精神，[1] 除夕酣眠味更醇。莫怪俗人呼挖窖，发财须是梦中人。泛友浮交讲应酬，淡红名片教人丢。不然压在泥条下，也算登门磕了头。奴婢开门打一千，[2] 大红封子赏银钱。空心火腿真难吃，发得财来再拜年。主客相逢吉语多，登堂无奈磕头何。殷勤留坐端元宝，九碟寒肴一暖锅。三天过早异平常，一顿狼餐饭可忘。切面豆丝干线粉，鱼餐圆子滚鸡汤。庆贺连朝筋力酸，良辰转瞬届初三。午时送圣烧金帛，收饭僧来捧一盘。黄道良辰好出方，肩舆塞路闹红妆。大观音阁烧香罢，便吃人家肉面汤。新年春酒竞相邀，[3] 轿子何嫌索价高。提盒天天来送礼，汤圆春饼与年糕。四官殿与存仁巷，灯挂长竿样样全。夹道齐声呼"活的"，谁家不费买灯钱。容像齐收十八晨，落灯风景最愁人。封门钱纸家家扯，从此新年渐变陈。开张各店彩灯悬，鼓乐花筒到处喧。敬罢财神争道喜，灯笼热闹五更天。纸作皮儿篾作胎，龙灯到处户齐开。穿街入巷人多少，岂为看灯到此来。寒食无人扫夜台，[4] 冥钱恐属介之推。当年逃禄绵山隐，死后偏争纸锭来。和烟折得柳枝新，插向门前满眼春。两鬓更教簪嫩叶，清明时节重闺人。芳草如烟暖日薰，牡丹芍药灿红云。泉隆巷口人争渡，半是看花半上坟。[5] 三三令节重厨房，口味新调又一桩。地米菜和鸡蛋煮，十分耐饱十

---

① 黑甜：酣睡。

② 打一千：打一个千。打千是盛行清代的礼节。其姿势为屈左膝，垂右手上体稍向前倾。

③ 竞：原误作"竟"。

④ 夜台：坟墓。

⑤ 看：原误作"香"。

分香。岳神诞日进香来，人海人山挤不开。名是敬神终为戏，逢人啧啧赞徽台。鲥鱼四月出江新，提盒装来竞送人。辗转相贻鱼已烂，脚钱合算几千文。艾箬糕糉庆端阳，鳝血倾街秽莫当。头扎包巾穿绣袄，小家儿女马夫妆。避邪痛饮雄黄酒，浴垢新煎百草汤。午后后湖人似蚁，迎风一阵蒜泥香。每逢五月赛金容，[①] 设立行宫大路中。木刻龙头安座右，划船锣鼓演村童。安排仪仗送天符，醉态踉跄哂轿夫。一路招牌常碰着，亏他和尚硬头颅。龙船经费有标船，[②] 半臂包巾五色鲜。船去船来都热闹，一回吹打一回鞭。舵手篙工共逞奇，桨声要与鼓声齐。指挥独立高台上，辛苦无如狮磨旗。[③] 万桡齐举水飞空，[④] 两岸喧呼助势雄。抢罢对江船渐散，小河一片夕阳红。乘凉最好是琴台，万柄荷花槛外开。直到夜深方罢饮，一船明月过河来。终岁何曾祭祀供，中元包袱万家同。[⑤] 鬼如求食应伤馁，此地休来做祖宗。吃新食品较常添，荤素相参价不廉。麻雀头酥鹅颈软，豆黄饼脆藕圆甜。瑜珈焰口放中元，[⑥] 火把齐齐照路边。一下锣声灯一盏，果然陆地漏金莲。小河齐放水灯红，[⑦] 整整斜斜水面风。忽遇回流旋不定，万星明灭乱云中。中秋云是闺人

① 金容：对神的尊称。赛金容即赛神，设祭酬神的活动。

② 标船：贩运货物的船只。

③ 磨旗：摇动旗帜，有时也指军旗。

④ 桡：原误作“挠”。

⑤ 中元：农历七月十五日。楚俗终年不祭，惟七月各家烧冥钱，用大封包锭纸分题死者之名于上，谓之“烧包袱”。

⑥ 瑜珈：梵语，相应之意。焰口：佛教用语，形容饿鬼渴望饮食，口吐火焰。佛事中有放焰口，即施食于饿鬼的仪式。

⑦ 河：原误作“何”。

节，瓜果中庭礼月华。一路送瓜图热闹，不知喜信应谁家。秋风信到桂花开，接福朝阳玩几回。为爱天香看不足，一千钱赁一柯来。菊花开足似盘盂，异种奇花谱上无。看者不知顽者苦，晒台几月费工夫。十月初交夜市开，游人拥簇一条街。劝君一步一回首，抓帽人从背后来。器用般般列市边，胡同深处画图悬。宋人山水明人字，索价千钱买百钱。捕营鼓角二更催，栅子重重上锁才。锣不停敲梆乱打，怕他查夜委员来。街头炒栗一灯明，[1] 榾柮烟消火焰生。[2] 八个大钱称四两，未尝滋味早闻声。不须考究食单方，冬月人家食品良。米酒归元消夜好，鳊鱼肥美菜薹香。仲冬天气肃风霜，腊肉醃鱼尽出缸。生怕咸潮收不尽，天天高挂晒台旁。苏州花纸卖提篮，炮竹泥台尽摆摊。铁磬一声街上过，过年消息此中探。各家布施斗和升，化米都将腊八称。铙鼓喧阗人络绎，一群道士一群僧。僧人巧结布施缘，想出飞方好过年。挨户沿门分灶疏，一张黄表几文钱。送灶一盘鸡骨糖，谁家舍得用黄羊。如教糖汁能粘口，好事焉能奏玉皇。望后飞来纸一张，小年过了索逋忙。[3] 今朝不便明朝有，硬语还将体面装。空囊愁煞一钱无，不吃明亏是丈夫。我自高眠他自坐，但教堂客去支吾。[4] 武汉城门夜不键，黎明犹有往来船。码头到处明如昼，一桶松香雨里然。灯笼如织夜尘

① 炒：原误作“沙”。
② 榾柮：断木头。
③ 索逋：催讨欠债。
④ 堂客：妻子。

昏，[①] 各店匆忙不上门。男女呼号声达旦，[②] 大街变作乞儿村。千艘万楫聚塘坳，爆竹声喧沸海潮。水面忽飞星万点，红灯一片出桅梢。封门钱纸彩缤纷，门上春联吉语分。官爵牌灯成对立，富家充作宦家人。团年酒罢醉昏昏，黄纸封条户上扪。从此双扉敲不启，穷家也说闭财门。火盆银炭焰生风，柏叶频烧香气浓。讨取明年新利市，开门炮竹要全红。黄花地上没遮拦，池港沟渠积水宽。墩子人家分种地，只愁大水不愁干。后矮前高不聚财，此间无地起楼台。痴心欲向愚公说，移过龟山到此来。春来麦草秀成行，夏日盈畴苋菜香。更有冬来黑白菜，移根不肯向他方。半居街市半居乡，土沃何忧种植荒。一自连年遭大水，不收麦草与高粱。散步人来远市阛，一面心境得宽闲。眼光直到天穷处，夕照黄陂数点山。三叉路口乞人拦，追索钱文不放宽。开发一人群丐集，施钱容易脱身难。二三月内喜天晴，草色青青画不成。一碗粗茶嗑瓜子，[③] 布棚厂下看风筝。两层屋宇势毗连，晴日游人擦背肩。要吃清茶兼望远，高楼须上涌金泉。清茶寂寞殊无味，要听丝弦怕熟人。能使两难成两美，地方最好早逢春。沿湖茶肆夹花庄，终岁笙歌拟教坊。金凤阿香都妙绝，就中第一简姑娘。茶香烟雾袅灯光，为恋清歌不散场。四座无言丝肉脆，望湖泉外月如霜。欲把深情寄与哥，当场无奈熟人多。琵琶遮面秋波溜，郎自吃茶侬自歌。鼎锅水沸白于波，三碰茶呼渭水河。更有下茶诸菓品，提篮闲汉似穿

---

① 尘昏：尘积昏暗。

② 旦：原误作“早”。

③ 嗑：原误作“磕”。

梭。芦棚试演梁山调，纱幔轻遮木偶场。听罢道情看戏法，百钱容易剩空囊。平芜芳草碧于烟，一阵湖风送管弦。引得游人围着看，打拳人聚夕阳天。夏汛初看几尺添，平湖万顷镜中天。倚栏领略烟波趣，信置无如第五泉。水涨平湖景致多，远霞红透晚来波。土塘买棹弯桥口，一路乘凉到小河。贫家卖女趁丰年，一纸文书十万钱。风送落花无定主，飘茵落溷各随天。楚人嫁女利为罗，不管新郎鬓发皤。要戴金珠穿锦绣，更无妯娌与公婆。一树梨花傍海棠，百般趋奉不相当。开笼放雀囊空后，掩籁年年有几场。艳妆冶服去寻春，为避狂且又发嗔。吆喝一声花扫碎，归来空恨打围人。翠羽明珠压鬓鲜，荆钗埋没孟光贤。效颦堪笑东施女，也要金缯作聘钱。门头妆束日翻新，怪煞良家步后尘。不论雏鸡和老姥，托肩挂子滚边裙。[①] 蜀锦吴绫买上头，阔花边样爱苏州。寻常一领细衫子，只见花边不见绸。蝉鬟双挑盖耳轮，秋云啮住月三分。碧纱窗下梳头罢，粉腻脂融水一盆。莲勾三寸月牙翘，一只弓鞋态更娇。隔着画帘听屧响，文楸枰上玉棋敲。[②] 鲜花四季助芳容，茉莉黄梅香更浓。引得檀郎痴眼望，当头轻颤一窝蜂。大方全不避生人，闺阁帘开笑语亲。几句寒温通套话，舌尖递出十分春。十点钟鸣夜气凉，内庭筵宴始收场。红灯一对肩舆快，风过遥闻安息香。热闹场中总到临，莫教豪兴让男人。西施颜色东施貌，两样人材一样心。观音阁内聚红妆，伏地深深拜象王。专宠心肠多子愿，一齐分付与炉香。名花透露一枝春，浪蝶闻香眷恋频。

---

① 挂子：褂子。

② 文楸：棋盘，古代多用楸木做成。

妾自无心郎自苦，轿前来作站班人。河岸宽平好戏场，子台齐搭草台旁。浓妆岂为梨园到，[①] 半倩郎看半看郎。月湖堤上报花开，游女都从汉口来。谱上群芳终日看，息夫人庙伯牙台。吴讴楚调管弦催，翠鬓红裙结伴来。除却寒风和暑雨，后湖日日有花开。半日依依凭画栏，品花脚力不辞酸。寻常几颗西瓜子，磕向朱唇便耐看。老鹤梳翎学凤凰，背看标致面看脏。从今悟得文章诀，正面不如反面强。龙船看夺锦标回，画舰齐湖水一隈。人隔纱窗花隐约，风吹茉莉送香来。兰汤浴罢鬟云偏，单着纱衫态更妍。小巷香风闻茉莉，纳凉人坐夕阳天。衣鞋鲜洁粉脂香，解语春莺舌似簧。此地闺人工打扮，见他儿女想他娘。名园栽得好花枝，供奉财翁玩四时。可惜主人都太俗，不能饮酒不能诗。每帮捐助数千银，市价稍提便转身。如此阴功容易做，领钱仍是出钱人。汉地教书贵莫伦，俗人也识圣人尊。“学堂”两字粘门口，恶丐流民不上门。华佗死后禁方无，[②] 幸有辰州白水符。治病虽然凭药饵，[③] 止疼全不费工夫。小厮老妪送盘餐，远戚疏亲讲密欢。此往彼来多赏耗，下人好做上人难。赚钱容易是妈妈，庆吊场中总有他。[④] 六百工钱加外水，不思汉子不回家。月二千钱雇乳娘，外加首饰与衣裳。荷包归主钱归彼，还要天天吃肉汤。百尺回流稳立身，水猫绝技骇人闻。覆舟莫道全无力，摸得钱财四六分。舆夫上道便争先，吆喝行人避路边。两轿相逢呼左手，情形恰似两来船。丧仪喜事

---

① 浓：原误作“侬”。
② 佗：原误作“陀”。
③ 药：原误作“菜”。
④ 她：原误作“他”。

及良辰，乐户安排鼓吹新。酒席一般同贵客，上流口腹下流人。乞丐盈街半暮年，朝生夕死总由天。可怜枵腹斜阳后，一路哀呼卖小钱。懒筋脆骨少年休，一世栖身在吊楼。欲救饥寒多善策，乌龟牵罢又春牛。山东婆子语音蛮，汉地求钱趁岁寒。怀里小儿都赤膊，怪他养得肉成团。呼奴叱婢气豪雄，美食华衣奉养丰。马褂再能穿上色，三爷还比老爷红。贫人僦屋最艰辛，① 进屋搬家总费银。情理不通惟小礼，房东一两彼三分。女眷相交意最浓，送花送菜礼重重。惟余一事真儿戏，两个湖南作轿封。② 六亲情谊本同般，姊妹情深笑楚蛮。破口不妨伤父母，一呼舅子怒冲冠。富人棺椁讲繁华，花板中心选菊花。其次对墙尺许厚，一年一度漆来加。贫人棺椁极平常，十二圆花狠可装。最下不须营葬具，替他收殓自新堂。临丧无复泪滂沱，白布头巾脚后拖。殉葬衣冠都草草，③ 棺中只有石灰多。悲乐堂前唱孝歌，灵前男女笑呵呵。鼓盆两字无人懂，问是何人死老婆。楚人做祭极平常，④ 不及徽州礼貌庄。高坐灵旁宣诔祝，只如平日读文章。檐靠芦梯地撒灰，上筵下席设双台。偷荤鼠子留行迹，共说亡魂昨夜回。两条板凳架丧棺，四扇堂屏尽日关。白纸一方书罨字，欲知来历问人难。僧尼道士巧生财，三节忙忙送素斋。豆腐面筋装盒去，青钱白米进门来。不须募化布施缘，会馆僧人自有钱。闹酒吸烟都不禁，出家人比在家颠。

---

① 僦：租赁。

② 湖南：指小钱。轿封：给轿夫的赏封。

③ 殉：原误作“徇”。

④ 祭：有徽祭、本地祭之别。徽祭，正立垂手，烙手执事。本地祭，生员大人分坐灵旁，别无所事，唯轮流念文章而已。

尼师生意靠裙钗，做会看经总进财。比似男僧能守戒，终年不见寺门开。太平清醮待收场，灯烛盈街拜四方。炮竹齐丢铙鼓乱，旁人欢笑道人狂。缓缓锣声市上来，纵非报火尚疑猜。朝山赌咒寻常事，第一凄凉觅幼孩。顽灯赛会乐升平，纸札绸包不性灵。欲向俗人夸古董，萃珍斋赁万年青。蟠金错彩嵌玻璃，银烛辉煌鼓乐齐。四柱撑持行路笨，帐棚最是蠢东西。皇亭一架八人驮，十六宫妆跨马过。屠豕人肥装太监，薙头匠俏扮宫娥。炉香一半杂花香，彩轿全将茉莉装。绣服珠冠容貌美，座中太保是姑娘。[1] 各家店面有裙钗，看会看人挤不开。忽地两边都躲闪，迎风一路火球来。得罗形状似莲蓬，[2] 引以皮条旋若风。越转越鞭鞭越转，一时忙煞众儿童。乱弹才唱舌偏调，哈哈呵呵学担挑。习俗潜移人品坏，优伶材料脚夫苗。祈雨群儿戴柳条，大街抬着狗儿跑。若逢卖水人经过，水桶掀翻再去挑。洗衣切莫付贫婆，[illegible]石粗沙把垢磨。明垢虽除阴垢甚，男衣女袴一盆搓。俗人偏自爱风情，浪语油腔最喜听。土荡约看花鼓戏，开场总在两三更。后街小巷暑难当，有女开门卧竹床。花梦模糊蝴蝶乱，阮郎误认作刘郎。鸨儿夜立路三叉，小语挨身把客拉。舍得青钱一二百，一时看遍院中花。一声剥啄启双扉，帘幕深深引蝶飞。漫讲留厢先纂局，青钱数百打茶围。[3] 一回一两二钱银，吃酒连番费莫论。欲向院中充大老，风流全在不关门。金刘两院好寻欢，[4] 接客纷罗锦绣团。走到帘前打照

① 座：原误作“坐”。

② 得罗：陀螺。

③ 打茶围：亦作“打茶会”，旧时谓至妓院品茗饮酒取乐。

④ 欢：原误作“叹”。

面，见花容易选花难。能画能书又善吟，风流谁似两张琴。天台有路人难到，一面须拌十两金。郎才妾貌两相当，野草闲花分外香。盆景虽佳根易槁，多情谁似卖油郎。问卿何日下山来，暮雨朝云玉貌摧。今日残花前骨朵，东风虽好莫轻开。各房接得有情郎，姊妹终年检帐忙。多谢喜神常照命，好将鸡血洒门框。残年过了喜新春，生意真随节候新。日日彩鞭门外放，接来魔子是财神。阳台梦冷雨云消，无赖频将铺板敲。冷落何堪人打逛，一盂水饭送皮条。名花一朵玉含香，不逐春风上下狂。扮出闺中游荡子，但梳辫子不梳妆。席门芦壁不遮风，欢喜因缘到此穹。门内横陈门外探，撩人一幅活春宫。风月场中未有名，私窠门第亦铮铮。若非熟手来牵线，拍得门开听骂声。客行客栈作生涯，雨打风吹陌上花。一度春风钱数百，龙家巷里认奴家。娼优两字一身当，日唱丝弦夜暖床。不惜千金买破罐，情郎多半是痴郎。一方软枕靠身斜，玉手纤纤打炮嘉。妾自为云郎欲雨，花烟颠倒即烟花。不论娼家不论优，劝君莫漫逞风流。逼笼逗放寻常事，第一须防砍斧头。[①] 芝麻馓子叫凄凉，巷口鸣锣卖小糖。水饺汤圆猪血担，夜深还有满街梆。时新小菜出江东，贩子分挑日未红。贱货有时争重价，居人只怕五更风。几种园蔬美又廉，芹芽脆迸荻芽鲜。[②] 幽香配酒藜蒿梗，清气宜汤豌豆尖。陆肴争及海肴鲜，鸡鸭猪鱼不值钱。冬日野凫春麦啄，尚和酒客结因缘。鱼虾日日出江新，鳊鳜鮰斑味绝伦。独有鳗鲡人不吃，佳肴让与下江人。鲜鳞如玉刮刀椹，

---

① 旁人敲诈曰“逼笼”、曰“逗放”，本人勒索曰“砍斧头”。

② 荻牙：茭笋。

汁和葱姜滋味深。要向宾筵夸手段，鱼餐做出是空心。

宦应清《后城马路竹枝词》：记得红羊小劫前，借他壁垒障烽烟。而今走马浑闲事，回首沧桑四十年。后湖万顷雨如烟，放下渔网学种田。偶到惠民亭上望，香风渐送稻花天。尚无歌管与楼台，滚滚尘埃扑面来。我自看人人看我，相逢一笑把头回。粉气脂光汗欲蒸，香车宝马大家乘。此间不用青纱轿，里外都嫌隔一层。同车有女更销魂，过市招摇样新翻。怪道年来风俗靡，由义循礼已无门。玉带城门剩旧楼，东洋车子快归休。歆生路口人争换，道是洋街一马头。呼姨唤妹手同携，锣鼓声中笑语低。莫看怡园髦儿戏，满春今夜铁公鸡。莺飞草长野花香，一角危楼挂夕阳。寒食清明都过了，踏青还到济生堂。济生堂外读残碑，想见抽刀杀贼时。欲问当年双烈事，一堆荒草有谁知。新开茶馆两三家，有客闲来便吃茶。要算宜宾风味好，汉江春水浪翻花。不男不女不华洋，愈出愈奇时样妆。花露满身过土垱，一塘臭水也生香。轿后跟班跳似猴，轿前护勇壮于牛。老爷要到工程局，门外双牌挂虎头。观音旧阁劫灰空，遥指红墙是学宫。自己佛场留不住，救人苦难太匆匆。一挂洋旗百事强，华商多已变洋商。可怜三进高楼里，犹唤生徒上学堂。半是荒园半水塘，看他一一起房廊。后来风景知多少，留待旁人说短长。迎新送旧有行台，警察搬将总局来。听说明天差要办，迎宾江馆暂安排。

范涛《汉口柳枝词》：一堤沙软两初匀，晕碧摇青独弄春。怪底有河名玉带，长将离思系郎身。后湖湖畔踏青过，游女双蛾扫翠螺。行到桥边看杨柳，几枝春少几枝多。妾似垂丝牵不断，郎如飞絮任斜飘。人都说是伤心树，怕上春风

六度桥。

周乔龄《中秋夜汉口竹枝词四首》：游女如云汉水隈，衣香人影故裴裒。宵行多露侬知畏，贪看秋光蹋月来。镜合刀还此夜嘉，离鸾别鹤满天涯。人生毕竟团圆好，虔爇心香礼月华。秋色平分月色赊，嫦娥窃药有夫家。今宵多少宜男信，一路锣声听送瓜。万户千门爆竹轰，喧豗不断到三更。[①] 算来一事差堪喜，月尽才闻索欠声。

王宗璟《后湖竹枝词》：一湖春色碧难描，路上行人麦过腰。自是秋成先有兆，五风十雨不须招。人声杂入管弦中，着意听来曲未通。薄暮欲归归未得，谁家人唱大江东。绿水无波柳映堤，寻春一任马停蹄。遥听簇簇村烟里，何处人家叫午鸡。中酒归来日已斜，朦胧不辨路三叉。香风馥馥来何处，误把黄黄当菊花。

① 豗：撞击声。

教育志

汉口自前清光绪间南皮张文襄督鄂奏设夏口厅后，即建设学宫一所，设教谕、训导各一员，典生员之年籍。于正殿祀至圣先师孔子神位，东西配祀复圣颜子以下诸贤，东西哲祀闵子以下诸贤，东西庑祀先贤公孙侨以下及先儒公羊高以下诸贤，其先贤、先儒次序，均遵同治二年礼部颁发《文庙祀位恭录》，每岁于春秋二仲月上丁日致祭。① 刻学宫卧碑八条，以为生员之准则。

学额则廪生十二名、增生一二名不等，附生每届九名半。前因阳、夏分治时彼此争执学额，后由绅董议决分岁科两试，各入学一名。

汉口距省会府城过近，生童之文理优长者就近得以肄业，故书院尚未筹办及之。

义学由绅商举办，延俗师课贫家子弟，不收授业束脩，② 获益不浅。

家塾则有二种：一则绅富延师于家，以课子弟；一则塾师开门授徒，街邻子弟就而受业。

前清光绪三十一年，朝廷下诏罢科举，专以学堂为人材出身之地。汉口官、私学校为数不少。起义后，或校舍被

---

① 春秋二仲月：仲春（二月）和中秋（八月）。上丁日：入月后第一个丁日。

② 脩：原误作“修”。

焚，或款绌停办。兹将民国三年调查学校人数列表于左：

学校名称	地点	学生额数	教员及管理员数
夏口初等第一校	官育婴局巷	四九	一
夏口初等第二校	三善巷河街	五六	二
夏口初等第三校	忠义节烈祠	五〇	二
辅德初等小学校	惠民亭	六四	二
训盲书院	遇字巷正街	四四	三
慈幼学校	由义门马路外	一〇五	四
夏口模范两等学校	存仁巷堤街	二五一	一四
工艺学校	油帮公所中路	二〇	一
蒙学校	同上	四〇	一
女蒙学校	同上	六一	三
英文中学校	同上	三〇	五
育益学校	新火路	二一	二
强汉学校	永宁巷	三三	一
育才学校	麻行巷	四五	一
明新两等学校	广福巷	三九	一
启蒙小学校	咸宁会馆巷	七三	二
太平旅汉公校	太平会馆	四〇	五
静远学校	涂家厂	八〇	八
明文学校	同上	八〇	八
至善两等学校	中路熊家巷	三〇	四
培心学校	中路洪益巷	五二	七
致忠学校	仁寿里	七五	五
道心学校	白布街	六〇	三
普善学校	小江家院	四〇	三
普化学校	文书巷	八〇	四
济生高等学校	济生堂	四〇	五

续表

学校名称	地点	学生额数	教员及管理员数
辅德学校	辅仁里	九六	一〇
宁波旅汉小学	德华里	四〇	五
日余学校	同上	六〇	三
新民学校	百子堂后巷	四〇	一
尚志学校	福兴街	六二	二

又于仁善堂中路设劝学所，遵章组织，设劝学员长暨劝学员等职，以劝道一邑之学务。

又于地方审判厅间壁设夏口教育分会，置会长暨各职员六七人，提倡教育事，宜以资。①

① 按：此下疑有缺文。

商业志

汉口港在北纬三十度三十二分，东经百十四度十九分，属湖北汉阳府汉阳县汉口镇，人口约八万人。隔长江遥对武昌府，是为湖北之省城、湖广总督之所驻也，人口约二十五万人。又隔汉水则为汉阳府，人口约十五万人。三者有鼎足之势，占长江沿岸最枢要之地，[①] 商况之殷盛，亦冠于沿岸之诸港。

汉口之位置在长江、汉水合并之会点，又上游即滨于洞庭湖口，舟楫之辐辏，货物之聚散，其盛不亚于上海。其余则尚未能比类也。

一、米、粟、石炭，自南省而来者，聚于洞庭，经岳州出长江而达汉口。

二、茶、雅片[②]、其余之药草，自四川而来者，沿长江而下达汉口。

三、茶、兽皮、药材，自陕西、河南，更有远自甘肃来者，自襄阳、樊城而下汉水。

四、药材、棉布、海产物日本品、人参、樟脑等，自上海而来者，经长江而集汉口。

世之指汉口为九省之会者，决非溢美可知也。其贸易之

---

① 岸：原误作“革”。

② 雅：同“鸦”。

年额，除上海外，长江沿岸之诸港，① 无有出汉口之上者。

输入品之主要者：

棉布、棉丝、棉花日本品、织布、铜、海产物，以上皆同上。石油、砂糖、纸、烟草、人参及其余药材、樟脑、洋伞、磁器、玻璃器、杂货等。

输出品之主要者：

绿茶、红茶、皮革、油漆、豆、豆饼、生丝、麻布、鸦片、棉布、棉丝、麻苎、② 五倍子、白蜡、药材、铜铁、石炭等。

以上贸易品中者：

茶，其业最盛，利益最多。每年四五月之时，市价每日变动，日甚一日，有二三次，相场之升降。中国人与外国人业投机者，凡在此间者，皆得巨利云。

药材，其业中称四川省所出之麝香、人参，其余多由山西、河南、陕西、贵州来者。

织物，又称花边栏杆，日本所称女带地缟子是也。其出四川者不少，中国人用以缘饰妇女之衣裳。

竹木，自湖南、贵州来者为最多，自四川来者亦不少。

海产物，自外来者以日本为主，自本国者则广东、福建、浙江之诸省。

砂糖，来自广东。亦有自印度经香港而来者，称为最品。

烟草，自甘肃经陕西、河南之境输入者。

---

① 岸：原误作“革”。

② 麻：原脱。

桐油、米、木炭、石炭，皆自湖南来者。

漆，自云南、贵州、四川而来。

纸，自江南、九江而来。

帽子，自苏州而来。

靴，自北京而来。

水陆并集于汉口，更散布于各地，其商市之盛，固云至矣。千八百九十八年，其贸易全额五千三百七十七万一千四百四十五万两。该地税关所收之总收入，输入、输出及沿岸之贸易以上三者除鸦片税，合鸦片税、吨税、长江航路船舶沿岸贸易通过税、鸦片厘金之诸等税，在二百十九万四千四百十二万两余以上。中国全贸易港中除上海之九百九十余万两之外，更无其匹者。

关于工业者，则汉口不及汉阳、武昌之有大制造场。但该地竹、木、金、银之细工，颇极精巧，声价亦甚啧啧，是不独其工业也，而工业已可见之。汉口之工业在砖茶制造所、磷寸即火柴制造所之二者，并共汉口隔水之汉阳、武昌相近接者。若汉阳之铁政局、枪炮局，武昌之纺纱局，一并详之。

汉口之茶砖制造所，其数凡六，皆协同俄国官民所设立者，其旺盛足以雄视全汉口，皆在俄国之居留地。

砖茶者有红、绿之二种。用红茶之粉末以造者为红砖茶，用绿茶之粗叶并用茎者为绿砖茶，多供俄人之需用者。盖住北部寒带之俄国人深好砖茶，亦犹中国人之于鸦片，同视为与衣食皆为必要之品。俄国之经造该制造场者，亦为此也。而此等六制砖茶之砖茶工场，其输出内地诸港之外，或以俄国义勇舰队输出浦盐，或经海路而输出于欧罗巴之俄罗斯，或经天津、恰克图、西北利亚而送于俄都，或由于汉口溯汉水而至樊城，由陆路而经陕西，由蒙古、西北利亚以送至俄国。砖茶工场之使役与工人，大约二千余人，昼夜不休其业。

汉口之磷寸制造所，为上海燮昌磷寸制造所之分工场，在日本居留地北邻之地，续以千八百九十八年一月其业开始。资本金约十万两，系由中国商人之起业。制出之磷寸无论其销于何部分者，颇为扩张。且磷寸亦易于发火。柴制红头者与轴木小函用材者，经由上海以供给于日本。其药料则取之于中国各地，调药亦中国人自当之。其调合秘密，日日之制出者益高，有入七千二百箱者，若五十与六十箱者。使用之男工约百五十人，匣张之女工凡五百人。制造所一日之经费，约银九十余两。凡双狮印、人鱼印之磷寸，即该处所制造也。以上《最近扬子江大势》

汉口古名夏口，今一名汉皋，又曰汉镇，属于湖北之汉阳府汉阳县。其位置在扬子江之北岸，当北纬三十度三十二分五十一秒，东经百十四度十九分五十五秒，距上海一千六百里。① 人口凡八万。② 湖北省武昌府在西南，与之隔江相望。武昌城为总督驻在之地，人口为二十五万。又其西北与汉水相隔之对岸为汉阳府，人口凡十五万。三区分峙，势若鼎足，最为长江上游之要隘。古以汉口及河南之朱仙、江西之景德、广东之佛山分为天下之四大镇，诚以形势之出于天然也。然至今时，商业之昌盛，则信无有过于汉口者。武、

① 一千六百里：原误作“六百里”。

② 八万：原误作“八十万”。

汉之地得水运之便，当九省总汇之通衢，实为腹地无二之商市。其往来聚散重要物品，虽种类繁多，不可胜计，然撮其大宗数之则如：

一、谷米、煤炭，来自湖南，运往江南各处者；

二、茶、鸦片、药材，自四川运出者；

三、茶、兽皮、药材，自北部诸省经陕西出襄阳下汉水而来者；

四、药材、棉布、海味多由日本输入、人参、樟脑等物，经上海溯长江而集于汉口者。盖一年之中，江上风光，无时不帆樯如织，而贾客舟人各熙熙攘攘也。据中国税关之光绪二十三四五年报告，其每年贸易之总额，大概如左：

序号	自外国输入品	自内地输入品	输出品
1	一四・一九三・五三七两	六・六六三・四一一两	二三・四四九・五四五两
	六	六六三	四一一两
	二三	四四九	五四五两
以上三项总计四四・三〇六・四九三两			
2	一七・一七一・三五一两	八・〇〇七・八九七两	二四・五四〇・三八二两
	八	〇〇七	八九七
	二四	五四〇	三八二
以上三项总计四九・七一九・六三〇两			
3	一六・〇一九・七二二两	六・七九八・〇七三两	三〇・九五三・六五一两
	六	七九八	〇七三
	三〇	九五三	六五一
以上三项总计五三・七七一・四四五两			

长江沿岸之商场，除上海以外，其交易总额无一能凌驾汉口者。如上所述，其地实为南北交通之咽喉。商业之繁

荣，自非意外之事。法人浮克氏早见及其为无穷之利薮，而唤起来者之注意。一八六一年，中国政府遂遭西人之迫胁，开为通商市场。英国先于市街东端沿长江之北岸划定租界，俄、法之租界即在其东。甲午之役，德国假扶植中国之名，干涉《马关条约》事件，其后要索酬报，遂亦得于东城外指定地点作为租界。日本因《马关条约》之结果，亦得从英、俄、德、法之后，划地一隅。惟位置僻在各国租界之西偏，不能无不便之感。

汉口商场既为各国并力积重之区，而其中最足使人注目者，则俄人之举动也。中原逐鹿，英人之识力、手段最为高强，夫固尽人知之矣。而俄人在汉口之势力及其规模几与英人相埒，[①] 则未知之者尚多也。我来汉口，见俄领事馆与英领事馆皆高张旗帜，骈立于江岸之通衢，而俄国官商协同创建之制茶厂，宏廓昌大，比屋连墙，凡四五栋。尝查自该厂制成输出之茶，其量大概如左：

光绪二十三年　　四七〇一九二担

光绪二十四年　　四八三一九二担

除由内地市场输出外，其运输之法，或即以俄国义勇舰队之船只运往海参崴，[②] 或由海路南巡印度，经红海、黑海入哦铁萨港而输进欧俄，俄罗斯全域以地势言之，可分为二，故称其地在欧洲者曰欧俄，在亚洲者曰亚俄。或由天津经恰克图，或由汉口溯汉水至樊城，而由陆路运往西北利亚。但每年此项交易所收之税金，向未见各地税关完全整齐之报告，故金额之

① 英：原误作“美”。

② 崴：原误作“威”。海参崴：今符拉迪沃斯托克。

多少颇难确知。俄人在汉口之工商业既与英人相伯仲，而俄人之利权尤有特驾于英人之上者，盖比利时人常居其后而为之援助也。夫中国政府曾与比国集股公司订修筑芦汉铁道之约，现已于汉口起工矣。自我辈眼中观之，是何异西北利亚铁路线之一端已延及于汉口哉？俄人潜势阴谋之可畏，竟有至于是者。尚有一事件足为表证而足令人纪念者：前年八月，俄领事馆与英商马□生氏因土地毗连之故而生葛藤，①其时在汉口之英、俄各兵竟起一场之冲突。幸祸机尚小，②随起即平。然亦可借问将来二大势力之消息也。呜呼！芦汉铁道告成之日，俄国之势力若何？英国之势力若何？我日本之利害关系又若何？有识者可勿虑哉！

汉口一区，划租界凡五，即英、俄、德、法、日也。租界地域西接中国街道，跨城墙内外而东张。各界之内，以英界地段为极佳，其长阔沿江岸凡二百五十丈，入陆地亦二百五十丈。而江岸之道路坦坦平平，如砥如矢，绿树垂阴，掩映两侧，球场憩所亦列其间。瞩目对岸，则大河前横，而武昌之山丘与黄鹤楼诸胜隐约高下，与烟波相俯仰，与风帆相送迎。盖旅客来此者，除其心目间经营事业之外，而披怀风月亦复流连不置也。俄、法界各沿江岸二百丈，入陆地一百二十丈。法界在通济门外，沿江岸三百丈，入陆地一百二十丈。而我日本于甲午一役，拚无数之人命，忘死横战，而所谓一跃遂与天下第一等国并驾而齐驱者，其所获之租界果何如哉？其地段入陆地百二十丈，较他国租界固无逊色，而沿

① □：底本漫漶不清。

② 祸机：指隐伏待发之祸患。

岸乃不过百丈，且各国租界之界标率皆用高五六尺之大石杆。而我日本仍仅用高二三尺之小石柱树立于荒草离离之间，题其文曰：大日本租界地。吁！其何能使吾辈接于目而不赧于面、不伤于心者哉！草屑丛芜，犬豕溷集，其所谓居民者，编茅为屋，率皆自法界内逐来之穷民。吾诚不能解我国当局之士君子，何竟以远不过二千哩之亚东大舞台，付之冷冷落落。若不亟竭力以经营者，为何心也？记吾含泪而过我日本租界时，实在前年之秋八月，而迁延至今日，亦尚未见有振兴之色。吁！吾不能不向吾国人而告以各国租界振兴之象也。英、俄租界，交衢井然，大厦高楼，耸入云表，殆与称为东洋第一商埠上海之情形无少异，固无论矣。其他如法如德，近时皆起手修筑，刻日程工。法界中之商民已渐渐繁殖，而德则自其亲王亨利于先年曾率东洋舰队上溯汉口之后，[①] 其租界中之工事遂较前更加踊躍，拨船之樯头，高挂“大德国用”四字之红旗，皆从其搬运砌岸石块之役者，其数难更仆数也。吾尝闻法、德之商人皆痛其本国政府不能给资，为其修理租界之用。于是在上海之德商遂与驻汉之德领事官缔结契约，合力担保，向上海某银行借银数十万元。又，法界则由上海、汉口两地之法商筹聚厚资，以供修筑道路、填砌码头之费。其工事告竣之期日近，而自外来购求土地者亦日多。故现时所收之地价，已较初时所收者高过四倍或至五倍。而今即仅以各处所收入之地租偿当时筹集之资，已优乎有余矣。返观我国居在沪、汉之商人，其所谓志士者，则言及汉口租界一事，殆无不慷慨叹息，不知所措。然

① 亨：原误作“享”。

按其实际，则并无一人肯热心奔走于朝野之间，而以必达此目的为己任者。徒空费日月，坐视汉口之商权归落于白人之手而已，亦不欲与之竞争。吁！此我日本之租界其所以不足与英、俄、德、法等量而齐观欤？

此地商业上之发达，日新月盛，将来之进步，正未可限量也。查其与外国交易之物品，大概如左：

输入之物：

纺绩丝、洋布、棉花、桐、海味上三品多自日本输来者、人参、樟脑及各种药材、洋伞、瓷器、漆器、玻璃器、杂货。

输出之品：

豆、豆滓、麻、蚕丝、红茶、绿茶、白蜡。[1]

光绪二十五年之贸易金额，总计凡五千三百七十七万一千四百四十五两，该地税关之收款，统输入、输出沿岸交易上三者皆除鸦片税计之，鸦片吨税，[2] 长江往来船只过关税，鸦片厘金等税，合而计之，凡二百十九万四千四百十二两。盖中国全部之商场，除上海税关收过六百九十余万两之外，则税源之旺，从无能及汉口者。其各交易品中，利益特厚而量数重多者，以茶为最，每年四五月间开场之时，极为繁盛。而市价每日变动，甚至一日之中有升降至二三次者。闻华人与西人巧于相机之流，[3] 即每于此间博巨利焉。

四川之人参、麝香，山西、河南、陕西、贵州之各种药

---

① 蜡：原误作“腊”。

② 吨：计算船只容量的单位，一吨等于 2.83 立方米（合 100 立方英尺）。

③ 相机之流：即投机者。

料，四川、河南、湖北、江西之蚕丝，湖南之竹木、煤炭、米、桐油、栏杆，广东之糖，甘肃之烟叶，四川、云南、贵州之漆，江西之纸，苏州之扇，北京之鞋，日本及广东、福建、浙江之海味，水陆错集，舟车交驰，贸迁有无，[①] 皆集中于汉口。是商业大可振作、商权大可扩张者，必当于此地首居一指，诚无可疑也。而日本人经营于此者，乃仅有大阪商船会社及东肥洋行，[②] 商船会社则新于马王庙之傍盖造铺屋，其余当各国轮船公司之西端，与招商局相并而立，颇得位置之宜。惟趸船尚未完成，载卸货物颇多不便，是一障碍也。东肥洋行即在商船会社之后，其地名曰河街。交易货物，概属杂品，如瓦器、瓷器、烟草、绒衫、毛巾、玩具、纸类，销售甚多。每年当四、五、九、十、十一之五月内，市场尤为热闹。盖此数月系接近中间节季之期，商贩、顾客每多远自湖南、四川，或自陕西而来者。独惜我日商之势力微薄，除商船会社之外，其从事于贸易者，惟东肥洋行一家而已，未尽之利岂有限哉？

汉口之商业既如此，而工业顾何如哉？雕刻竹木、镂凿金银，固最以精巧见许，然此不过区区手技，其细已甚。惟俄国所设之制茶厂，其所用工人不下二千余名，烟筒中黑烟隆隆，昼夜不息，是诚可认为最高视阔步之举动，而足令人惊羡者也。查所制品分三类，即红砖茶、绿砖茶及杂色茶。盖俄人之居于北部者，其嗜茶之癖亦与中国人之嗜食鸦片无异，皆习为食品中不可缺之物也。

① 贸：原误作“懋”。

② 阪：原误作“板”。

武昌、汉阳之工业则较汉口为盛。铁政局在汉阳之大别山下，沿汉水之右岸而近傍伯牙台，开创之资本在一千万两。制出之物则铁板、铁轨、船具及大炮、小炮，又特制德国新式快枪，以供护军营诸队之用，其规模固亦甚大也。然以我国若松制铁场较之，则不过其半而已。铁料则取于湖北大冶矿山，并山西各处铁矿。每日制造之额，凡铣铁六十吨、钱铁四十二吨、钢铁三十吨。所用之块炭以日本输入者为主，而采自马鞍山者次之。山距本局约三十余里。纺纱局在武昌文昌门外，距长江之南岸，亦属近年之所经营，规模宏远。厂中备置织造机器凡一千具，每具二日能成布一匹。纺丝之锤，凡三万六千枚，每锤一昼夜能制丝六十两。执事、工匠合计三千六百余人。两局之主办者皆系西人，措致亦颇尽力，然时犹有收支不敷之虑者，是盖用人不当之所致耳。

日本人之在汉口者不过三十余人而已，其所执之事业则法租界之日本领事馆及河街之商船会社、东肥洋行、汉报馆、英租界之邮政局等处。《汉报》销行之数仅及千枚，然其势力颇盛。以上俱《扬子江流域现势论》

汉口贸易年见繁盛，盖以输运便利也。此地为中国全国之中心，水路四通八达。溯长江则可以直达四川、云南、贵州，溯汉水则可以直达河南、陕西、甘肃，其湖南、江西诸省亦皆舟楫互通，山西、安徽其货物亦莫不汇集于此也，所谓当九省之通衢也。中国内地商务，实以此地为要衢焉。其于外国贸易，除茶叶外，殆无他物，而输入外国品则无非由上海以及各港转接而来也。至其贸易各港，以上海为主，而通于宜昌、九江、芜湖、镇江、宁波等。输出英国及痾德萨、西北利等，而以茶为大宗也。其在内地交通各部，即为湖北、湖南、河南、四川、贵州、陕西、广西等省也。日本物产之输汉口，亦属不少，除薄铁板、铜、漆器、药水等外，以海产物为多。即如昆布一类，最属繁盛；次之则为海参、干乌贼、海扇、椎苹、鱼肚、鳝鳍、干虾等类。其输运多先集聚于上海，乃由上海转以轮船而运入口后，由本港向四川、陕西、湖南三道水路以分运各省城。以故货物来往甚多，不亚于上海也。输出品以茶叶为大宗，而桐油、生铜、牛皮、药种、煤炭、信石、烟草、大黄、白蜡等次之。以上各物品亦无非运自云南、四川、山西、河南、湖南等省，而转递各地。其输入之重要品则为阿片、棉花、金币、毛布、金属及各种杂货。据一千八百九十一年新调查，其贸易额则外国输入品有一千零一万九千百二元，内地输入品有九百二十四万九千五百八十元，输出品有二千二百九十九万八千四百四十元，合计有五千九百二十六万七千百二十三元也。

汉口旧为芦苇丛生之地，后以地当要冲，货物往来，遂变为一大镇也。至其繁盛，实可称为长江各港中第一。街市区画有三道大街，互相贯通，而横以小巷、横街等。大街两傍俱属富商巨贾新设廛肆。其外国人居留地则在街市之北，以商业、卫生上观之，亦属合宜之地。现复大行整顿，更有可观矣。初当定居留地，土人索地价甚昂，故不得已多权住汉阳河岸者。其后为日既久，乃行迁徙于此也。街道宽阔，有前街、中街、后街三道，其横街则自头马路以至五马路焉。主屋舍亦极壮丽，且高楼大厦亦甚多。

街市每年值茶时甚属盛望，届时则各地茶商云屯猬集，茶栈、客栈俱属充满，坐轿坐车，络绎道路，比之平日，极为热闹。

居留地平日似甚闲寂，然一时输运茶时，则上海之英、美茶商各行，麇集江面，各国轮船络绎不绝矣。

本港为长江与汉会流之处，口内水度颇深，即大船巨舶，亦可容之。自兹上溯二千四百五十二里而至宜昌城，轮船虽未通行，而江流至急，即帆船每点钟亦可行七八里，若轮船则非平底坚固不能行。春夏水长，深有四丈以至五丈，西北诸地悉被浸没，每行至流荡屋舍者。秋冬之间即行渐减，至于深冬，则减至最低。此时水度既浅，而水底沙石每因流水旋转，船主于此不可不注意也。

本港水运要路有三，即长江、汉水、南水也。长江者，西通四川之成都、重庆，东至上海、镇江，北达陕西之汉中府。南水者，南连湖南之洞庭湖。各水路沿途物产悉由之而麇聚汉口，复由各水路而分运各地。本港之所以望盛，全因此三水运输之便。以上《东亚各港口岸志》

汉口在湖北省汉阳府汉阳县，据上海之上游，位于长江一名扬子江左岸，与武昌相对，夹汉水与汉阳为邻。三市鼎立，宛如一大都府，人呼为汉镇，与朱仙、景德、佛山并称为中国四大镇，中以汉口为最盛。地势山高水深，溯长江入于四川沃土，下至安徽、江苏，北上则达陕甘，又通河南。江水以下，则通鄱阳湖，若由洞庭湖溯湖南之水脉，则达于广西、云贵诸省。中国内地水运之通路，非大半由汉口乎！市街连于长江之西、汉水之间，长三里，幅仅二十五町。[①]有三纵街，名河街、中街、后街。店铺稠密，路狭而污。居留地在长江西岸，其南界一马头对于中国街。有英、美、

① 町：日本的一种长度单位，约等于0.909米。

法、俄、德、兰、日本各领事馆。此自古为五方杂处之区，近来互市繁昌，商旅往来如织。风俗剽悍，恒有喧斗，且多无赖之徒，一朝有事，云集响应，长江骚动，深为可忧。盖此地当天下之冲，人烟如麻。贫民住屋矮小，夏时炎热，劳役者皆露卧。盛暑时华氏寒暑针至百度以上，极寒时至三十五度。有汽船公司三四所，常有十四五号汽船上下出入，以便外国人搭乘者，为太古、怡和两公司之汽船。长江、汉水两岸中国码头甚多，大小船舶锚系相连约二里，水面几无余地。朝去夕来，什以千数。中国各港中，除上海外，殆罕其匹也。近来重庆开口，声价益加，将来盛运，尤不可测。其贸易初不通于外商，致一败而停业者亦属不少，其后渐有进步。千八百七十一年以来，十五年之间始见平均，贸易年额一年有三千八百三十六万三千九百七十八两之多。输出之重者，如茶、油、生丝、烟草等类，而以茶为大宗。红茶输于欧美，砖茶输于俄领西北利亚。至输入货，如各种织物、海产物、鸦片等，此等物品输入后，① 再借水运送于襄阳府之樊城，四川省之重庆，湖南省之常德、湘潭等处，更分运于各内地。若钟表、铜铁、煤油及各种外国杂货，岁有增加，诚中国之要镇也。《中国通览》

汉口乃一商埠，其水程由九江入一百三十四迷当，距上海五百八十六迷当，距海则六百迷当。汉阳塔之东、汉口进口之南，有一沙滩，其方位适当纬线赤道北三十度三十二分五十一秒，经线由英起算，偏东一百四十度十九分五十秒。其城甚著，是为中国有名之内港。据其全国适中之地，控揽

① 物品：原误作“品物”。

五省之商利。汉口既合两湖之势，下与广东之佛山接，上由河南以通山东及陕西之西安府，而东又与江西之景德相连属。据云：皆因支江纵横，有如罗网，四通八达，使全球上之消息无不通灵也。故今日商务，大胜于曩昔焉。

汉口在扬子江左岸之旁一迷当，距汉水之旁二迷当半，而通入内地则不大深，街衢二，与城并列，别有横街间之，通至于水滨。海关则在埠上略低处，约近于炮台及外国租界之领事署也。发逆之乱，攻汉口者三次，地方几为所坏，不意今日之商贾又复辐辏耳。一千八百六十三年所设防堵之城濠，形四方，约居四方迷当之地。城垣以石累之，高十三尺，长四迷当。又有周砖之城垣，高十八尺。

市场中所供牛肉、羊肉、鸡鸭等皆佳，冬则野味尤盛，其价与上海不差别。有洋人数家，专设收存入口诸品以为接济之用，是处可购佳钱，而盐务特广。

市上土煤，近年所出之额大有进益，皆来从湖南省。煤田系近高青府似是宝庆之误处，伸展三万方迷当，是供中国之中稍大部位之用矣。而江行之轮船，则焚日本煤为佳。

其始外国商务于此，而中国颇有与争者，不意近年之进境已有成效矣。盖货物能自增加耳。一千八百九十二年，出口之货共值七百零二万八千二百七十金磅。其茶虽已凋谢，尚居全数之半。此外，若丝、若药材、若麻油、若薯、若木料、若煤、若蜡、若牛油，皆为出口之大宗。是年入口者，洋货与土货合并，合数共值六百五十二万七千三百七十七金磅，其间若棉布、若绒呢、若鸦片、若糖、若纸、若海苔等是也。然则是年综计出入共值一千三百五十五万五千六百四十七金磅。是年，英与诸国之船到者八百四十四艘，载货计

重七十一万三千二百七十二吨，内有四百八十艘为英轮船。以上《中国江海险要图志》

夔清案：以上所辑各书，均系译本，故于汉口商业上，不过叙其大概，而于其本国之租借地，则大笔特书，以现其野心勃勃之状。呜乎！外人之用心，亦可窥其端倪矣。彼然小伧，将我国之地虎吞狼食，尚未满其欲壑耶？我国之氓氓，亦可醒矣。

汉口为汉水之所朝宗，与武昌、汉阳鼎立，贸易年额一亿三千万两，夙超天津、广东，今直位于中国要港之第二，将进而摩上海之垒，使外人艳东洋之芝加哥。芝加哥者，米国第二之大都会也。其发达虽由京汉铁路之所助成，然大都会之兴，亦在地利。《新译汉口》

汉口自西历一千八百六十二年华洋通商以来，至今五十二载。惟近十年间，商务发达，驾于欧美通商口岸之上。故《江汉关贸易册》报告云：[①] 一千九百零二年，汉口进出货物共值一亿零三十二万一千两。一千九百十年，汉口进出货物增进至一亿五千二百十九万九千两。其增进之速，实为欧美所不及。一千九百十一年起义后，又遭去岁白狼匪乱，[②] 汉口进出贸易不但不能增进，且尚不及一千九百零二年以下之比较云。

汉口商民营业种类甚多，兹据最近调查统计户数，列表如左：

---

① 江：原脱。

② 白狼匪乱：即 1912 年白朗反对袁世凯的武装起义。这是袁氏当国期间规模最大、时间最长的武装反抗斗争。

钱局	一	钱铺	一一九	典当	一〇
匹头绸缎铺	一六三	包头丝线店	一〇〇	棉带线店	七〇
棉绒织机坊	四〇	弹花铺	三〇	染漂晒色坊	一九一
靛行	二	颜料铺	三	首饰银楼	一一五
花粉梳篦铺	七五	古玩玉器铺	三五	绣货铺	一四
衣庄	一三七	皮衣铺	三五	硝皮坊	二七
毡货铺	九	洋铁铺	一四〇	冶坊	二五
铁号	五	制造机器铺	三〇	修整灯伞铺	二三
磁器铺	四九	赁碗	三	缸垸	三〇
柴火厂店	五七	零剪铺	二〇	成衣店	五六七
帽庄	二六	鞋庄	二二	皮靴鞋店	一八
茶叶铺	七二	山货行	四五	土水果行店	二七〇
洋面铺	二七	灰面磨坊	四九	面坊	四七
粉坊	一九	包席菜馆	四九	炒坊	四
京苏广货铺	五五	席簟草帽铺	二六	袜铺	四九
棉布洋包行店	八五	棉花花包行店	四〇	笔墨铺	六三
书笺作坊	五	裱画铺	七五	刻字铺	六七
牛皮行	二三七	鼓铺	八	篾缆厂	一〇
砖瓦行	六〇	石灰行店	五〇	眼镜铺	三二
钟表铺	四五	玻璃铺	三二	铜器铺	三二七
锡器铺	三六	铁器铺	二一六	茶食铺	四四
蜜饯铺①	一	茶馆	四一六	烟叶丝烟行②	一六二
参号药坊	一八	药铺	一四二	药材行	七三
船行	一四	煤炭行店	二六九	洋油铺	三九
杂货酱园	五七二	杂货堆栈	一一	醋作坊	二
油盐坊	七八	榨坊	一二	杂粮米坊	二三一
碾坊	七〇	槽坊	一七二	酒曲坊	二一

① 蜜：原误作“密”。

② 烟：原误作“淤”。

续表

海菜铺	四五	茯苓行	六	车木店	四〇
猪羊牛肉店	二七四	薰烧鸡鸭店	二六	川冬素菜铺	一二三
豆腐铺	一五四	米糖坊	三一	烘糕铺	一〇二
熟食馆	四九五	饭馆	一一八	酒馆	二一〇
图书仪器馆	三	印刷局	二五	书铺	三七
纸铺	一七一	镶牙铺	三	泥木作坊	一三
石作坊	一四	木作坊	七二	箱子铺	三七
杂粮行	一六三	牲畜行	三二	鱼行	六四
蛋行	四六	猪鬃铺	一二七	鸭绒铺	九
竹木船板厂	一四四	邮政信柜	二三	转运公司栈店	一二
银罐作坊	一	马车栈	二六	人力车行栈	三〇
旅馆客栈	二五七	皮梁铺	四〇	骨角店	二二
玻璃店	一一	藤器铺	三七	棕器铺	二一
箍桶木器铺	二四五	木器嫁货铺	一一四	盆盘铺	二六
竹篾器铺	一四九	筷子铺	二	秤铺	二七
洗玉店	八	漆店	三〇	竹帘椅垫铺	一四
轿彩铺	三一	报关行	三四	寿枋铺	一三九
修塑神像铺	四	小木雕刻作坊	一五六	香铺	三二
钱纸铺	三〇	纸扎铺	三六	鞭爆铺	七三
浴池	五六	理发铺	一一五	医馆	一五
课命馆	二四	照相馆	七	洗衣店	六二
肥皂洋碱店	一四	鲜牛乳店	一〇	春肥店	五
蒲包铺	五	耍货作坊	二	牌匾油漆铺	八九
灯笼铺	二五	雨伞铺	六九	雀笼铺	六
金箔店	八	青粉铺	七	胶坊	二
皮纸行	一	纸作坊	八七	纸盒店	三三
烛芯店	六	荒货铺	一三七	破皮行	二九
麻行麻绳铺	八六	芦席店	一六	戏园	四
乐户	二二四	制药栈	一	豆豉铺	四

市街土地买卖价格及地租，正街、河街、夹街及后堤附近，各有不同。河街土地卖者甚少，其价格每方自三百两至五百两，由位置与事势而各不同。其地租年额为地价千分之四十至五十。正街由前花楼至黄陂街最为繁盛之地，租地少而卖地多。街口最昂，每方四百两至五百两，稍入街中，每方不过二三百两而已。地租之比例，与河街同。其他夹街之土地最高者，每方二三百两。自后堤至玉带门之间，每方四五十两至百余两者为多。房屋买卖之价格，河街土库门面每方为五百两至七八百两之比例。小至一户由三百两至五百两之间，即可购得。正街亦略相同。夹街小屋百两至二百两，而一年房租比房屋买卖价格，约七八厘至一分一二厘。《新译汉口》

外国租界及其附近之地，其价格倍蓰于中国本街。汉水沿岸玉带门外，由汉口亘于罗家墩之地，因豫期工场之勃兴与铁道之布设，更非常腾贵。即玉带门附近，往时每方十九两者，今涨至四十两。但距玉带门外里许，尚有每方六七两之价格。

汉口人之劳动工钱甚为低廉，木工、泥匠、石工等一日二百文以至三百文。一般劳动者亦三百文以内，而仆婢工钱，男则一月二元食于主人至四元，自食，女则一元。食于主人或自食者。若雇用十二三岁之女孩，一月以八百文之薄给已足。然被雇于外国人之仆婢工钱之较又最不廉。在西洋人，普通月给以六元至八元；在日本，月给以四元至六元，食料普通，归仆婢自备。同上

汉口为九省通衢，九省之物产咸集于汉口，来自外洋之货物，亦由汉口而散诸各地。兹就三四年月特别商事调查，

列表于左：

汉口大宗货物出口一览表

生铁	六千九百吨	烟	三千八百五十三石
纸	一千一百三十七石	绿豆	五百七十三石
黄豆	一千八百九十三石	大黄	三十五石
姜黄	二百二十三石	牛油	一千九百二十四石
木油	一万七千零三十一石	菜油	九千八百五十六石
豆饼	十万五千三百八十一石	花生	四千九百四十八石
黄腊	二十五石	药材	六万一千五百六十七两
汉庄布	一百二十一石	木柱	二千九百二十根
麻	二千一百零一石	蛋白	三百三十三石
铁	一千六百八十石	猪鬃	六百五十五石
蛋黄	一千二百五十石	鸡鸭蛋	一百四十五万五千五百个
鸡鸭毛	一百零一石	锅	七百六十石
石膏	一千八百石	花生油	一百九十八石
牛骨	一万九千二百七十九石	河南绸	六十八石
茯苓	七百零八石	信石	六百十三石
麝香	五石	橘子	一千五百八十二石
莲子	五百四十三石	杂皮	三千五百五十两
水牛皮	一千二百四十一石	黄牛皮	七千二百五十三石
山羊皮	六万零八百四十一块	茶油	四百七十石
豆油	八百三十一石	头发	五十四石
铜	七十七石	红土	三百二十四石
南漆	七百九十三石	红茶	五百八十八石
茶末	七十石	生棉	六千零二十三石
白蜡	九十四石	芝麻	二万零五百五十一石
颜料	四百三十四石	麦子	五千七百四十二石
煤	二百五十八吨	铁	一万三千八百三十一吨

续表

瓜子	二百四十六石	粉丝	六百二十二石
洋布	一万九千八百十四匹	粗布	六百二十匹
斜纹布	一万七千三百七十九匹	洋伞	九万三千五百零八把
肥皂	四百五十六石	面	二百八十四石
电气	九千二百八十一两	机器	二万五千五百五十三两
颜料	一万五千七百八十八两	印花布	六千二百零一匹
羽毛	一千三百四十四匹	羽绫	一千二百六十三匹
协布	九千四百五十六码	扇子	二十五万八千九百零二把
洋纸	一千八百十五石	手巾	九千三百八十五打
绒布	一万四千一百五十七码	绒剪	五千三百四十石
绵纱	一万三千六百八十一石	铜器	五千二百三十一石
铁器	三千七百八十三石	草席	七万一千床
钢器	一百五十七石	铅器	九百十四石
桂枝	一百八十石	啤酒	二千二百五十打
扣布	八百二十匹	棉布	五千三百七十九匹
冰糖	一百零七石	赤糖	八千九百六十七石
白糖	九百三十六石	车糖	一万三千七百七十四石
洋靛	二千一百石	洋针	一万七千七百二十粒
袜子	五千七百六十九打	药材	一万二千二百八十两
钟	一千四百九十四架	绸缎	二十六石
袋子	三万九千六百十只	蓖麻油	一百十六石
墨鱼	一百二十二石	土烟	五百二十一石
胡椒	三十四石	料器	一千三百二十七两
洋胶	六十三石	洋碱	二千一百四十石
火柴	四万一千一百格罗斯	海带	二千七百八十四石
书籍	四十八石	夏帽	一万五千零三十六顶
洋参	一百五十四斤	洋烟	一千七百四十一粒

汉口为交通中心，其地理上之情势有类似于芝加哥者，非仅以商业地见知于世，盖将为工业地之好希望焉。兹就可为制造工业品之重要原料，列表于左：

<table>
<tr><th>品类</th><th>单位</th><th>年产额</th><th>地产</th><th>一担之时价</th><th>摘　要</th></tr>
<tr><td>兽脂</td><td>担</td><td>五〇・〇〇〇</td><td>四川
陕西
河南
湖南
湖北</td><td>九两</td><td rowspan="3">制蜡、
制碱原料</td></tr>
<tr><td>皮油</td><td>同</td><td>二五・〇〇〇</td><td>四川
陕西
湖南
湖北</td><td>十二两</td></tr>
<tr><td>漆油</td><td>同</td><td>二〇〇・〇〇〇</td><td>陕西
四川</td><td>十三两五钱</td></tr>
<tr><td>芝麻</td><td>同</td><td>二五〇・〇〇〇</td><td>湖南
河南
湖北</td><td>四两</td><td rowspan="3">制油原料</td></tr>
<tr><td>菜种子</td><td>同</td><td></td><td>同
同</td><td>二两三钱</td></tr>
<tr><td>黄豆</td><td>同</td><td>一五〇・〇〇〇</td><td>同
同</td><td>二两四五钱</td></tr>
<tr><td>小麦</td><td>同</td><td>三〇〇・〇〇〇</td><td>河南
湖北</td><td>二两六钱</td><td rowspan="2">制粉业原料</td></tr>
<tr><td>绿豆</td><td>同</td><td>一〇〇・〇〇〇</td><td>湖南
湖北</td><td></td></tr>
<tr><td>落花生</td><td>同</td><td>五〇・〇〇〇</td><td>江西
湖北</td><td>二两五六钱</td><td>制碱、
制油原料</td></tr>
<tr><td>棉寔子</td><td>同</td><td>三〇〇・〇〇〇</td><td>湖北</td><td>一元</td><td>制油燃料、
饲料</td></tr>
<tr><td>棉花</td><td>同</td><td>三五〇・〇〇〇</td><td>湖北</td><td>约二十两</td><td>制纱原料</td></tr>
<tr><td>苎麻</td><td>同</td><td>一五・〇〇〇</td><td>四川
陕西
湖南
湖北</td><td>十四两</td><td>制麻布、
制网原料</td></tr>
</table>

续表

<table>
<tr><th>品类</th><th>单位</th><th>年产额</th><th>地产</th><th>一担之时价</th><th>摘　要</th></tr>
<tr><td>猪毛</td><td>同</td><td>二〇・〇〇〇・〇〇〇</td><td>四川
河南
湖北</td><td>百二十两</td><td>制刷子原料及肥料</td></tr>
<tr><td>鸡蛋</td><td>二十个</td><td>七〇〇〇</td><td>四川
河南
湖北</td><td>六元
八元</td><td></td></tr>
<tr><td>翎毛</td><td>鸡鸭担、花毛斤</td><td>三〇〇</td><td>湖北</td><td>二十五两</td><td>织物原料</td></tr>
<tr><td>石膏</td><td>担</td><td>二〇・〇〇〇</td><td>湖北</td><td>一两</td><td>陶器涂料、塑像原料</td></tr>
<tr><td>牛皮</td><td>同</td><td>二〇〇〇</td><td>河南
山西
湖南
湖北</td><td>三十二两</td><td>皮带、靴等</td></tr>
<tr><td>牛皮屑</td><td>同</td><td>未详</td><td>汉口
湖北</td><td>二十四两</td><td>牛皮胶、原料</td></tr>
<tr><td>铅矿</td><td>同</td><td>未详</td><td>湖南
贵州</td><td>三两至八两</td><td></td></tr>
<tr><td>安质母尼矿</td><td>同</td><td>一五五・〇〇〇</td><td>河南
河北</td><td></td><td rowspan="4">毛皮</td></tr>
<tr><td>山羊皮</td><td>枚</td><td>二五・〇〇〇</td><td>河南
山西
陕西</td><td>一元至三元</td></tr>
<tr><td>棉羊皮</td><td>同</td><td>二〇・〇〇〇</td><td>同
同
同</td><td>一元至三元</td></tr>
<tr><td>各种毛衣</td><td>同</td><td>二〇〇〇</td><td>四川
湖南
陕西</td><td>一元至三元</td></tr>
<tr><td>白蜡</td><td>担白黄</td><td>一五〇〇</td><td>四川
贵州
湖南</td><td>六十两</td><td>制蜡、药材</td></tr>
<tr><td>桐油</td><td>同</td><td>三〇〇・〇〇〇</td><td>四川
湖南</td><td>七两半至九两</td><td>涂料</td></tr>
</table>

汉口设立之各大工场，如面粉公司、制冰厂、香烟厂、砖茶制造所、制油制饼工场及各蛋厂，均为外国人所创办，亦间有实际上为中国人所经营而用外人之名义者。惟燮昌火柴公司为上海豪商叶澄衷所设立，在日本租界扩张区域之内，创始于前清光绪二十三年，资本金三十万圆。所制硫黄火柴，品质良好。近时湖南、河南之火柴销路，殆为该公司所独占。

汉口地方金融机关与他处同，有票号、钱庄、当铺等。集于汉口之各省商人，各谋独立。各店铺有互相联络、组织金融机关者，谓之帮。故各省商人于金融界有割据之状态，其数计百余家。其组织方法大抵合数商人之资本共同成立者为多，所谓合资组织。此外，尚有个人经营之银行，官吏存放余金于素有信用之商人，使之营业。

汉口银行名称种数，除中国银行及官钱局为政府设立外，其余由商人组织者，大别为票号、钱庄之二种。

票号大概办理兑汇事务，多系山西商人之营业，或为个人资本，或为二人合资。其开业之际，由同业者连名保证，禀请地方长官，得其允许，然后开业。然关于将来之营业，无受监督之必要，其营业主虽为无限责任，若债务之额至于极大，终不能完成偿还时，由保证之同业者共为填补。其于兑换业外，负担公私之存款。大概向官银号与钱庄或大商贾及有力之资本家贷借之。其贷借之法，大概以信用为主。然又有为抵当贷借者。其抵当物件为田地、家产、货物等，但必要信用之保证人。汉口票号之资本大者四十万两、小者二十万两不等。

钱庄营银两、洋银及铜钱之兑换，贷出存入，钱票之发行及兑汇业等。其开设须以同业者五名以上之连署而得官厅之特许，其时又须纳银四百两。闭店之时，赔偿之责任无限，全归东家。决算一年一回，三年每为一回之大决算，分配其利益金。其分配比例，各庄不同，最广行者有左之二种：

一、管事的一分，伙计一分，东家八分；

二、管事的一分，伙计等一分半，公债半分，东家七分。

钱庄之资本为二三千两至四五万两，超过十万者甚稀。钱庄之小者则为钱铺。

票号、钱庄外，尚有称官银号者。虽为私立银行，而受政府之监督，出纳政府之银两，办理海关税，信用最厚实，结合众人之资力二三百万两，以设立此号也。

银炉即炉房，有私铸权，受钱庄及各商店之依赖，改铸银两、银块、元宝、马蹄银等，皆征收手工费。于必要上多系官银号暨各钱庄之兼业，纯然为银炉者甚少。其开设必先得同业者之同意，而后需地方官之领帖，费六百两及杂货若干。决算期以五年为小结、十年为大结。存款及借款以年终计算，其资本由一万两至二三万两，一年之纯利对于资本合以四厘。

当铺开始营业，先得同业者数人之保证，呈请各级官厅，得其许可，然后始受领部帖，加之同业老铺种种障碍，以故营此业者，多系地方豪户，或借老铺之名承继老铺，始能开业。然当主虽有声望，多不通其业务，必选用勤务廉直、足以谋业务发达之司事人，名之曰管事的，徽州人居其多数。又须提出担保物为借款，金融机关之一种，其资本大者不过四五万两。营业时间由午前九时至午后六时，抵当期限为二十个月，延期三个月，利息二分。百分之二。普通当铺多与钱庄交易，以便资本流通。

公估局为检查银两秤量及成色之所。我国币制混乱错杂，实为必要不可缺之一机关。各国银块所以能辗转流通于市中而无大障害者，赖有评定是等银块之实价，而与以检印之公估局存在故也。银质之纯良与含有多少合金之间，自有评价法之别。而纯良银直以公估局设备之估平检其重量，以其所示之钱两为该银块之价格。而其所计之量数，墨书于表面，其上有“众商钱平公估图记”八字与“当时覆看去印不认”八字之印，以朱押之。更有公估老局及公估新局墨押之方印，以为检查之证。盖如此示重量与价格平等。以重量一两得评为价格一两，时谓之直行。然元宝、银块其品质随铸造所而异，或稍混有少量之金或含有锡、铅等之低价金属。其含有高贵金属及银质良好之际，评价方法依肉眼鉴定，比其重量，评为高价，谓之批申。例如重量五十两之银块，含有价格一两之金分时，则标记重量五十两，批申一两，而评价为五十一两。若银块含有低价之合金时，称为批毛，或减价仅扣除不正合金之分量，以残余之重量而作为银块之实价。例如银块重五十两，中有一两五钱之不正合金，则纯良银之价格为四十八两五钱。故以四十八两五钱，即为该银块之评价。右三种之直行、批申、批毛，由银质之良否起评，价法之差异，一般商民皆于是等评价而坚其信用。以上《新译汉口》

公估局评价检证之手数料，由创设时以至今日皆属一致，毫无高下，有所谓一定不动之状态。兹将其手数料征收法，列表于左：

请托者	钱庄或钱铺	一般人民
五十两一个之银块	十二文	二十四文
十个以上	十文	二十文

碎银聚至五十两，须手数料二十文。若由一般人民，则征收四十文。

在汉口之外国银行，为横滨正金银行支店、汇丰银行支店、华俄道胜银行支店、德华银行支店、麦加利银行支店，其积贮金及资本金均甚丰裕，内部组织亦大同小异。

改革之际，武汉首当其冲，贸易停滞，且受大影响。华华市肆，鞠为瓦砾，赫赫商场，沦为荒陬。故银钱币之变动，旦夕不同。[①] 兹据三年七月最新钱市之报告照录于左：

一、民国成立，汉市复贸经乱，各钱庄债务、债权两方互相清理，迄今三载，理账办法仍未解决。临时钱庄之开设者，不下七八十家，皆持现进现出主义。其中能放账者，其金额亦不逾三十万。资本既短，信用亦微。[②] 一遇风潮，外国银行之存款额自增，市面现金日枯，本国金融机关既难维持，存款者又急急于提取现金。是以二月至四月紧急之时，拆息常至七八钱，即平日亦在四五钱间。迨至五月份，茶款增出，始得稍稍活动，亦不过暂时之苏息而已。

二、各项市商均视金融为转移。比年各路地方不静，警

① 弊：原误作“帮”。

② 微：原误作“薇”。

耗频闻，金融机关未敢放手，以致处处牵掣，各商无不受亏者。即如汇兑一项，每年至阴历四五月间，茶市发动，外国银行需款之时，汇价本应低落。若外国银行价略高，则商家可由他处腾挪，暂不兑汇，其价自然低落，不致受其挟制。乃今年则应落不落，而市面又无可腾挪，其汇价虽高，亦不得不汇。华商因而直接受亏，本国金融悉操纵于外人之手矣。

三、官钱局发行官票二十余年矣，不特鄂省信用，即邻省亦通用而无折扣。今年湘省增出纸币，价格陡然低落，钱商将纸币运汉易银。加之鄂省以收回纸币，增出一千万串，其发行额统计已达四十余万。市面官票充斥，时价骤跌，杂货、布匹等商，凡以钱一码交易者，其影响尤巨。

汉口货币向无正货、补助货之分，故货币价格时有涨落。因中国现在以银元为正货，以小银元、铜元为补助货，必政府有正货之准备。无论何时，有持小银元、铜元求兑换者，立时兑发正货，且严禁私铸，则货之价额不至时有变动。现在就汉口货币上发见一种情形，与财政、刑法皆有关系。如银元、铜元上面特设标识，如“江南省造”“湖北省造”字样，致各省货币不能通行。以故各钱庄、钱摊随意高下，为金融上莫大之障碍。

汉口流通之货币有金叶、金条、估平元宝、荆沙马蹄、宅文马蹄、散银、铜元、官票、银元局发行银元官票，官钱局发行制钱官票。各省银元钞票、外国银元钞票等之数十种。汉口现行各种银色不一，兹特比较如左：

种类	银色一千分	总斤量	银量
鹰　洋	九〇二	若连 四一七	三七七
圆　洋	九〇〇	四一六	三七四
北　洋	九九〇	四一五	三七三
湖北银	八九九	四一四	三七三
江南银	八九五	四一三	三六九

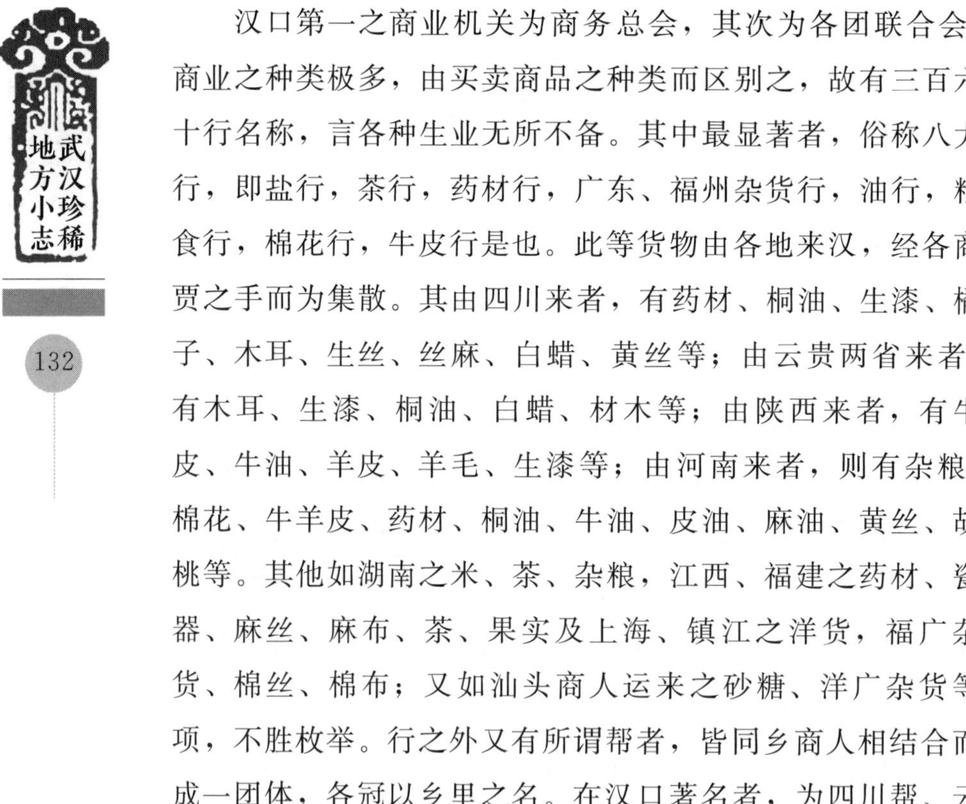

汉口第一之商业机关为商务总会，其次为各团联合会。商业之种类极多，由买卖商品之种类而区别之，故有三百六十行名称，言各种生业无所不备。其中最显著者，俗称八大行，即盐行，茶行，药材行，广东、福州杂货行，油行，粮食行，棉花行，牛皮行是也。此等货物由各地来汉，经各商贾之手而为集散。其由四川来者，有药材、桐油、生漆、橘子、木耳、生丝、丝麻、白蜡、黄丝等；由云贵两省来者，有木耳、生漆、桐油、白蜡、材木等；由陕西来者，有牛皮、牛油、羊皮、羊毛、生漆等；由河南来者，则有杂粮、棉花、牛羊皮、药材、桐油、牛油、皮油、麻油、黄丝、胡桃等。其他如湖南之米、茶、杂粮，江西、福建之药材、瓷器、麻丝、麻布、茶、果实及上海、镇江之洋货，福广杂货、棉丝、棉布；又如汕头商人运来之砂糖、洋广杂货等项，不胜枚举。行之外又有所谓帮者，皆同乡商人相结合而成一团体，各冠以乡里之名。在汉口著名者，为四川帮、云贵帮、陕西帮、山西帮、河南帮、汉帮、湖北帮、湖南帮、江西福建帮、广帮、宁波帮等。① 是等商帮为唯一之商业机

① 宁波帮：原脱“帮”字。

关，各有会馆、公所，详见《寺观志》中。

汉口交易习惯为中国极复杂之一部，盖由商业之种类或国籍之异同所生，又或由各个信用之程度以异，其交易习惯因而不能一律。兹就一般交易上之习惯，说明如左：

甲、货物之买卖决定　一般虽交换交单、定单、成单，以为约定之证据，然由买卖之大小、信用如何，或为口头及账簿上之约束而不一定。关于秤平及支付期日，豫宜质之对手，然后以为约束。

乙、货物之交付　虽当约定之时以为决定，然一般习惯由卖主送至于买主指定之场所，其通例也。若指定为堆栈时，则运送费用归买主任之。其他如交付之时期，常以随时为决定。

丙、价银之支付　一般定于契约之初者，虽以十日、二十日或一礼拜后、二礼拜后，皆不一致。凡属长期者，常于其期间给付以市场普通之日息。唯与外国人交易而涉于长期者，不仅缺交易之敏活，两造以危险甚多，故普通为二礼拜。独中国商人间于彼等之会馆、公所为严重之制裁，斯患甚少，故涉于是期为多。

湖北省分向食淮盐，目前清光绪末年因淮盐出产不旺，难以敷用，所借贮芦盐借资接济，而武汉尚有不敷用之时。前拟借川盐二万引，以备武汉销场，后因淮盐业人大生反对，未能实行。现仍不敷用，武汉盐商复借川盐，以补不足。

出口之茶，以红茶为大宗，绿者次之。红茶出于羊楼峒、咸宁、通山、通城、大冶、崇阳等处，盛行于西洋各国，而以英、俄销售为尤多。近则日本、台湾、印度、锡兰诸高山温度适宜之处，皆遍种茶矣。且以化学研究其色泽、

香味，以机器改良其碾切烘筛，以铁道、轮船便利其转运输送，以公司之资本、银行之周转为其购办之前矛，以政府之奖励、关税之免除为其销售之后盾，昔之需要于吾国者，今且供给于吾国矣。叶调元《汉口竹枝词》

四坊为界市廛稠，生意都为获利谋。只为工商帮日异，强分上下八行头。茶庵直上通桥口，后市前街屋似鳞。此地从来无土著，九分商贾一分民。上街路少下街稠，卧帚一枝水面浮。扫得财来旋扫去，几人骑鹤上扬州。街名一半店名呼，芦席稀稀草纸粗。一事令人惆怅甚，美人街上美人无。杂货扛抬到晚休，外班气力大如牛。横冲直撞途人避，第一难行人大马头。一镇商人各省通，各帮会馆竞豪雄。石梁透白阳明院，[①] 瓷瓦描青万寿宫。[②] 上街钱店本钱饶，宅第重深巷一条。盐价凭提盐课现，万般生意让他骄。子金按月按时排，生意无如票号佳。街上不居居巷内，门悬三字小金牌。典商利重易生财，法外施恩百制台。[③] 每月三分冬减一，十冬腊月赎衣来。银号声名众口传，朱提十万簿头悬。[④] 个中利害谁能识，血本纹银仅六千。关严防谨是银房，胜似军机白虎堂。门上铜铃闲出入，一开一闭响郎当。京苏洋货巧装排，错采盘金色色佳。夹道高檐相对出，整齐第一是新街。玻璃八盏夜灯明，药店全凭铺面精。市井也知

---

① 阳明院，指绍兴会馆。

② 万寿宫：指江西会馆。

③ 百制台：嘉庆时当铺惯例每月三分利。时任湖广总督的百龄规定冬天减一分，后为定制。

④ 朱提：山名，在今云南昭通市境，盛产白银，世称朱提银，亦用作银的代称。

仁者寿，招牌一半借山名。银牌点菜莫论钱，西馔苏肴色色鲜。金谷会芳都可吃，坐场第一鹤鸣园。收荒生意最奇跷，大鼓逢逢到处摇。炒豆数升糖一饼，本钱微细利钱高。层台百尺俯清流，客到先争好座头。一幅烟波分两地，小江园对楚江楼。衣服街兼袜子街，密遮雨板似阴霾。客商要买衣和袜，须向离朱借眼来。[①] 夹街零剪铺相连，窃货衣工夜卖钱。暗地招牌两心照，纸方灯挂店门边。趋承富客与豪商，无过行场与栈房。小轿频抬陪酒妓，卧房常住浣衣娘。一般字号一般坛，价值稍低货不堪。买酒从今须子细，绍兴大半是湖南。汉皋熟酒百余坊，解渴人来靠柜旁。鱼杂鸡肠兼辣酱，别人闻臭彼闻香。花布街连广益桥，教门生意独殷饶。糖糕切片经油脆，牛肉悬门扑鼻臊。湖堤中段最繁冲，列市金工与木工。锯屑霜飞撕板料，椎声雷震打烟筒。下堤不与上堤同，道路奇跷店面穷。败絮残花弹不了，飞灰容易呛喉咙。汉皋遍地是金银，局运来时易转身。盐豆花生野鸭子，发财一半是穷人。米珠薪桂价云何，游手终年快活过。寒士染成纨绔习，[②] 盐旗桑梓误人多。行栈官人最软和，每逢生意巧张罗。局中明白旁人昧，说话由来橘子多。算盘眼色不须精，拉得豪商便出名。高底镶鞋尖顶帽，如今刮器是官人。生意分行三百六，同行要比别行强。行凶打架天天有，霸道无如踩石坊。栈房行店密于鳞，各有财东合有宾。欲荐小官须大脸，莫因相好荐官人。高底镶鞋踩烂泥，羊头袍子脚跟齐。冲人一阵葱椒气，不待闻声识老西。[③]

---

① 离朱：离娄，传说中眼力特别强的人。

② 绔：原误作“裤”。

③ 老西：俗呼山陕人曰老西。

建置志

汉口在明洪武间尚无人居住，至天顺时始有民人张添爵等祖父在此筑基盖屋。嘉靖四年丈量，上岸有张添爵等房屋六百三十间，下岸有徐文高等房屋六百五十一间。① 房屋建筑之始，实系于此。《汉阳县志》

自弘治后，沔水由郭师口直冲入江，汉口乃有停泊之所，交易往来，汇集于此。遂建居仁、由义、循礼、大智四坊，由额公祠至艾家嘴，长十五里。其接驾嘴码头，则前清乾隆四年邑人崔元文募修；三善巷至艾家嘴大街，则邑人徐谓捐建；米厂新码头、沈家庙、万安巷、武圣庙各圈，则同治三年郡守钟谦钧建修。此街巷建筑之可考据者也。《汉阳县志》

汉口巡司在汉阳县北，旧在汉水南岸，后在北岸。往来要道，居民填溢，商贾辐辏，为楚中第一繁盛处。明设巡司，本朝添设巡司，分仁义、礼智两司，分府同知驻此。《清一统志》

前清公署均已物换星移，兹将原有名称胪列于左，以资参考。

江汉关监督署	汉镇同知署	都司署
夏口厅署	夏口分县署	守备署

① 屋六：原误作“六屋”。

地方检察厅　　通判署　　水师千总署

地方审判厅　　仁义司巡检署　　水师外委千把总署

初级检察审判厅　　礼智司巡检署　　水师额外外委署

警察总局及各区　　洋务公所

民国公署时有变更，兹据三年八月份调查名称、地点，列表于左：

名称	地点	名称	地点
镇守使署	大智门	洋务拘留所	德华里
江汉关监督署	法租界	鄂岸榷运局	武圣庙正街
汉口商埠警察厅	后花楼	邮政总局	一码头
第一区警察署	仁义司旧署	邮政支局	绍兴会馆正街
第二区警察署	前行台衙门	邮政支局	牛皮街
第三区警察署	前初级审判厅	邮政支局	大智门下首
第四区警察署	宝林庵	征收总局	张美之巷河街
第五区警察署	前户部银行	征收局	广昌和河街
第六区警察署	苗家码头	鄂豫火车税务局	何家墩
第七区警察署	中和里	火车税务分局	新庆安里
第八区警察署	德华里	同上	硚口马路边
警察第一分驻所	西记堆栈	征收税务分卡	武圣庙
警察第二分驻所	大智门	同上	流通巷码头
警察第三分驻所	刘家庙	征收分卡	沈家庙码头
夏口知事公署	洪益巷	征收局卡	玉带门外河边
夏口地方检察审判厅	关道正街	税务分局	大智门铁路边
地方检察厅看守所	三义殿	同上	球厂
武汉总稽查处	猪巷	铁路巡警局	铁路边
洋务会审公所	一码头	火车站	大智门下首

续表

名称	地点	名称	地点
铁路巡警分局	如寿里	消场税分局	分金炉
京汉铁路办公处	如寿里	征收局查验水卡	皇经堂
铁路地租经理处	何家墩	夏口禁烟查缉处	洪益巷
镇守使巡缉营	居仁门堤街	禁烟分卡	如寿里
镇守使巡缉营	李家墩	管理工巡处	一码头
竹木厘金局	分金炉		

汉镇前滨襄河，后枕后湖，东临大江，素无城堡。自洪杨焚毁后，同治三年，郡守钟谦钧、前令孙福梅暨绅士胡兆春等建议，就后湖一带筑堡开濠，上自硚口起，下至沙包止。环汉镇西北面，缺其东南临江河处，计长一千九百九十二丈二尺，约十一里许。堡基则密布木桩，堡垣则全砌红石，外浚深沟，内培坚土。辟堡门七，曰玉带、便民、居仁、由义、大智、循礼、通济。建炮台十有五，其费皆商民筹捐，共银二十余万两。于是汉口恃以为固，而贼不敢入矣。《县志》

袁公堤，明崇祯八年，通判袁焻创筑。自后居民渐集，即今之堤街也，在汉口镇后。镇为水陆要冲，烟火数百万家，汉水经其南，湖水绕其西北，大江横其东。旧志谓：每值夏秋水涨，四面巨浸，仅赖此堤为廛店保障。里人岁加修筑，终未完固。水势若虐，即虑泛溢云。此昔时之形，今则民居鳞比，十倍于前，但名堤街，不知为湖堤矣。《汉口丛谈》

汉口自明以来久为巨镇，坊巷街衢，纷歧莫绘，是以按邑志之图，尚有差池未尽。盖因其地形如眠帚，上直而下广，其广处则街衖重重，难以缕纪故耳。今就大略而言，则正街与堤街独长，自杨家河以下始有河街，抵五彩坊止。大马头上下旧时亦有河街，近因水决岸隤，逐年崩溃，直达正街矣。自大通巷后以下始有后街，至升基巷后复分而有夹街，迨接驾嘴后则夹街中更有夹街，因地广而人烟益稠密也。若堤街则自上关起，直至大智坊之堤口，迤逦由东而北曲沿江外，形似帚末，又上广而下锐矣。堤街之后夹以小河，名玉带河，夏秋水涨，可通舴艋。今半淤塞，未能直行，而上下多有木桥以渡，犹如故也。过桥俗呼为堤外，昔时荒沙一片，嗣则居民丛聚，渐成街市。再后乃谓黄花地，上如天都庵、大观音阁，下如雷祖殿、三元殿之傍，咸筑堤以通后湖茶肆。堤街之前为正街，沿江而下，至于下关。兹姑先记正街坊巷之名，上自仁义司汛，下至礼智司汛，列载于后，则河街、后街、夹街、堤街可寻而觅，不致迷途矣。《汉口丛谈》

汉口镇在城北三里，有居仁、由义、循礼、大智四坊，当江汉二水之冲、七省要道，五方杂处。分为上下二路：居仁、由义二坊为上路，自艾家嘴至金庭公店属仁义司汛地；循礼、大智二坊为下路，自金庭公店下至额公祠，属礼智司汛地。同上

《县志》：汉口渡有六，一在宗三庙，一在五显庙，一在老官庙，一在沈家庙，一在接驾嘴，一在四官殿也。又，郭师口渡在汉口西外五里，平塘渡在汉口上十里，此皆汉口渡河过郡城之路也。今则处处有渡，招招舟子，邛须我友矣。同上

叶调元云：汉口地势上狭下宽，形如卧帚，后无坐山，

故财易聚亦易散。又云：堂屋太高，楼不可住，天井太小，阴黑多蚊，筑室之坏，莫如此地。《汉口竹枝词》注

桥梁之可考者，① 以居仁坊宏膺桥建筑为最早。前清康熙二十八年，邑人李衍广初建木桥以通往来；三十六年，贡生李国柱更筑以石，② 上加石栏，行人称便。嗣后邑人刘建瑜又于由义坊建喻义桥。而循礼坊之九如桥，后湖港上之万寿桥、陆渡桥、广义桥、新盛桥，亦先后建筑。其余若燕山桥、多福桥、安乐桥、延寿桥、永清桥、吴公桥、永安桥、保寿桥、太和桥、磨子桥等桥，名称尚多，无从稽考。

劝工院门前二桥，一曰迁善，一曰归仁，均张文襄公督鄂时所建。

张公闸在居仁门内，清乾隆十八年张公元文建，以堤名袁公堤，故闸号张公闸焉。张公名元文，字西萫。旁有碑记，被风雨剥蚀，多不可辨。《懒园杂俎》

光绪庚子后，建筑京汉一带铁路，于汉口设四车站，一曰玉带门，二曰循礼门，三曰大智门，四曰刘家庙江岸。又奏请拆废旧筑城堡，新修马路一条，以便交通。并于刘家庙暨戴家山、姑嫂树一带圈修堤防，而后湖一片汪洋，今已垦植成畴，号沃壤焉。饮水思源，其亦南皮张文襄公之赐也。同上

今参政院参政宋炜臣等筹集巨资，③ 创办既济水电公司。于上关河边设滤水池以滤水，于大王庙河边设电厂以取电，并于歆生路建筑七级水塔以吸收饮料水，而贯注于全

---

① 桥：原误作“硚”。

② 三：原误作“二”。

③ 炜：原误作“伟”。

镇，以供居民吸食。所费不赀，而便利已无既矣。以其高出云表，一望无际，遂于其上设警钟一具，因街巷远近，订定钟点，为汉口火灾之警告。兹将火警钟点列左：

洋火厂至华景街，一点钟；歆生路至前后花楼，二点钟；花楼至堤口，三点钟；堤口至四官殿，四点钟；四官殿至沈家庙，五点钟；沈家庙至大王庙，六点钟；大王庙至武显庙，七点钟；武显庙至仁义司，八点钟；仁义司至硚口，九点钟。

汉口建筑房屋，前清时张文襄公规定各让三尺。民军起义，楚人一炬，可怜焦土。遂建议仿巴黎都城改建西式楼房，自江岸至铁道旁修筑横直马路，设建筑筹办处一所，公同研究，靡费至二十余万之多,[①] 迄无成效。遂改设马路工程专局，规定建筑办法，街分三级，巷分五等，只于城垣以内修筑直马路三条、横马路七条。兹将马路面积，列表如左：

直横马路长宽方积数目表

	地名	长数	宽数	方积
直马路	城垣马路	一四一〇〇尺	一〇丈	一四一〇〇方
	中间直马路	八八九〇尺	六丈	五三三四方
	江岸	一七六〇〇尺	一二丈	二一一二〇方
横马路	张美之巷至堤口江岸	三〇六〇尺	六丈	一八三六方
	张美之巷至六渡桥	一六一〇尺	六丈	九六六方
	六渡桥至龙王庙	三七五〇尺	六丈	二二五〇方
	满春茶园至集稼嘴	二五八〇尺	六丈	一五四八方
	青莲观至大王庙	二八七〇尺	六丈	一七二二方
	万寿桥至武圣庙	二〇一〇尺	六丈	一二〇六方
	新码头至大水巷	一五〇〇尺	六丈	九〇〇方
以上共计十条，总方积五万零九百八十二方				

① 靡：原误作“糜”。

街巷宽窄不一，各业户报请勘丈者屡起争端。现由业主会修改街巷等级，呈请警察厅出示晓谕，争端始息。兹将修改街道等第表及各等巷道说明书抄录于左：

大街　二丈六尺

前花楼正街直达黄陂街鲍家巷街口。花楼河街直抵米厂。大码头河街直达硚口玉带门正街。

中街　二丈二尺

后花楼直达花布街口。大夹街系由花布街口直达徽州会馆。半边街系由万寿桥直达纬子街。小夹街下自田家巷，上至仁寿宫止。芦席街直达打扣巷河街。草纸街直达老水巷。

小街　一丈八尺

棉花街至堤街直达硚口。万寿桥下由土垱街直达新堤。张美之巷、火巷、长胜街系由六度桥直达万年街。万年街、戏子街、得胜街、横堤篮子街、徽州会馆以上中路。新码头以上河街。新码头横街、沈家庙街、宝庆街、万寿宫街、梳子街、青龙街、关道街、剪子街、衣服街、凤麟街、袜子街、回龙寺街、广益桥堤街、太和桥街、堤口街、老君殿街、打铜街、兴隆街。

其余如美人街、下横堤街，地形弯曲，[①] 不宜作街。安定巷、胭脂巷，人烟稀少，仍应为巷，拟一并作为巷道。至巷道宽度，仍遵警厅布告，分作五等，除私巷不计外，凡巷均以六尺为起、一丈四尺为止。不及六尺者，由两面让归六尺；六尺以上者，概照每边退让不过一尺之规定办法。

---

① 弯：原误作“湾”。

名胜志

长江风景，四时皆备，古人已描写尽致，刻画入微，无待赘述。况风雨晦明，星稀月朗，个人之领略与众不同，尤难一致。市侩贩夫，日夕往还而不知察，可胜惜哉。诵谪仙“眼前有景道不得，崔颢题诗在上头”之句，[①] 不禁为之搁笔。

汉口帆樯林立，簇簇生新，每值风平浪静，梢工舵妇，优游自得，隔岸大别、晴川，巍然在望。稍有学识者过此，方将载酒携琴，溯洄上下，往复流连，乐而忘倦，正不独“汉口夕阳斜渡鸟”一语，遂足以尽之。

黄花地，即废襄河，春时水涸，黄花灿如金色，邑人士驰马习射、斗鸡走狗于其中，茅亭花榭、市茶酒者坌集，亦汉上胜概也。前清辛卯后，频年阳侯肆虐，[②] 庐舍荡然。洎咸丰间益复萧条，揽胜者不无沧桑之感。今则垦殖成畴，[③] 地无旷土，所谓黄金世界者，今安在哉？

天一阁，在歆生路马路旁，楼阁三层，岿然水际，今已填塞殆尽。其下为东岳行宫，右侧为关圣庙，[④] 庙后植花卉数十本。客厅一座，有某医家所设济世医院焉。阁前水池

① 颢：原误作“灏”。

② 阳侯：古代传说中的波涛之神，借指波涛。

③ 殖：原误作“植”。

④ 右：原误作“又”。

一，围以铁栏，有石级可下，眺池中水草蒙茸，不甚清洁。楼下祀观音大士像一躯，梯口四时封锁，飞埃丛集，为无数蝙蝠所占据。闻诸父老，此阁之建，盖苦祝融为患，信阴阳家言，取“天一生水”之义，以从事镇压者也。近来年久失修，梁柱朽败，加之大旅馆襟江楼在其左近，故游客到此，罕过问者。幸南北战争，而天一之名犹然存在，亦大幸事。

万寿宫，在白布街，为江西帮会馆。因赣省产瓷，故墙壁屋瓦均以瓷为之，可称一瓷世界焉。正殿神龛为铁柱宫，其北为仁寿宫，南为扶桑宫，楹联十数，则均雅切，已抄入《艺文志》。殿前为感应亭，亭上悬彩灯一具，人物楼阁以木为之，精巧罕匹，遍置五色电灯。阶前石栏，内嵌石凿云龙，栩栩欲活。前后两剧楼，均雕刻华丽。后进为憩所，上书“宛在西江”四字。再后为“天香深处”，曲槛回廊，[1]亭台池沼，各设石棹、磁鼓，为游客观坐处。太湖石亦极峭拔，奇葩异卉，四时皆备。南北二亭，各绕以曲池，清水潆洄，一植青莲，一蓄金鱼数十尾，池中石尤奇崛可喜。葡萄架二方，夏时可纳凉于其下。园中凿石为盆，成长方形，中植龙涎石一方，高二尺许，又于其隙栽黄、杨二花以点缀之。壁上悬梁山衲衣竹禅所书“烟阁月寮，别有高致；书城文府，常见道心”一联。[2] 布袋和尚卧像一幅，尤为酷肖。上为吾邑陈广文葆余先生所书“种竹藏云移松引月之处”十字。客厅书画，以竹禅为最多而雅，考竹禅为梁山衲衣，盖王子而出家者，清时曾卓锡于此。竹禅工书画，住持僧铁峰

---

① 廊：原误作“廓”。

② 衲衣：代指僧人、和尚。

时仿其所为，究未得其神髓。近时汉镇各画店尚有鬻竹禅水墨屏幅者，大概出铁峰手，真竹禅笔罕见也。

华商赛马场，在后湖铁路外。每年春秋二赛，男女往游者络绎不绝，走马看花，赏心悦目。场内建有西式楼房数间，为普通游客列坐观赛处，另有会员观赛亭暨音乐亭。售票处迤北楼房一洞，为临时售卖茶点场所。南有花圃数畦，为培植花卉之地，并有休憩小亭，纵客坐卧。本年四五月间，为巴拿马赛会湖北出品协会展览会场，一时入场者人山人海，如趋膻附蚁。场内增筑临时房舍数椽，除弹压巡警住宿外，其余分为男女来宾茶座，沿途添设电灯，幽僻地一变为热闹场矣。

济生堂，适当后湖，因水为墩，因墩为屋，地处幽僻，为汉口各善堂之冠。建有维明楼、警心亭、问水台、淡香庐、彤管台、留云阁地名紫云坡诸胜境。迤北另建厝所一区，[1] 绿杨绕屋，掩映生姿。西南两面滨水，荷花开时，别有一种天然胜趣，供人幽赏。考斯堂创始于清光绪乙酉，董其事者为吾邑李荣禄公辅臣先生。落成时，文昌孚佑帝君曾临乩降，题楹帖云："怕甚么狂澜，果能自信无亏，举足频登云外岸；有这般恻隐，纵遇相援不及，问心可对水中人。"三十一年四月十四日，又临乩降，题云："维明池畔，问水台旁，警心亭上竹风凉。远含山色，近纳湖光。俺正好放开眼界，酌彼兕觥。绿草含烟秀，红花带雨香。枇杷翠，[2] 桃李芳，杨柳春风暖，梧桐夜月苍，这图画不须装。"读此，

① 厝所：停放灵柩的处所。

② 杷：原误作"把"。

则是处佳境已全数绘出。辛亥鄂军起义，亭台楼阁大半坵墟，所幸存者留云阁、彤管台及厝所而已。民国元年复建斯堂，草草而成，规模顿改，每一涉足，曷胜今昔之感。《懒园杂俎》

刘园，在循礼门车站旁，主人为本镇殷商刘君歆生，是处向属僻静，近年来渐辟作市场矣。今夏健华公司筹集股本，向该园主人租赁，为消夏纳凉之所，重事修葺，遍设电灯，座位清洁，茶点略备，深夜往游者甚众。诸家楹帖已采入《艺文志》，内容、组织详见拙作《夜游记》中。

大智门火车站，繁盛极矣，为南北要道，水陆通衢，每届火车停开时候，百货骈臻，万商云集，下等劳动家借挑抬营生者，咸麇集于此。惜逼近法界，种种利权被人攫去，叠经商会要求改道移站，卒未达到目的。

大旅馆楼外楼，在后花楼口，起义后所建西式楼房，著名娼妓寄居者近百余人，通宵达旦，弦歌不辍。其第四层楼上，屋巅设置园亭、花卉及太湖石，嵌空天矫，俨然平地。每晚一句钟时，开演新奇影戏，变幻百出，巧妙环生，洵足令人开通智识，豁达胸襟。法之巴黎、英之伦敦，不过是也。[①] 且上下均用电梯，扶老携幼，不费步履之劳。瑞海番菜馆亦珍错毕陈，足供饕餮，较杭城西湖孤山之楼外楼，有过之而无不及。

水塔，矗立汉上，计高英尺十六丈。此塔系流转自来水压力之作用，人为之胜境，恍如天造地设。塔内梯状如螺旋，为级二百。缘梯行至第二层，设有水表机件。据云，观

① 过是：原误作“是过”。

此表，即可知全镇用水量若干。又置木制全镇电杆图样，围以铁栏。至第五层则为水柜之底，始闻水声。有水管三，其二为上水管，一为下水管。至第六层则为贮水池焉。水光荡漾，吸筒吐泻处如雷吼。第七层设有警钟一具，附列《火警章程》。其报告之标准，日间则挂红旗，夜间则开红电灯云。吁！投偌大资本，费几许经营，始有今日一勺文明水，岂易饮哉！极巅平旷，一望无际，梅子、大别、黄鹄、晴川诸名胜，历历在目。孟子谓“登泰山而小天下”，信然！

交通志

上海、汉口间航路二千二百七十六里，冬季减水之期可通航吨数二三千、吃水八尺之汽船，至夏季更可航行吃水二十七八尺之大船巨舰。汉口、宜昌间航路一千二百里，终年可泛吃水六尺、千五百吨之汽船。至若由宜昌上游通四川所谓三峡之险者，由蒸汽力仅得以最浅吃水之炮舰上下而已。然民船之往来如织，四川之货物得输出于汉口，外来之洋货亦得输入于四川。西北陕西省及湖北之西北部郧阳、襄阳等处有通汉水之舟楫，以宽二百米突深副之大型民船，[①] 尚易溯航至于郧阳。而湖南航路由岳州经洞庭湖以通沅江、湘江。冬季，洞庭湖上仅吃浅水之民船得往来而已。至夏季，即吃水七八尺以上之大船，犹得航行湘江之于长沙、湘潭及沅江之于常德。

京汉铁路使汉口与河南密接，从来天津商圈之内奄有河南北部者，铁道完成后忽自入于汉口之商圈，且与北京之交通益趋便利，不仅政治上高汉口及武昌之地位，即北京、汉口经济的关系亦加紧密之度也。粤汉铁道完成之日，可缩短湖南与广东之距离，川汉铁道民船搭载之货物，可省下三峡凶滩之危险与其劳力，且上海、汉口间之铁道，将来亦必敷设。则汉口者，洵可当东洋芝加哥之实也。以上《新译汉口》

① 型：原误作“形”。

扬子江航路久为中、英两国人所经营，后忽加以日本大阪商船公司，三公司互相争竞，协议货客运费，以图营业之敏活，合为一团。于上海、汉口线立每日两地各有一只出航之制，甚至三公司船之一有搁沙、遭难者，合三公司船必互有救援之义务。未几，德、法两国合租界之经费，亦锐意于航业，相继加入，上海、汉口间之定期航路，遂有五国人公司之发展，而为长江航运业之一大团结。其水程则汉口至青山三十六里，青山至阳逻一百五十里，阳逻至叶家洲一百九十里，叶家洲至黄州一百九十里，黄州至黄石港六十里，黄石港至道士洑六十里，道士洑至蕲州六十里，蕲州至田家镇九十里，田家镇至武穴九十里，武穴至龙坪五十里，龙坪至九江四十里，九江至湖口九十里，湖口至彭泽九十里，彭泽至小姑山九十里，小姑山至马当九十里，马当至东流九十里，东流至安庆六十里，安庆至中阳二十里，中阳至大通四十里，大通至狄港九十里，狄港至芜湖六十里，芜湖至梁山九十里，梁山至采石矶三十里，采石矶至南京二十里，南京至扬子县四十里，扬子县至镇江六十里，镇江至三江营三十里，三江营至西山九十里，西山至江阴九十里，江阴至狼山三十里，狼山至吴淞三十里，吴淞至上海三十里，计共水程中国道里二千二百七十六里。下水计行五十二点钟，上水计行六十七点钟。

扬子江汽航船路以宜昌为终点。由宜昌而至上流之重庆，有所谓三峡之险者，水势激甚，且暗礁险石到处横亘，此间汽船航运业之计划迄未成功。至汉口、宜昌间之航路，虽无暗礁险滩，然冬期水涸，航路甚为狭窄，并行两只，殊属困难。达于其地者，往往赖推进器之力以排开浅濑，始得通过。故该处船舶之构造，[①] 汉口、上海间绝不相同。兹将汉口、宜昌间之水程，说明于左：

汉口至新堤二百六十里，新堤至城陵矶一百二十里，城陵矶至监利一百二十里，监利至沙市二百四十里，沙市至宜昌三百六十里，计共水程中国道里一千二百里。

洞庭湖之水以扬子江为接续，其水势常伴长江而为增减，即夏时江水增涨之时，湖水亦从而增加，得自由航驶于长沙、湘潭；冬时江水减落，[②] 湖水亦因而涸竭，水深殆不满二英尺。故目下该航路使用之船舶，皆一千吨内外之汽船，吃水甚浅。然适于此种汽船之航行，一年中亦只阴历五、六、七、八、九、十、十一之七个月而已。其他江水减落，湖水亦因而涸竭。此等汽船，岳州以上则不能继续航行，于岳州则须民船接续，方可维持以至湘潭。

兹将汉口、湘潭间之水程说明如左：

汉口到宝塔州三百里，宝塔州至新堤六十里，新堤至城陵矶一百二十里，城陵矶至岳州十五里，岳州至芦林潭一百八十里，芦林潭至湘阴三十里，湘阴至靖港二十里，靖港至长沙六十里，长沙至湘潭九十里，计共水程中国道里八百七十五里。

汉口与武昌为扬子江所隔离，因之两市交通诸多不便。且汉水会流于扬子江多呈涡状，强风增水之节，民船航渡颇受危险，虽常时亦横约英二里之航程，不得不费二小时间。现以民力营二渡船公司，厚记、利记。各有小蒸汽船二只，然

① 构：原误作“拘”。

② 减：原误作“灭”。

以民船渡江者，犹难胜数。

汉水河面之宽虽不及扬子江，而河底则较江水为深，故五六百吨之汽船无论何时均得往来于襄阳附近，特其两岸富饶冠于湖北全省，产黄豆、豆饼、芝麻、油类、棉花、漆、牛皮、木耳、烟草等为多。不仅此类统由汉口搬运，亦为来自山西、陕西之多额农产品输出于汉口之惟一道路。又绵纱、绵布、砂糖、杂货由此水路输送于上流各地亦为不少。近来上下货物专以民船搬运，其民船往来日数，虽因水流之缓急与风位之如何而各不同，然普通航行上水一日五六十里至百四五十里，下水则二三百里。由汉口至老河口须费十四五日至二十四五日。故该航路早见有可设立汽船公司之理。往时从事与该航路者，为泰安及春和二公司。泰安公司为汉川商民吴心九所设立，资本三千两，以安泰、安济二小蒸汽船，于汉口、仙桃镇间开业，为乘客之运送。次则汉口之商民姚冠卿等所设之春和公司，以资本二千金，与紫云、飞云之二小蒸汽船，亦从事于该航路。但汉口及仙桃镇间，冬季减水之期，以蔡甸上流多沙洲之故，每年由十一月至翼年三月，[①] 蔡甸以上不能航行。现时行驶者，惟万安巷之义和公司。

汽船以外之航运业，则为民船，甚繁盛。民船停泊所，计共二十余处。兹录其重要者如左：

小桥口　杨家河　至公巷　泉隆巷　邱家垱　新码头　小新码头

武圣庙　老官庙　五彩码头　沈家庙　宝庆码头　流通

① 翼：同“翌”。

巷　集稼嘴

大码头　中码头　打扣巷　龙王庙　四官殿　米厂　马王庙

是等民航停泊所，皆绕江边，由汉水两岸至桥口间，凡亘十五里，由湖南、湖北、江西三省所来之民船，咸集于此。只来自四川之民船，集于南岸汉阳。其总数当不下二万四五千，“帆樯林立”之套语，尚不足以尽之。

民船船行分两种，有有部帖而营船行业者，有无一定之部帖而营业者。有部帖者，多在武圣庙附近，专营襄河以西之航运业；无一定之部帖者，多在沈家庙与龙王庙之间，以湖南人最多。盖各民船中，以湖南船占最多数。

汉水航路近来行驶之汽船，单为乘客运送之营业。万安巷义和公司，设有保隆、保太、君山、沱江、楚靖、广大、兴太之小蒸汽船七只，往复仙桃镇、府河等处，其寄港地如左：

一、由汉口至仙桃镇者：

蔡甸　新沟　汉川　系马口　城隍港　蚌湖口　分水嘴　脉望嘴　刲嘴　仙桃镇

一、由汉口至长江埠者：

蔡甸　新沟　县河口　辛家渡　神灵口　刘家隔　府河口　道人桥　长江埠

顷有商民组织武黄轮船公司，备有同乐、保生、保清、河安、德安、同安、广生等之小蒸汽船七只，专驶武黄间。其水程则汉口至阳逻六十里，阳逻至葛店三十里，葛店至赵家矶三十里，赵家矶至团风四十里，团风至黄州二十里，黄州至鄂城十五里，计共水程一百九十五里。

京汉铁路为现有各路最长之干线，延亘三省二千四百余里，沟通南北，恢复利权，在交通历史上最有研究之价值。矧京师为人文荟萃，武汉居天下上游，商旅殷阗，货产骈集，他日各省铁路一律告成，其必以京汉路为枢机者，可断言也。此路发端于南皮张文襄公，时前清光绪十五年，张任两广总督，颇以开通风气为宗旨，提倡最力。然时机未熟，当事者每阻其议，遂不果行。洎乎甲午战后，筑路之说复兴，商办、官办二说纷纭，毫无把握。二十二年，津海关道盛宣怀以直鄂两督保荐入京，觐见之始即陈述办法，请先设立总公司于上海。二十三年，盛过鄂，与比利时公司议借英金四百五十万镑，[1] 订立合同，所有全路工程应用材料，均由比公司主持。由是测量建设，分段并举，路工之成，始基于此。后因获利既丰，借款息金过重，直接间接均受牵累，故筹款赎路之论渐已腾播人口。三十四年，值借款合同期满，当局者遂画策收回自办。自是全路悉隶于交通部管辖之下，而主权始统归我有。《京汉旅行指南》

汉口火车站自玉带门起，至刘家庙止，计共车站四处：

玉带门火车站　距北京前门站二千四百二十六里，属夏口县辖。北为桑麻湖，南距汉江极近，隔江遥望，即可见梅子山、黑山间之龙灯堤，乃此路南端之第一站也。

循礼门车站　距北京前门站二千四百二十里，北为后湖。湖旧长五六里，阔半里。东近大智门，西近居仁门，为蓄水溉田处。今两端已渐淤涸，西南为汉镇之中，起义焚毁不少，刻正在建筑中。

---

① 镑：原误作“磅”。

大智门车站　距北京前门站二千四百十六里，为旧有堡垣之第二门，今城垣与门俱废，城外之河亦已淤塞，此站距大智门旧址约半里。汉镇为通商巨埠，精华所聚，悉在上游附站一带。在铁路未通以前，空阔殊甚。今则廛閈扑地、车马如云，已非昔日之比。站东一带为各国租界，车站即临法界。自站东行至江干为一码头，江内停泊之轮船、帆樯相属。另有岔道一条，由站西转北入德租界至江干，则专为起卸货物而设。

江岸车站　距北京前门站二千四百零八里，地居汉镇北端，俗名刘家庙。所有该站存车厂、材料厂、机厂、工厂皆在此站。东即大江，有本路自筑码头，专为与水路轮船直接上下。附近地极宏阔，一望无垠，现已有多数商家预拟在此经营建筑，并有美孚、亚细亚各煤油公司建设油池。将来汉镇商业发达，则汉口市街必推广至此。武汉起义，地变战场，沈沙折戟，至今尚存遗迹焉。以上《京汉旅行指南》

汉口中华邮政局设一码头河街，直接交通部，聘英人李齐为邮务长，时加整顿，设法妥速递寄，以期利便官商。汉口总局所定截收信件时刻与发售邮票，每日自早七点钟起，至晚九点钟止。至汉口各支局截收信件时刻，各有不同，非向附近支局查询不可。兹将汉口各支局地址列左：

华景街　大智门　黄陂街　白布街　大王庙　桥口

除支局外，凡属繁要街道，均设有信筒或信柜，以便就近投信。武汉三镇由晨至晚，每日派信八次。京汉铁路运来之信件，在汉口当晚饬差派送。回信可交原差带转。若当日晚间九点钟赶不及投寄，可于次早八点钟以前在总局投寄，或送大智门支局，火车未开行十分钟以前，该支局尚仍收信。每逢星期五晚，大智门支局收信至十点钟止。

电报局直隶于交通部，自军兴以来，南北都督以及各属军政分府发电均列一等，概免收费。在当时原为便于军务起见，后遂相沿成习。此项免费电报日多一日，动辄长篇累牍，一电字数或逾数千，遂至线路壅塞，应接不暇，既影响于报务，更关系于财政。经交通部核定官电限制，已于元年六月一日于电报新价同时实行。《国民快览》

电话公司创办于前清光绪三十年冬，成立于三十一年秋，是为官办。至三十四年改为商办，民国元年又改为官办。其法：凡设电话之处，均有逐电机器一架，以铁丝二根达至该公司之总机器房。如甲拟询问于乙，先需摇电逐动总机器之铃，嘱接乙处，然后再摇电机，待乙回铃，手执听筒，然后娓娓而谈，如同觌面。

新修马路自歆生路起，至六渡桥止。旧有马路自六渡桥起，至玉带门外铁路边止。均有人力车、马车行驶。兹将沿路停车场十六处列左：

怡园　张美之巷　杏初里　六渡桥　凤舞台　满春茶园　自新堂　循礼门　苏湖公所　玉皇阁　观音阁　操场角　居仁门　劝工院　玉带门　铁路边

后城马路人力车共计皮轮、[1] 铁轮一千辆，均由警察厅编定号牌，按月纳捐。自二年十月因修四六抽停，计发行五百零七辆，现添至五百八十余辆。每辆皮轮每月缴捐钱二串四百文，铁轮每辆每月纳捐钱一串八百文。贸易马车，华洋两界经英国巡捕房规定额数一百号，每月验号扣停者不下十

① 路人：原误作“人路”。

余，实行者仅八十余辆，每辆每月纳捐洋二元。至包马车亦名行车共计三百余辆，纳捐者或数辆至十余辆不等，每季每辆纳捐洋二元。人力包车通镇共计一千余辆，领照纳捐者仅四百七十余辆，每辆每季纳捐洋二元。未修马路之各街巷，虽统铺以花岗石之石板，然年久失修，缺损及磨灭者，显生凹凸。其洼处及道路之边隅，[①] 凡尘芥污泥等腐败性之物质，堆积狼藉，不独滋蓄病菌品，为外来病菌之最好培养地也。污水除去之设备，有暗渠式之下水沟。其构造约深五尺，垒以砖石，涂以泥灰，被以花岗石之石盖，污水悉皆排出于长江。然不加修缮，处处破坏壅塞，不堪为用。且一入夏期，则污水潴滞，臭气冲鼻，行旅难堪。小街僻巷无论已，即正街亦颇狭隘，无所谓外街、里街之区别。无论马车通行为难，即人力车亦概行禁止。两旁商店招牌林立，过街招牌几成为渡桥之奇观。沿街浮摊，虽经各警一再取缔，然相习已久，一时殊难禁止。参《新译汉口》

街巷交通之具，以轿为最流行。其狭者黑色长方形，以两木杠贯而抬之，曰小轿，行颇捷而式不雅。故各旅馆暨各码头辄备大轿，以备不时之需。近有改藤椅为轿者，曰藤轿。水陆各码头，均有轿夫在街高呼，招揽乘客，其价目亦尚无确切之规定。

客栈、旅馆计一千余家，行人称便。其开业时，各具有五家连环保结，不准留宿来历不明人，并由各该管警署领有住客循环簿册，逐日填注往来客商姓名、年龄、籍贯，送署查阅。

---

① 隅：原误作“偶”。

寺观志

普照寺　在汉口大智坊，曹大臣等建。明戴金《普照寺》诗："汉原发秀拥洲沙，此地曾开锡杖花。[①] 老衲不知何处去，[②] 钟声遗韵在山家。"《汉阳府志》

栖贤寺　在汉口南岸崇信坊，万历末年建。《府志》

白衣庵　在汉口南岸。《府志》

华严庵　在汉口大智坊，明万历四十二年建。《府志》

玄帝殿　在汉口循礼坊，万历十一年建，后毁。顺治五年，徽商齐修。康熙三年水圮，[③] 褚峤等重修。《府志》

东岳庙　在汉口镇，曾廷芝偕众修。《府志》

天符庙　在汉口大智坊，明万历四十年建，清顺治五年重修。《府志》

宗三庙　在外五甲，今废。《县志》

西来庵　在汉口居仁坊，清顺治五年，总督佟鼎创修，黄澍有碑记。今废。《府志》

太平庵　在居仁坊，康熙时生员劳抚夏建，今废。《图书集成·职方典》

五显庙　在居仁坊大街，咸丰五年毁于兵，八年重建，未复旧规。《县志》

---

① 开：原误作"间"，据嘉靖《汉阳府志》改。

② 衲：原误作"纳"。

③ 圮：原误作"圯"。

甘露寺　旧在下关茶庵，同治二年，移建居仁坊堤内。《府志》

大观音阁　在居仁坊堤外，旧有九龄童子曾玥大书“觉悟群生”匾额，书法秀劲，今并毁，咸丰六年复建。《县志》

老官庙　在由义坊，明嘉靖六年建，天启元年修，今毁。同治二年重建。《县志》

沈家庙　在循礼坊大街，为供奉关帝之所，咸丰年间兵燹，后重建。《县志》

楚善庵　即东岳行宫，在循礼坊后街。《县志》

禹王阁　在循礼坊接驾嘴渡口，城市往来通衢也，岁久倾圮，重建数次。《县志》

十方庵　在汉口循礼坊，顺治三年建，为赈饥之所。《县志》

千佛庵　在循礼坊十方庵后街。《图书集成·职方典》

栖隐寺　旧在下关，今移循礼坊福建会馆之西。《府志》

四官殿　在汉口大智坊。顺治中，邑人瞿恒岳建，熊学士伯龙记之，详《艺文》。《府志》

回龙寺　在大智坊，明永乐二年建。初名塞口寺，世宗临幸，敕赐“回龙”。《县志》

指南禅林　即八角亭，在大智坊，雍正七年，守道徐率绅民建。《县志》

木兰第一宫　在万寿桥后。《县志》

汉口自兵燹后，全镇荡为瓦砾，而寺观亦多遭焚毁，然旋灭旋兴，而恢复者亦多易地。兹就三年八月警察调查

述后：[1]

名称	地点	名称	地点
忠义节烈祠	节烈祠巷	忠义殿	天宝巷正街
紫云殿	居仁门横街	接福庵	板子巷口
雷祖殿	尚义巷河边	宝华庵	春生巷
古海莲寺	节烈祠巷	上四官殿	天宝巷正街
轩辕殿	胭脂巷堤街	雷祖殿	杨家河
宝树庵	三善巷河边	圆照寺	仁里巷
东岳庙	静室庵巷	天符庙	关圣祠正街
四神殿	安定巷	土皇宫	杨家河
福寿观	劝工院堤街	大东岳庙	利济正街
武当第一宫	宗三庙巷口	药王医圣宫	利济巷上堤
金台观	安定巷	罗祖殿	小火路
朝贞观	唐家巷堤街	雷祖殿	下闸口
宗三庙	宗三庙正街	文庙	观音阁
雷祖殿	大通巷	准提庵	花园巷
清华观	谢家大巷	准提庵	六水分源
自修观	太清宫中路	玉皇阁	利济巷堤后
佛寿庵	大通巷堤街	关帝庙	夹街
清静观	谢家大巷	新安三元殿	六水分源
昙云寺	太清宫中路	观音阁	三府街中路
大观音阁	痘姆祠巷	药王庙	夹街
宝慧庵	崇仁巷	老汉义殿	双龙街
老君殿	太清宫中路	法印庵	体仁巷中路
痘姆祠	痘姆祠巷	凤林庵	夹街
白云寺	居仁门堤街	十方庵	大夹街

① 下表表头为整理者所添加，后同此处理。

续表

名称	地点	名称	地点
忠勇殿	体仁巷中路	财神殿	张美之巷
三皇殿	九如桥	雷祖殿	万寿宫街
三皇殿	宁波会馆下	观音殿	苗家码头
水星祠	小新码头	松筠庵	洪益巷
雷祖殿	燕山桥	麒麟庵	董家巷
仁寿宫	小夹街	老君殿	熊家巷
福田庵	仁里巷	孙祖阁	洪益巷
大清宫	堤街	雷祖殿	武圣宫街
佛林庵	万寿宫街	佛隆庵	熊家巷
地藏庵	仁里巷中路	应元宫	洪益巷
太山庙	保寿桥	鲁班阁	郭家巷
佛慧林	万寿宫街	葛仙殿	张美之巷
法印庵	中路	清虚道院	沙家巷
神农殿	夹街	百子庵	百子里
祝圣宫	万寿宫街	土皇宫	张美之巷
自修庵	苏湖公所	斗姥阁	大郭家巷
观音庵	中路	汉义殿	前花楼正街
东岳行宫	戴家庵	天一阁	马路边
雷祖殿	下闸口	老君殿	广益桥
玉枢宫	堤街	贞元观	百子堂堤街
财神庙	黄陂街	百子堂	百子堂堤街
天符庙	剪子街口	皇经堂	皇经堂街
大房 娘娘殿二房 三房	苗家码头	国瑞庵	豆油皮子街
		古迹茶庵	福星街

以上总计寺观九十五所，僧一百三十八名，道四十九名，尼一百零一名。除圆照寺僧五十四名、十方庵僧三十六

名外，其余寺观住持僧尼自一名至四五名不等。

附公所会馆公所、会馆为各帮聚议之所，大半设有神座，春秋演古致祭，故附于志后。

名称	地点	名称	地点
四明公所	安定巷堤街	磁业公所	花园巷
烘糕公所	三善巷	晴明公所	大通巷
广货公所	多宝林堤街	绍兴会馆	石码头正街
营造公所	节烈祠中路	京货公所	新火路
湖南会馆	至公巷正街	泥水公所	大通巷
应元公所	玉皇阁堤街	砖瓦公所	利济巷上堤街
双红公所	居仁门堤街	元宁会舘	九如桥
河南公所	至公巷河边	庆义公所	九如桥
金箔公所	仁里巷堤街	皮货零剪公所	大通巷堤街
木红公所	定安巷堤街	汾帮公所	利济巷中路
凌霄别墅	书院巷	宁波会馆	九如桥
苏湖公所	多宝林	天平公所	大通巷堤街
瞽星公所	安定巷堤街	太阳宫	痘姆祠巷
孝感船帮公所	书院巷	旌德会馆	新火路
烟帮公所	宝善堂	油帮公所	中路
安苓公所	永宁巷	萍醴公所	新码头
文昌公所	牛路口堤街	洪都公所	万寿宫街
兴汉郧公所	天宝港河边	辰帮公所	新河
印花公所	小火路	灰帮公所	流通巷
韩江别墅	太清宫中路	米市公所	米厂河街
陂邑公所	杨家河	琴溪书院	九如桥
鞋业公所	小火路	应元公所	新码头河街
银炉坊会馆	太清宫中路	苏货帽业公所	花布街
钧许公所	春生巷	江浙公所	三元殿侧

续表

名称	地点	名称	地点
宝庆会馆	宝庆码头	长郡会馆	董家巷
匹头公所	花布街	后稷公所	熊家巷
钟台书院	咸宁街	齐鲁公所	戏子街
徽州会馆	大新街口	万寿宫	万寿宫街
钱业公所	凤麟街	山货公所	洪益巷
福建会馆	得胜街口	江苏公所	戏子街
太平会馆	花布街	昭武书院	万寿宫街
武圣宫	武圣宫街	股皮公会	严家湾
鞋业公所	古三皇堤街	窖业公所	沙家巷
齐安公所	郭家巷	覃怀会馆	大郭家巷
长春公所	苗家码头	香山会馆	大郭家巷
葛梅公所	美人街	茶业公所	熊家巷河街
清真寺	大夹街	清真寺	广益桥
混元公所	熊家巷	皮业公所	后花楼街
肉帮公所	双龙街	石膏公所	石膏帮
帝王宫	帝王宫殿	文明公所	牛路口堤街
砖瓦公所	熊家巷	岭南会馆	夹街
南城公所	戏子街	皮业公所	后花楼

以上会馆公所，计共八十四处，均有一定地点者。其余无一定地点而由各商团组织成立者，则有业主会、夏口工业分会、棉业会、大布公会、花布公会、纱业公会、花业会、丝油会、洋货杂货公会等名目。

义举志

汉口义举甚伙，无论大小，均由绅商集资筹办，成效卓著。其常年经费由公家开支者，仅官育婴敬节局一处，然款项支绌，已不及商办育婴敬节局之完备焉。

劝工院创自南皮张文襄公，今改为贫民工厂，已于本年八月由夏口知事拨禁烟罚款三万串，委汪君志安为经理招工开办。

汉镇沙包旧有崇善堂义冢，自英、法、美各国来汉通商，沙包民地多为所购，义冢颇被侵凌。清同治四年，郡守钟谦钧捐置梅子山五里墩义地，始将沙包义冢迁葬于此。《汉阳县志》

大智坊义冢一段，为前清邑贡生崔文元接次修筑，今不知迁于何处。同上

起义烈士坟，一在商业学堂地址后，一在大智门铁路外，为民军起义、南北争战时死事者之遗骸，汇葬于此。

各种慈善事业均由善堂筹办，除原有被焚毁者不计外，兹将现时善堂名称、地点，列表于左：

名称	地点	名称	地点	名称	地点
保善堂	兴隆巷正街	宝善堂	苏湖公所	乐善善堂	中路苗家码头
善实善堂	张美之巷	化善堂	尚义巷	愿善堂	美人街口
道生堂	董家巷	普化堂	文书巷	卫生堂	仁里巷

续表

名称	地点	名称	地点	名称	地点
仁善堂	大通巷中路	依善堂	金箔会馆堤街	普善堂	萧家垸
培心善堂	洪益巷	自新堂	宝林庵后	慈济堂	花布街
惠滋善堂	水龙巷	滋善堂	大通巷堤街	依善堂	雷祖殿堤街
敦寔善堂	存仁巷中路	敦仁善堂	中路苗家码头	复善堂	观音阁堤街
普安善堂	至公巷	医心堂	美人街	友仁义社	李家墩
济生堂	后湖	安善堂	汪玉霞上	从仁堂	武圣宫街
永安善堂	大夹街	永修善堂	玉皇阁后	从善堂	杨千总巷

以上共计善堂三十处，其常年经费均由各堂绅董经理，官吏不得过问。所办慈善事业或则施棺送诊，或则抚恤孤嫠，或则收埋白骨，或则设船救生，或则惜字宣讲，或则兴学种痘，凡一切济众福民之事，范围大小，均视财政之盈绌而各不同。

慈善会在由义门外，该会系仿上海各善堂联合设立慈善公所之意，组织善团，以主持人道、奉行慈善事业为宗旨，尤期联络感情，萃合能力。凡汉口一切善举，分缓急两端次第筹办，以弥缺憾。并附设惜字公会、慈幼小学校、残废栖流所。

汉口地方殷富，人烟稠密，偶一失慎，即成燎原，各保安会均设置水龙，星奔扑救，以弥灾捍患。惟建置者不一时，经理者不一人，谨将现设各保安会胪列之。

名称	地点	名称	地点
仁义上段保安会	关圣祠正街	永济消防会	鲍家巷
仁义中段保安会	至公巷	义成社	太平会馆
仁义下段保安会	大水巷	万全保安会	紫竹庵
同益上段保安会	体仁巷堤街	商防永安社	万年街
同益下段保安会	堤街	敦乐保邻会	苗家码头
同益会	中闸口	永平公益会	熊家巷
公益救患会	徽州会馆下巷	清和保安会	张美之巷
永安社	长胜街口	下段保安会	堤口
公善保安会	古三皇堤街	清真自治公益会	广益桥
四段商团保安会	沈家庙	公立保安会	歆生路
同益保安会	雷祖殿	普济保安会	土垱街
商团保安会	回龙寺	外五甲保安会	百子堂
宁平保安会	天符庙	大智门保安会	大智门
黄陂街上段保安会	财神庙		

各团联合会为各保安会之总机关，现设小关帝庙内。

汉口街巷路灯，由警察厅设置者二百七十一盏，后城马路五十六盏，其余均由各善堂、会社设置。

购买义冢，收埋露棺，常年经费约在四千元上下，大概由警察厅拨给一半，由慈善会筹措一半。

痘症、鼠疫向来不甚讲求，经官厅一再布告，设法预防，人民始知两种流疫为害剧烈。现在种痘、收鼠经费由公家支出者，常年已达七百元之谱。

医院由外国人设置者，均在租界，其在中国地段者，仅彭家巷之普爱医院、米厂河街之日本医院、后花楼之仁济医院等三处。中国人设置之医院固属寥寥，庸医自由悬牌营业，误人生命不浅，官厅正在设法取缔。

兵事志

周昭王征荆蛮，旋涉汉，王及祭公陨于汉。[①]《竹书纪年》

周昭王十六年，伐楚，涉汉，遇大兕。[②]《竹书纪年》

十九年，天大曀，[③] 雉兔皆震，丧六师于汉。[④]《竹书纪年》

桓公八年，楚子伐随，军于汉淮之间。《左传》

庄公四年，楚武王荆尸，[⑤] 授师孑焉，以伐随。随人惧，行成。莫敖以王命入盟随侯，且请为会于汉汭而还。《左传》

昭四年，吴伐楚，沈尹射奔命于夏汭。五年，薳射以繁阳之师会于夏汭。蔡侯、吴子、唐侯伐楚，舍舟于淮汭，自豫章与楚夹汉。左司马戌谓子常曰："子沿汉而与之上下，[⑥] 我悉方城外以毁其舟，还塞大隧、直辕、冥厄。[⑦] 子济汉而伐之，我自后击之，必大败之。"既谋而行。武城黑谓子常

---

① 祭公：周公后人，即王室卿士祭公谋父。

② 兕：雌犀牛。

③ 曀：阴沉而有风。

④ 六师：周天子所统六军之师。周制以一万二千五百人为师。

⑤ 荆尸：有二解，其一认为是楚国军阵法名；其二认为是楚国月份名，对应夏历正月。

⑥ 沿：原误作"沼"，据《左传》昭公四年改。

⑦ 大隧、直辕、冥厄：汉东之要道。

曰：[1]“吴用木也，我用革也，不可久也，不如速战。”史皇谓子常：“楚人恶子而好司马，若司马毁吴舟于淮，[2]塞城口而入，[3]是独克吴也。子必速战，不然不免。”乃济汉而陈。《春秋传》

吴师伐郢，楚子常济汉而陈，自小别至于大别。《春秋传》

孙策前进夏口，攻黄祖。时刘表遣从子虎、南阳韩晞将长矛五千，来为黄祖前锋。策与战，大败之。《江表传》

建安十三年，孙权西击黄祖。祖横两蒙冲挟守沔口，以栟闾大绁系石为碇，[4]上有千人，以弩交射，飞矢雨下，[5]军不得前。袭与凌统各将敢死百人，被两铠，乘大舸船，突入蒙冲里。袭身以刀断两绁，蒙冲乃横流，大兵遂进。祖便开门走，兵追斩之。《江表传》

文帝践祚，使文聘别屯沔口，[6]止石梵。孙权以五万众自围聘于石阳，甚急，聘坚守不动。权住二十余日，乃解去。[7]聘追击破之。[8]《魏志》

王基表城上昶，[9]徙江夏治之，以逼夏口，由是贼不敢轻越江。《魏志》

---

① 城：原误作“帝”，据《左传》昭公四年改。
② 吴：原误作“吾”，据《左传》昭公四年改。
③ 城口：汉东三要道总名。
④ 碇：系船的石墩。
⑤ 雨：原误作“两”，据《三国志·魏书·文聘传》改。
⑥ 文：原误作“天”，据《三国志·魏书·文聘传》改。
⑦ 去：原误作“走”，据《三国志·魏书·文聘传》改。
⑧ 追：原误作“进”，据《三国志·魏书·文聘传》改。
⑨ 王：原误作“天”，据《三国志·魏书·王基传》改。

魏明帝青龙二年，吴遣师十万，又遣陆逊、诸葛瑾将万余人入江夏、沔口、襄阳，击江夏、新市、安陆、石阳，斩获千余人而还。《魏志》

太平二年，朱廙自虎林率众袭夏口，夏口督孙壹奔魏。《吴志》[①]

晋武帝咸宁五年冬，大举伐吴，遣平南将军胡奋出夏口，王濬下巴蜀。《晋书》

晋惠帝永兴二年，陈敏谋据扬州。时刘弘镇荆州，遣陶侃屯于夏口。敏遣其弟恢寇武昌，侃败却之。永嘉四年，南征将军山简为群盗严嶷所迫，自襄阳徙屯夏口。建兴末，杜曾等作乱，败荆州兵，乘胜径造沔口，威振江沔，豫章太守周访击却之。[②] 建元元年，庾翼督荆、江诸州，图略中原，自武昌移镇襄阳，寻还治夏口。太元二年，桓冲移镇上明，上表言江州刺史王嗣宜进屯夏口，据上下之中，于事为便。《晋书》

晋怀帝永嘉四年九月，雍州人王如举兵反于宛，杀害令长，自号大将军，[③] 司、雍二州牧，大掠汉沔。《晋书》

晋怀帝永嘉五年，石勒谋保据江汉，参军都尉张宾以为不可。会军中饥疫，死者大半，乃渡沔，寇江夏，癸酉拔之。太守杨岠弃城走，流人杜弢等反寇荆襄。《晋书》

六年，荆州刺史王澄出军攻弢，寻又奔沓中。别驾郭舒谏曰："使君临州，虽无异政，然一州人心所系，今西收华容之兵，足以擒此小丑，奈何自弃，遽为奔亡乎？"澄不从，

---

① 吴：原误作"魏"。

② 章：原脱，据《晋书·周访传》补。

③ 号：原误作"害"，据《晋书·怀帝纪》改。

欲将舒东下。舒曰："舒为万里纪纲，不能匡正，今使君奔亡，诚不忍渡江。"乃留屯沌口。征讨都督王敦遣武昌太守陶侃、浔阳太守周访、历阳内史甘卓共击弢。愍帝建兴元年，周顗屯浔水城，为杜弢所困。陶侃使明威将军朱伺救之，弢退保泠口。侃曰："弢必步向武昌。"乃自径道还郡以待之，弢果来攻。侃使朱伺逆击，大破之，弢遁归长沙。周顗出浔水，投王敦于豫章，敦留之。陶侃使参军王贡告捷于敦，敦曰："若无陶侯，便失荆州矣。"乃表侃为荆州刺史，屯沔江。《晋书》

元帝建武元年，郑攀等相与拒王廙，众心不一，散还横桑口，欲入杜曾。王敦遣武昌太守赵诱、襄阳太守朱轨击之。攀等惧，请降。杜曾亦请击第五猗于襄阳以自赎。廙将赴荆州，留长史刘浚镇扬口垒。竟陵内史朱伺谓廙曰：[①]"曾，猾贼也，外示屈服，欲诱官军使西，然后兼道袭扬口尔。宜大部分，未可便西。"廙性矜厉自用，以伺为老怯，遂西行。曾等果还趋扬口，廙乃遣伺归，裁至垒，即为曾所围。刘浚自守北门，使伺守南门。马儁从曾来攻垒，儁妻子先在垒中，或欲反其面以示之。伺曰："杀其妻子，未能解围，但益其怒尔。"乃止。曾攻北门，伺被伤，退入船，开船底以出，沈行五十步，乃得免。曾遣人说伺曰："马儁德卿全其妻子，今尽以卿家内外百口付儁，儁已尽心收视，卿可来也。"伺报曰："吾年六十余，不能复与卿作贼，吾死亦当南归，妻子付汝裁之。"乃就王廙于甑山，病创而卒。戊寅，赵诱、朱轨及陵江将军黄峻与曾战于女观湖，诱等皆败

① 曰：原误作"日"。

死。曾乘胜进造沔口，威振江沔。王使豫章太守周访击之。访有众八千，进至沌阳。曾锐气甚盛，访使将军李恒督左甄，[①] 许朝督右甄，访自领中军。曾先攻左右甄，访于阵后射雉以安众心，令其众曰："一甄败，鸣三鼓；两甄败，鸣六鼓。"赵诱子胤将父余兵，[②] 属左甄，力战，败而复合，驰马告访。访怒，叱令更进，胤号哭还战。自旦至申，两甄皆败。访选精锐八百人，自行酒饮之，敕不得妄动，闻鼓音乃进。曾兵未至三十步，访亲鸣鼓，将士皆腾跃奔赴，曾遂大败，杀千余人。访夜追之，诸将请待明日。访曰："曾骁勇能战，向者彼劳我逸，故克之；宜及其衰乘之，可灭也。"乃鼓行而进，遂定汉沔。《晋书》

安帝元兴三年，刘毅、何无忌、刘道规自浔阳西上至夏口，以讨桓振。振遣镇东将军冯该守东岸，扬武将军孟山图据鲁山城，[③] 辅国将军桓仙客守偃月垒，众合万人，水陆相援。毅攻鲁山城，道规攻偃月垒，无忌遏中流，自辰至午，[④] 二城俱溃，生擒山图、仙客，该走石城。《晋书》

宋顺帝升明元年十二月，荆州刺史沈攸之起兵攻萧道成，遣中兵参军孙同等五将，以三万人为前驱，司马刘攘兵等五将，以二万人次之，又遣中兵参军王灵秀等四将，分兵出夏口，据鲁山。癸巳，攸之至夏口，自恃兵强，有骄色，以郢城弱小不足攻，欲问讯安西，暂泊黄金浦。五代宋史

齐东昏侯永元二年，雍州刺史萧衍起兵，萧颖胄应之，

---

① 甄：军队的左右翼。

② 胤：原误作"引"，据《晋书·周访传》改。

③ 扬：原误作"杨"。

④ 至：原误作"自"。

西中郎参军南郡邓元起向夏口。帝遣薛元嗣等将兵，送郢州刺史张冲拒西师。元嗣等疑冲，不敢进，停夏口浦，闻西师将至，乃相帅入郢城。前竟陵太守房僧寄将还建康，至郢。帝敕僧寄留守鲁山，除骁骑将军。张冲与之结盟，遣军主将张乐祖将数千人，助僧寄守鲁山。[①] 注：《汉阳志》："大别山在沔阳县东，一名鲁山。"五代齐史

和帝中兴元年，萧衍至竟陵，命王茂、曹景宗为前军，以中兵参军张法安守竟陵城。茂等至汉口，诸将议欲并兵围郢，分兵袭西阳、武昌。衍曰："汉口不阔一里，箭道交至，房僧寄以重兵固守，与郢城为犄角，若悉众前进，僧寄必绝我军后，悔无所及。不若遣王、曹诸军济江与荆州军合，以逼郢城。吾自围鲁山，以通沔汉。使郧城、竟陵之粟方舟而下，江陵、湘中之兵相继而至，兵多食足，何忧两城之不拔？天下之事，可以卧取之尔。"乃使茂等帅众济江，屯九里。张冲遣中兵参军陈光静开门迎战，茂等击破之。光静死，[②] 冲婴城自守，景宗据石桥浦，连军相续，下至加湖。荆州遣冠军将军邓元起，军主王世兴、田安之将数千人会雍州兵于夏首。衍筑汉口城以守鲁山，命水师主义阳、张惠昭等游遏江中，绝郢、鲁二城信使。杨公则举湘州之众会于夏口，[③] 萧颖胄命荆州诸军皆受公则节度，虽萧颖达亦隶焉。夏四月，萧衍出沔，命王茂、萧颖达等进兵逼郢城，薛元嗣不敢出。诸将欲攻之，衍不许。六月，西台遣卫尉席阐文劳萧衍军，赍萧颖胄等议谓衍曰："今顿兵两岸，不并兵围郢，

① 助：原误作"敕"。

② 死：原误作"使"，据《南齐书·张冲传》改。

③ 州：原误作"洲"。

定西阳、武昌，取江州，此机已失。① 若请救于魏，与北连和，犹为上策。”衍曰：“汉口路通荆雍，控引秦梁，粮运资储，仰此气息，所以兵压汉口，连结数州。今若并兵围郢，又分兵前进，鲁山必阻沔路，搤吾咽喉。若粮运不通，自然离散，何谓持久？邓元起近欲以三千兵往取浔阳，彼若欢然知机，一说士足矣。脱拒王师，固非三千兵所能下也。进退无据，未见其可。西阳、武昌，取之即得，然既得之，即应镇守。欲守两城，不减万人，粮储称是，卒无所出。脱东军有上者，以万人攻两城，两城不得相救，若我分军应援，则道尾俱弱；如其不遣，孤城必陷，一城既没，诸城相次土崩，天下大事去矣。若郢州既拔，席卷沿流，西阳、武昌自然风靡，何遽分兵散众，自贻忧患乎？况拥数州之兵以诛群小，悬河注火，奚有不灭？岂容北面请救戎狄，以示弱于天下！彼未必能信，徒起丑声，此乃下计，何为上策？卿为我辈白镇军，前途攻取，但以见付，事在目中，无患不捷，但借镇军靖镇之尔。”吴子阳等进军武口，衍命军主杨天惠等屯渔湖城，唐修期等屯白阳垒，夹岸待之。子阳进军加湖，去郢三十里，傍山带水，筑垒自固。子阳举烽，城内亦举火应之，而内外各自保，不能相救。会房僧寄病卒，众复推助防张乐祖代守鲁山。萧衍使征虏将军王茂、军主曹仲宗等乘水涨以舟师袭加湖，鼓噪攻之。丁酉，加湖溃，吴子阳等走免，将士杀溺死者万计，俘其余众而还。于是郢、鲁二城相视夺气，鲁山乏粮，军人于矶头捕鱼供食，② 密治轻船，将

---

① 失：原误作“矣”，据《梁书·武帝纪》改。

② 鱼：原误作“细”，据《南齐书·张冲传》改。

奔夏口，萧衍遣偏将断其走路。丁巳，张乐祖窘迫，[①] 以城降。己未，东昏侯以程茂为郢州刺史，薛元嗣为雍州刺史。是日，茂、元嗣以郢城降。汝南民胡文起兵于溵阳以应萧衍，取义阳、安陆等郡以自效。衍又遣军主唐修期攻郡，皆克之。五代齐史

梁武帝太清二年，侯景反，攻围台城，江、湘、雍诸王入援。湘东王绎遣竟陵太守王僧辩将舟师万人出，自汉川载粮东下。岳阳王察遣府司马刘方贵将兵出汉口。二年，台城陷，景矫诏解援军，僧辩仍归竟陵。同上

简文帝大宝二年，湘东王绎讨侯景。景取郢州，使丁和守夏首，进攻王僧辩于巴陵。宋子仙等众号二万，戍郢城，别将支化仁镇鲁山。庚申，王僧辩至汉口，先攻鲁山，擒支化仁，送江陵。五代梁史

元帝承圣元年，魏师陷江陵，郢州刺史陆法和降于北齐，与齐清河王岳会汉口。王僧辩遣江州刺史侯瑱攻郢州，任约、徐世谱、宜丰侯循皆引兵会之。梁史

世祖天嘉元年，周人闻王琳东下，乃围郢州，孙玚固守。未几，琳军大败，奔齐。周不能克郢州，乃解围去。玚遂来降，齐军先守鲁山，戊午弃城走，诏南豫刺史程灵洗守之。梁史

临海王光大元年，湘州刺史华皎谋反，安成王顼遣吴明彻趋郢州，淳于量、[②] 杨文通、黄法慧、程灵洗、章昭达、徐度等共袭讨。皎使潜引周兵，又自归于后梁，周权景宣将

① 张：原误作“孙”，据前文改。

② “淳于量”前原衍“于”字，据《陈书·华皎传》删。

水军、元定将陆军，卫公直总之。与皎俱下，淳于量军夏口，直军鲁山。梁史

梁太祖开平二年，荆南节度使高季昌遣兵屯汉口，绝楚朝贡之路，楚王殷遣其将许德勋将水军击之，至沙头，季昌惧而请和。五代梁史

宣帝太建十四年，[①] 隋主坚受周禅，遣军南伐，元景山出汉口，遣上开府仪同三司邓孝儒将卒四千攻甑山镇，将军陆纶以舟师救之，为孝儒所败，涢口、甑山、沌阳守将皆弃城走。梁史

后主祯明二年，隋主大举伐陈。秦王俊督诸军屯汉口，为上流节度，以散骑常侍周罗睺都督巴峡，缘江诸军事以拒之。五代陈史

隋文帝开皇九年春，灭陈，陈叔宝降。水军都督周罗睺与郢州刺史荀法尚守江夏，秦王俊督三十总管水陆十余万屯汉口，不得进，相持逾月。陈荆州刺史陈慧纪遣南康内史吕忠肃屯岐亭，据巫峡，于北岸凿岩，缀铁锁三条，横截上流，以遏隋船。忠肃竭其私财以充军用，杨素、刘仁恩奋兵起击之，四十余战。忠肃守险力争，隋兵死者五千余人，陈人尽取其鼻以求功赏。既而隋师屡捷，获陈之士卒，三纵之，忠肃弃栅而遁，素徐去其锁，忠肃复据荆门之延洲。素遣蜒巴千人乘五牙四艘，以拍竿碎其十余舰，遂大破之，俘甲士二千余人。忠肃仅以身免。陈信州刺史顾觉屯安蜀城，弃城走。陈慧纪屯公安，悉烧其储蓄，引兵东下。于是巴陵以东，无复城守者。陈慧纪帅将士三万人，楼船千余艘，沿

① 太：原误作“大”。

江而下，欲入援建康，为秦王俊所拒，不得前。是时陈晋熙王叔文罢湘州，还至巴州，慧纪推叔文为盟主，而叔文已帅巴州刺史毕宝等致书请降于俊，俊遣使迎劳之，会建康。晋王广命陈叔宝手书招上江诸将，使樊毅诣周罗睺，陈慧纪子正业诣慧纪谕指，时诸将皆解甲，罗睺乃与诸将大临三日，放兵散，然后诣俊降，陈慧纪亦降。上江皆平。杨素下至汉口，与俊会。《隋志》

权景宣晓兵权，有智略，从隋文帝，拔弘农、破沙苑，皆先陷阵。转外兵郎中，从开府于瑾。征江陵，景宣别破梁司空陆法和、司马羊亮于涢水，又遣别将攻拔鲁山，多造舟舰，益张旗帜，临江欲渡，[1] 以惧梁人。梁将王琳在湘州，景宣遗书，喻以祸福，琳遂遣长史席壑因景宣请举舟款附。《隋文帝纪》[2]

唐高祖武德四年，平萧铣，命黄州总管周法明分道出夏口。六年，复命法明出夏口讨辅公祐于丹阳。[3] 兴元初，淮西李希烈叛，称帝，以夏口上流要地，使其将董传袭郑州，刺史李兼败却之。元和初，以淮西多事，夏口当汉江之冲，特置军府以为藩卫。乾符中，黄巢之难，攻夏口城，止陷其外郭。[4]《唐书》

宋钦宗靖康二年，金人入寇，奸民祝进等为盗，犯复。摄德安守刘规战破之。是时，汉阳军属复州。《宋史》

宋高宗绍兴元年，盗曹成陷汉阳。二年二月庚午，以李

---

① 欲：原误作“又”。

② 纪：原误作“传”。

③ 祐：原误作“祜”。

④ 郭：原误作“部”，据《读史方舆纪要》卷七十五改。

纲为湖广宣抚使，仍命岳飞等共讨曹成诸盗。《宋史》

曹彦约，字简甫，淳熙八年进士，尝从朱熹讲学。汉阳阙守，檄摄军事。时金人大入，郡兵素寡弱。彦约搜访土豪，得许卨俾总戎兵，赵观俾防水道，[①] 党仲升将宣抚司军屯郡城。金重兵围安陆，游骑闯汉川。彦约授观方略，[②] 结渔户拒守南河。观逆击，斩其先锋，且遣死士焚其战舰，昼夜殊死战，追击，金人大败去。彦约以守御功，进秩二等，就知汉阳。同上

理宗景定元年三月，蒙古兵至汉阳，鄂州统制张胜力战，死之。同上

度宗咸淳十年，元大举南伐。十二月，癸丑，元伯颜至蔡店，大会诸将，刻期渡江，遣人观汉口形势。时夏贵以汉鄂舟师分据要害，弥亘三十余里。[③] 王达守阳逻堡，朱禩孙以游击军扼中流。兵不得进，军将马福言：[④] "沦河穿湖中，可从阳逻堡西沙芜口入江。"伯颜使觇沙芜口，夏贵亦以精兵守之。伯颜乃进围汉阳，声言取汉口渡江，贵果移兵援汉阳，伯颜乘间遣阿纳罕将奇兵倍道袭沙芜口，[⑤] 夺之。因自汉口开坝，引船入沦河，转沙芜口以达江。同上

忙兀台从伯颜、阿术南征，由汉口入江至蔡甸，闻宋兵屯汉口，乃率舟师经斗龙口，至沙芜以入，次武矶堡。《元史》

① 防：原误作"访"，据《宋史·曹彦约传》改。

② 授观：原误作"观授"，据《宋史·曹彦约传》改。

③ 亘：原误作"互"。

④ 言：原误作"有"。

⑤ 倍道：兼程而行；指一日走两日的路程。

顺帝至正十二年十二月丙辰，徐寿辉兵陷汉阳，威顺王宽彻普化等弃城走。十三年七月壬申，湖广行省参政阿鲁辉复汉阳。十五年正月丁丑，徐寿辉遣其将倪文俊复破沔阳。威顺王宽彻普化令其子报恩奴等，同元帅呵思蓝水陆并进讨文俊，至汉阳，水浅，文俊用火筏烧船，报恩奴遇难。十六年正月，文俊建都于汉阳，迎徐寿辉据之。十九年，天完将陈友谅徙其主徐寿辉都江州。初，寿辉问友谅破隆兴，欲徙都之，因友谅忌其来不利于己，不从。至是徐寿辉因引兵发汉阳，南下江州。友谅阳出迎，而伏兵于城西，俟寿辉入门，闭门伏发，尽杀其部属，惟存寿辉。辉以江州为都，居之，遂自称汉王。《汉阳县志》

元末，徐寿辉反，自称皇帝，国号天完，改元治平。十二年正月，遣其将丁普郎、徐明达陷汉阳等州县。十三年，诏平章卜颜帖木儿等合兵讨寿辉于蕲春，[1] 大破之，复武昌、汉阳诸路，寿辉遁走。十五年五月，寿辉将倪文俊陷沔阳中兴路，七月复陷武昌、汉阳，遂陷岳州。明年正月，倪文俊建都汉阳，迎寿辉居之。八月，文俊谋弑寿辉于汉阳，不果，奔郢州。《元史》，并见王葆心《天完国志》

明太祖元年，陈友谅既败死鄱阳，乃进围其子理于武昌。二月，太祖身至汉阳，城之。使徐达将兵三千屯沌口，以遏沔阳舟师，理降。《明史》

武宗正德六年夏五月，流盗刘六、刘七往来江上，自汉口犯汉阳东门。通判徐弼筑木为架，登城哨守。适当路遣土舍张贵率兵来救，战于沙岸，盗大败，刘六死江中，寻获其

① 讨：原误作“付”。

尸。《明史》

崇祯八年正月，河北贼满天星、张大受等，自麻城抵汉口，杀掠殊甚。同上

崇祯十五年冬，总兵左良玉为流贼李自成所败，溃而南下，自成遣贼将白旺等追之。旺方破景陵、汉川，竟陷汉阳。武昌守将列兵金沙洲上，旺不敢渡江，乃耀兵大别山而还。同上

壬午冬，闯贼决黄河，水淹开封，河南全省陷没，乘胜南下。总兵左良玉弃地远遁，为贼先驱。襄樊、鄢、郢一带，破掳之惨，较贼尤甚。十二月十六日，左兵突至汉口，人不及逃，而郡城已闻风空国矣。《清太祖本纪》

壬午十二月十六日昧爽，张献忠兵突至汉口镇，镇人不及逃，而郡城人寿恇懦，[1] 已闻风空遁矣。士甚强，马甚壮，戟门甚尊严，钟鼓帷帐虽稍见夺于贼，犹甚丽也，而仇于镇人亦甚勇。于是居其居，因薪之；食其食，因粪之；财其财，妇其妇，而男则筑以刀环而逐之。越二日，监军道皖城王杨基与大将军旧，迎之，驻于武昌城外金沙洲。洲人受其荼毒，与汉口镇同。二镇故并饶，货财甲于全楚，不数日荡然矣。魏赏延《竹中记》

道光三十年六月，广西逆民洪秀全倡乱于桂平县之金田村。[2] 咸丰二年十一月初九日，贼猝至，径扑汉阳。十二月，郡城失守，调防之陕西副将朱瀚阵亡，知府董振铎巷战死。汉镇为数省通衢，百货山积，迁避不及，被焚掠五昼夜

① 寿：疑为“素”字之讹。

② 村：原误作“郓”。

殆尽。

咸丰四年五月，汉口贼舟四百余只，五月初十日窜赴下游矶窝，砌筑土城，欲占要隘。青巡抚麟派都司杨昌泗往剿，副将书绅、副都统魁玉等接应，踏毁土城，焚贼舟一百余只，夺获二十余只，毙贼千余人。同日，贼由汉口分扑塘角，又由鹦鹉洲分扑鲇鱼套。

是年十二月二十五日，湖广总督杨霈失利于广济，逆党回窜汉口。杨总督亲随将官李士林护之出重围，乘别骑驰至汉口镇，派豫勇一千五百守蔡店、楚勇三千驻杨店，自率各标兵勇六千余趋德安。

咸丰五年，楚军水陆回接武汉，先是，杨总督于广济败退，曾国藩即派通判俞晟领守备洪定升等水师战船，湖北臬司胡林翼领陆军回援武汉。贼至汉口，即渡襄河，据汉阳府，[①] 于汉阳南岸设炮台，以阻下游之师。俞晟督师船至楚。正月十一日开仗，毁其南岸之炮台。

是年三月，匪距汉阳、汉口为犄角，惧水师上下攻击，不敢渡。以武昌省城兵力虽单，尚能自保。后由兴国、通山取道青山，进攻武昌，破之。胡林翼上方略，言“荆襄据东南形胜，[②] 江汉又荆襄咽喉。汉阳既陷，北岸已形梗塞；武昌失守，南岸又被蔓延。惟急攻武汉，一城获而两城必复，乃可内固荆襄，而外遏上窜之路”。疏入，奉旨嘉纳。

是年七月，贼距蔡店。初九日，被胡林翼、彭玉麟分途进剿，大获胜仗。十二日，克蔡店。遂水陆并进，用火船将

① 距：原误作“拒”。
② 言：原误作“有”。

襄河口铁索浮桥上下游贼焚毁殆尽，汉口镇襄河两岸贼营全行踏毁，并将省城下游塘角贼船、大别山贼垒，一律焚破。①

十二月，楚军分攻武昌、汉阳，水陆获胜。先是八月，胡巡抚败退大军山，贼遂占领武汉三镇。及十二月初一日，官大臣文亲赴三眼桥督队，李孟群率各营直扑汉阳西门，立毁贼卡，进攻大别山、月湖之贼，杀数百名。贼势溃退，逼入襄河，死者极多。水师炮船攻至五显庙，破水卡二座。武昌之贼，胡林翼与罗泽南分扎急攻，同时三镇俱下。

六年六月初六日，石达开大愤樊口之败，大集逆党万余，即日由广济、蕲水、黄冈至汉镇，合逆众坚守，官文攻之不下。以上《平定粤匪纪略》及《胡文忠传》

民军起义，南北战争互有胜负，汉口一隅，焚毁过半。幸南京成立临时政府，停战议和，建设一共和民国，而公私损失不可以数计矣。好事者撮有汉口大激战影片，以留纪念。兹就《中国革命日记》暨《南北春秋》所载辛亥八月十九日后关于汉口战事，抄录于左：

二十一日，汉口官钱局被土匪抄抢，各钱庄等亦被劫，清关道齐耀珊、夏口厅王国铎已逃无踪迹。匪徒四处纵火，商团救不胜救，乃举代表至武昌，请民军赴汉保护。当由民军派兵二百名赴汉，先拿获抢物土匪三人，就地正法示众。嗣又斩捕土匪数十人，势稍平定。

二十二日，武汉居民闻满政府有派旗兵一万二千名由火车至鄂，归荫昌节制之消息，异常惶恐。汉口商会拟谒见荫

① 律：原误作“津”。

昌，确守中立。经军政府闻耗示谕，始无惊扰。

西国旅汉巨商闻荫昌南下，特往谒黎督询问一切，并约以离汉口三十里，在青山地方作为战争之地。

二十五日，萨镇冰坐江贞兵舰抵汉口，泊英界江中，向武昌轰击，嗣为英领事阻止。

二十六日，北军总统荫昌行抵信阳州，军队陆续到汉。海军提督萨镇冰所统之建安、湖隼、湖鹰、湖鹗及辰宿各雷艇，咸开驶汉口江心下碇。

是日下午，民军发步兵一标布列于车站附近。革职之第八镇统制张彪拥残兵两营，占据刘家庙。民军先放一排枪，张军即退，死伤数十人。民军并不追击，互相收队。此最初之开战也。

是日晨，民军与官军相遇于刘家庙，当即布开战线。民军先放空枪警告，官军即以实弹还击，战乃起。民军皆以一当十，蛇行而前，愈薄愈近，炮兵亦同时击射。官兵引退，民军尽力追之。官军乃避入火车飞驶，时车头俱为官军所有，民军追之不及，子弹且尽，遂陆续退还，仅留百余人伏于稻田远望。时有铁厂工人多名哗而起，拆路十余丈。[①] 有顷，忽又飞驶而来，轰然一声，车已翻倒。民军乘势力击，一时死者如墙倒。

下午四时又开战。萨军兵舰六艘开炮以助官军，炮发百余响，未一中。民军发五六炮，一炮中舰上，兵舰转向下游而去。时官军驻扎平地，民军屯于山上，互相攻击，至二句钟，北军乃大败，退三十余里。

① 拆：原误作“折”。

二十八日晨，黎督率民军渡江，抵刘家庙。至十一钟时，枪炮齐施，官军尚未备战。及至二道铁桥，官军卸甲退炮，死亡大半，所有军械、枪弹、火药及军用器具，尽为民军所有。

二十九日下午四点钟时，民军至谌家矶造纸厂，见官军斥候出现于前，[①] 相距九百米，突率兵猛扑，即将官兵击退，直至三道桥，官军散窜，遗下机关炮一尊及军械无算。

三十日，民军与官军在三道桥左近交战，官军不支而退。民军越三道桥入滠口，复与官军大战，降官军三千余人。

九月初一日，汉口官军与民军未交战。

初二日，汉口官军与民军仍未交战。

初三日，早八句钟，民军与官军互相开炮，各有微伤。

初四日，民军与官军交战于七里河，互有损伤。傍晚，两军各收队。

初五日，官军进攻江岸车站，前哨已抵一道桥，为民军击退。是地为民军重要之地，有守兵千余，列炮数门，尽力防御。官军以大队未至，故不敢进击。

初六日午前六点钟，驻屯滠口之官军向前进发，抵二道桥，与民军守兵相遇，小战片刻，民军即退。官军进至一道桥，与民军开战，官军发炮术颇精，弹多命中。民军不利而退，官军即进占江岸及戴家山一带之五陵，布炮多门，向车站之民军开击。是时停泊于阳逻之军舰亦驶至，向车站开炮，以助官军，其势甚猛，民军因退至日租界。后官军又进

① 候：原误作“侯”。

逼，民军力不能支，遂沿铁路线退往大智门。官军占有江岸车站，并获大炮枪械若干。是役也，午前七时开战，约战三小时，官军约五千人，民军约二千人，死伤各百余人。午后一时许，民军得武昌援军六百人、炮数门，遂再向江岸车站进攻。官军布队迎击，并用野炮向大智门开发。民军冒弹猛进，一军出跑马场，一军沿铁路线出日租界后，并力进攻。官军于铁路线上排列机关炮，专击沿线来攻之民军。民军遂退伏跑马场两旁，以俟官军之至。官军又分两路进逼，互相奋斗，民军不利，退至大智门。官军乘胜前进，民军又舍大智门而退。时已晚，遂露幕附近以守。是役也，民军之死伤者六百余，官军之死伤者七八百，为近日罕有之大战也。

初七日午前，官军由大智门进攻，民军据歆生街附近为根据地，排列机关炮于要地以阻之。午后仍进攻大智门，以期恢复势力，而官军不为所动，且多发开花弹、机关炮，民军仍退守根据地。至五点钟，民军敢死队自他路进攻大智门，仍不利。

初八日，黎督以新招之军出战未利，因改拨湖南新军三千人，由老将李克果统带，又派武昌精兵二千人，由健将金长统带，又设炮二十尊，以备与官军剧战。上午民军渡江，向大智门与官军剧战，官军败退，死伤颇多。适援兵至，遂复前势，并力击退民军。民军伏民房中开枪攻击，多命中，官军不得进，多死伤者，乃退守原地。是时，官军已得大智门、刘家庙一带，遂有铁路全线。冯国璋本驻滠口以北，至此始进驻刘家庙。当晚官军又以野战炮轰毁大智门一带民房，因民军伏民房中击射，大有不利故也。民军遂退至街市中，坚守要地。跑马场至街市前部，尽为官军所有。

初九日之战，两军互有胜负。是日上午，官军占据汉口，设炮数尊，意欲轰夺汉阳兵工厂。不意先为民军侦悉，即屯兵大智，抄袭其后。一时枪炮兼施，官军不支而退。

初十日，官军之散布于铁路旁者，为第一军第三协之步兵。在玉带门后，置有炮队，在大智门两旁，亦均设炮队。民军亦严阵以待，[①] 盖恐汉口一失，汉阳即危。故抗击之时，奋勇尤倍。两军战至最近时，民军之敢死队伏而不动，迨官军进至一百米，突乃蹶起冲锋，北军死三千五百余人，全军几为所覆。

十一日，汉口官军与民军休战，惟官军仍在汉口华界纵火，居民纷纭逃避。路上往来只有赤十字会员、外国人及官军，民军则尽退入武昌、汉阳。

十二日，汉口官军与民军仍休战，两军各开数炮而已。官军在汉口自初九日晚纵火至今日尚未息，外国人所设普爱医院、育才学堂等亦被焚。外人啧有烦言，华界成为一片焦土。

十三日，汉口官军与民军仍休战，惟大智门以下之官军尝开炮击武昌、汉阳，武昌塘角炮台亦回击之。

十四日午后三点钟，汉口官军与民军交战，萨舰亦在武昌下游开炮助攻。民军乃发青山上之大炮数下，官军不支。民军复派军袭官军之后，获火药十三箱、铜元十四万。晚间民军奋勇前进，胜负未决，而官军即退出火车站，民军伤兵亦运回医治。

十五日，汉口官军与民军又交战，两军互发枪炮，皆不

① 阵：原误作“整”。待：原误作“侍”。

甚得利。民军乃由武昌凤凰山发炮攻大智门，官军死伤甚众，降者约四百余人，分七船渡江安置。官军复设大炮四尊于汉口跑马场，为攻击汉阳之用。

十六日，黄兴统率湖南精兵自武昌渡江至汉口，与官军交战。官军不能敌，弃械投降者数百人，逃亡益多。

十七日，民军与汉口官军休战。

十八日，汉口民军与官军交战，终日未息。汉阳、武昌、汉口三处，均用大炮，彼此轰击，势甚猛烈。官军渐退，将炮车移至租界后面，乃舍大智门车站而去。兵士死者四百余名，[1] 伤者不计其数。

是日之夜半，官军用驳船数只，意欲渡江攻武昌，为民军击退。

十九日，汉口官军千余人，携大炮数尊，由马路至桥口，为汉阳民军所知，遂将龟山之炮连放数次，击散官军之步队。官军亦燃炮回击，汉阳民军幸未损伤，而官军死者约数百十人。其后汉阳、武昌两处，时以炮击汉口之官军。旋有民军游击队数十人，由汉阳上流渡河至桥口，遇官军，遂枪击之，毙多人。午时，官军之驻刘家庙者，以炮击青山之民军，民军亦发炮回击，遂将官军所据之炮台悉数毁坏，即军械亦大半受损。

二十日，汉口官军围攻汉阳，炮声大作。民军炮台回击，傍晚始止。官军又在招商局码头趸船上专击乘船渡江之人，毙者不少。各国领事以其违背人道、公议致书清军统领，不得有此野蛮之举动。

---

① 死者：原脱，据文意补。

二十一日，汉口招商局码头趸船内载有官军数百人，遇船只经过，辄开枪乱击，受伤者甚多，路人亦多被枪伤者。各国领事照会冯国璋，请为禁止。旋为民军由武汉开炮攻击，船中兵死伤甚众。晚八句钟，民军游击队乘夜击官军，官军死伤一百余人，退驻孝感萧家港一带，留三四百人扎桥口。①

二十二日，有官军医官四人从汉口渡江至都督府投降。

晚间，汉口官军开炮击武昌。民军拾得炮子二枚，呈军务部查验，知为萨镇冰所率兵轮之炮子。

二十三日，汉口续到新军二十四车，均服灰色布衣，驻大智门外。时出游行，至花楼街掳取殷实铺户，甚至破扉入内，饱掠以去。

是日，汉口之官军屯聚于招商局内，晚间置四炮于屋间，向汉阳攻击。龙王庙并武昌凤凰山之炮台，亦均互相发炮，十一句钟始止。民军由汉阳炮台还击之，毁其招商屋面之一炮，余遂不敢复击。

是日，官军在桥口一带筑炮台两座，并设行军铁路一条。又在王家墩罐子湖地方设有九寸口径大炮三尊，即以汉之自来水塔为瞭望台。

二十四日，汉口民军侦知租界后面有官军驻守，乃在武昌大堤口以炮击之，误损租界房屋。英领事即与黎督交涉，允嘱各军自后格外谨慎。

是日，午前风雨大作，寒气逼人，官军衣薄苦寒，加之居民逃散，食物无从购觅，饥寒交迫，各有变志。民军侦

---

① 百：原脱。

悉，先在凤凰山、龟山开炮，将官军所储招商局趸船上之粮食击沉，官军大乱，民军乘势分三路进攻。[①] 时值大雨昏黑，官军败走，死伤五千余人，退驻歆生路刘家花园以下。

二十六日，武昌民军于四点余钟渡江与官军交战。时值大雨，进行甚艰，战至夜三点钟时，民军胜，占桥口。

二十七日，黄兴派兵两队攻汉口，一由黑山上面潜渡汉水，一由孝感包围。官军之在招商局码头趸船者，被凤凰炮台击沉，退驻大智门。午时，民军复占跑马场。六时，官军在刘家庙之大营闻警，出大队抵抗，民军退回汉阳，获炮台三尊，子弹无数。

二十八日，汉阳民军于黎明分三路进攻，会合于桥口。午刻，与官军接战，无甚胜负。民军复以绳系空船三四艘，由汉阳沿江直放下游。官军见之，恐其乘夜暗袭，将桥口之兵沿河列阵，各炮齐发，向空船乱击，天明方知中计。当夜，龟山炮台乃以大炮猛击汉口沿岸之官军，死伤甚多。驻于歆生路官军炮队亦发巨炮还攻，至次晨四句钟，民军始将空渡船收回，而官军已扰攘终宵矣。

二十九日，汉口民军与官军交战，适已降于民军之海容炮舰及江贞、江泰鱼雷艇两艘由九江驶汉，行近刘家庙，官军遂开炮轰击。该舰加力驶过，官军乃击最后之鱼雷艇，亦未中。海容见之回击，官军死三四百人。

是日，渡上流，乘虚袭得距汉口六十里地之蔡甸镇。

三十日，汉口民军、官军交战，两军皆用开花弹相击，互有胜负，死伤尚少。武昌炮台又开炮轰击招商局码头，伤

① 民：原误作“革”，据前文意补。

趸船一只。

是日，又克复罗家墩汉丰灰面厂。

十月初一日，午前七时，官军以大炮攻汉阳兵工厂，被民军还炮击退。官军土垱之粮台又为民军大别山之炮击毁。

初三日，汉口官军三千人，衣民军服，持白旗，由新沟设布桥，私与蔡甸来之官军相合，占雨淋山、美娘山等处，会与民军迎战于美娘山，互有死伤。

初四日，汉口官军一镇出全力以争蔡甸下之雨淋山。午后，民军复夺雨淋山，获机关炮二，逐官军于十里堡。

十三日，武汉两军相约停战三日。

十六日，武汉两军接续停战三日。

二十七日，清代表全权议和大臣唐绍仪自汉口至上海，寓戈登路英人李德立君家。午后，往谒民国议和代表伍廷芳君。二十八晨，伍君答谒，遂面订二十八日在英租界南京路之市政厅会议。

十一月初一日，南北两方复订定，自初五日起，接续停战七天。

是日，汉口官军炮击鹦鹉洲。黎督以其违犯条约，照会英领事转诘之。

艺文志上 骈散文

汉津赋

汉 蔡邕

夫何大川之浩浩兮，洪流淼以玄清。配名位乎天汉兮，[①] 披厚土而载形。发源自乎嶓冢兮，[②] 引漾澧而东征。纳旸谷之所吐兮，[③] 兼汉沔之殊名。总畎浍之群液兮，演西土之阴精。[④] 过万山以左回兮，[⑤] 旋襄阳而南萦。切大别之东山兮，与江湘乎通灵。嘉清源之体势兮，淡澶湲以安流。鳞甲育其万类兮，蛟龙集以嬉游。[⑥] 明珠胎于灵蚌兮，夜光潜乎玄洲。维神宝其充盈兮，[⑦] 岂鱼龟之足收？于是游目聘观，南援三州，[⑧] 北集京都，上控陇坻，[⑨] 下接江湖。导财

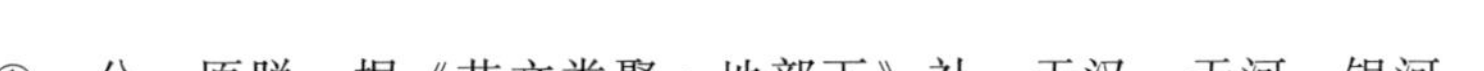

① 兮：原脱，据《艺文类聚·地部下》补。天汉：天河、银河。

② 兮：原脱，据《艺文类聚·地部下》补。

③ 旸谷：传说中日出的地方。

④ 阴精：霜雪。

⑤ 过万：原误作“遇曼”，据《艺文类聚·地部下》改。

⑥ 嬉：原误作“西”，据《艺文类聚·地部下》改。

⑦ 维：原误作“杂”，据《艺文类聚·地部下》改。

⑧ 三州：文中指徐州、荆州、扬州。

⑨ 陇坻：陇山。

运货，贸迁有无。既乃风飙萧瑟，[①] 勃焉并兴，阳侯沛以奔骛，[②] 洪涛涌而沸腾。愿乘流以上下，穷沧浪乎三澨。[③] 觑朝宗之形兆，[④] 瞰洞庭之交会。[⑤]

汉川赠言赋

梁　萧沦

张云麾问望之美，[⑥] 作牧南蕃，维舟江汉，留连饮饯。发迈有期，会面无日。依依别袂，怅怅江干。古人赠别以言，聊为《赠言赋》，曰：

昔人有感于知己，深情投分，于斯已矣。相知势利之朋，实君子之所鄙。静言神交之际，亦难得而具美。[⑦] 岂直鲜其令终，曾自闻其善始。日逾久而益敬，盖惟一人者尔。语同志而好合，谅今古之皆然。苟托御而自说，[⑧] 徐因刍而请前。况英声与茂实，乃绝后而光先。似临潭而对镜，若披雾而睹天。钦爱顾之罔已，良佩服之在旃。资淑美之上才，超群雄而独峻。德既深于万顷，[⑨] 墙有高乎数仞。思若神而泉涌，文如华而玉振。伊薄躯之固陋，谬摄官于夏汭。知美

① 乃：原误作“仍”，据《艺文类聚·地部下》改。
② 骛：原误作“骛”，据《艺文类聚·地部下》改。
③ 穷：原误作“穹”，据《艺文类聚·地部下》改。
④ 觑：原误作“观”，据《艺文类聚·地部下》改。
⑤ 瞰：原误作“看”，据《艺文类聚·地部下》改。
⑥ 问：原误作“闻”，据《艺文类聚·人部十五》改。
⑦ 具：原误作“且”，据《艺文类聚·人部十五》改。
⑧ 苟：原误作“荀”，据《艺文类聚·人部十五》改。
⑨ 德：原误作“法”，据《艺文类聚·人部十五》改。

锦之难裁，处棼丝而易结。幸中途而遘止，仰旌旆之踟蹰。[1] 似德星之东迈，[2] 类祥云之西徂。亟留连于河渚，或终宴于城隅。赏既延于宾友，欢亦洽于仆夫。嗟灰琯之易逝，[3] 慨离袂之云促。惜日车之不驻，[4] 恨流影之难续。观善诱而不倦，餐好音而未足。伫浮云之可寄，愿无比乎金玉。

江汉怀音赋

张　缵

西平邵陵王以亲贤近能，作藩夏首。下走叨窃时命，[5] 驱传湘罗。[6] 久托下风，[7] 素蒙淑顾，及途经鄢郢，淹泊累旬。君王弹随珠于千仞，乃贻之以丽则。[8]《诗》曰："怀我好音。"敢为《怀音赋》云尔。

伊宗周之令望，巡召南而述职。襟带郧夏之乡，宣条江汉之域。服诗书于怀袖，[9] 抱仁义于胸臆。总九德以栖身，[10]

① 旆：原误作"旂"，据《艺文类聚·人部十五》改。

② 德星：古以景星岁星为德星，认为国家有道有福或有贤人出现，则德星现。

③ 灰琯：亦作"灰管"，古代验节气变化的器皿，文中借指时间。

④ 日车：太阳。

⑤ 下走：自称谦辞。时命：不时之命。叨窃：自谦无才而居其位，不当得而得。

⑥ 驱传：传车驿马。湘罗：湘江与汨罗江的并称，指湖南一带。

⑦ 下：原误作"夏"，据《艺文类聚·人部十五》改。

⑧ 丽则：美丽典雅。

⑨ 怀袖：原误作"懔神"，据《艺文类聚·人部十五》改。

⑩ 九德：古谓贤人所具备的九种优良品格。

横四溟而抚翼。[①] 循微躬之末迹，[②] 谬驰传于衡嶷。由洞庭而左转，指鄗澧而为期。仰芳尘于夏汭，[③] 路将近而弥滋。棹陵波以遄骛，[④] 舟望浦而转迟。自清光之未觏，[⑤] 逾一纪以历兹。[⑥] 敢凭情于往昔，逢君恩之未遗。陪桂苑之良游，接兰台之高会。既醉酒以饱德，亦倾羞而缓带。感平原之爱客，[⑦] 伤歧路之难留。恋西园之余赏，泣南浦之徂舟。结烦言于将赠，情有重乎琳球。[⑧] 愿龙门其不见，过夏首而西浮。申服义之未沫，[⑨] 长寄函于还邮。

汉水论一

宋　程大昌

山水之名称、迹道，随势变易，固不可主一据以为定。至于汉之源，必为漾；发流之山，必名嶓冢；入江之地，必近大别。《经》尝明书，以诏后世，使无此山此水则已，如其有之，决不可掇而知他也。今桑氏《水经》曰：汉之源为沔，沔出武都沮县，不出嶓冢也。已又别出一条，始名为

① 四溟：四方之海，亦指天下。

② 微躬：谦辞，卑贱的身子。末迹：喻晚年。

③ 夏：原误作“页”，据《艺文类聚·人部十五》改。

④ 骛：原误作“骜”，据《艺文类聚·人部十五》改。

⑤ 清光：清美的风采，多喻帝王的容颜。

⑥ 一纪：岁星（木星）绕地球一周约十二年，故称十二年为一纪。

⑦ 平原：指战国时赵国公子平原君。

⑧ 琳球：美玉。

⑨ 服义：服膺正义。未沫：不曾休止。

漾，漾至陇西氐道有山焉，始名嶓冢。嶓冢之派，又东至武都沮县，始为汉水。而此之漾、汉，乃络蜀为派，经葭萌、剑阆，至巴之江洲入江。名与《经》同，而其所谓汉，非《经》之汉也。此其说之分于《经》也远矣。《经》之叙汉曰：“嶓冢导漾，东流为汉，又东为沧浪之水，过三澨至于大别，南入于江，东汇泽为彭蠡。”夫嶓冢、沧浪、三澨，今为世传所乱，未易以笔舌折衷，然天地东西之位，亘古今无易也。《经》叙汉漾其初流东，已乃转南，既已入江，则又东下，其位置可考甚明也。以今汉派言之，自汉中至武当则皆东也，自襄、郢而入于江则南也，自合江而入于海，则又复为东。考定其方，则夫水道之与经文，古今悉无二致。而又大别、小别，春秋时吴楚尝陈战于其地，则此水之为《禹贡》汉派，古今知之，更何他疑哉！至于《水经》别出漾水以为西汉者，使其真为《经》之汉派，则自此便皆流东，乃与《经》应而乃有大不然者。自沮县以至葭萌五六百里，水皆西南以流，其偶有一折屈东者，百不一二也。《经》谓沧浪之水，纵无定著，而西南流之，不可指以为东也，必矣。然则《经》以流东书之，而此水乃自西南其乡，其可认以为《经》之汉水也乎？况下流之谓大别者，今汉阳诚有此山，而西汉之合岷江，虽后世傅会，差讹之久，亦无一山尝有饰名以为大别者。则水之所向，山之所丽，悉与《经》背，其尚可指以为漾出之汉乎？《经》虽尝因梁州贡道，有“逾沔入渭”一语。自此以外所谓沔者，绝无旁证。今不据漾、汉之源委者，信其同为一水，而别摭逾“沔”一字，创立水派，乃至分漾、汉而二之，庶无问大禹、桑、郦之孰可信也，第以世数先后断之，孰为处世传未讹之初乎，而直以

为昧昧，亦已左矣。

汉水论二

前　人

古来第有汉中、襄汉之汉，何尝有兴利、阆黎之汉哉？《周官》以荆州为江汉，《诗》以江汉为南纪，春秋之汉东、汉阳、江汉、沮漳，齐威公登熊耳，望江汉，皆荆州也。虽汉之发在梁州正北，故有岷嶓，既艺著之于梁。然此之嶓冢即汉水发源之山，当在今兴元水派东流之地，而非西都以后谓为西汉水者之地也。[①] 况博稽前载，今世之谓兴利、剑汉等，即其州名水道。凡因事而见之先秦古书者，未尝有一语而及汉水，是敢断言其误也。然则其误何起？曰：是有始也。汉高帝之南郑也，即汉中郡名。命国为汉，而汉中之所以命郡者，亦正以《禹贡》汉水立名，而《禹贡》汉水乃今兴元、洋金以下东注而合于《经》者是也。此时未有兴利间号为西汉者之派之名也。帝尝资巴、[②] 渝兵力以定三秦，既得天下，乃置郡乘乡，而名曰“广汉”，以宠光其地。其曰“广汉”云者，则以拓大始封国境为义。如武帝徇杨仆展关之请，而使其家得在关内之意。察其立名，非汉用沔，起义甚明也。自广汉之名跨剑利以南，而西都之世不究其本，遂有误认嘉陵一水以为汉水者。班固仍袭其误，因又明载之，志曰：水，武都受源于氐道而过江夏入江者，是为东汉；出

① 西都：西汉的代称。

② 帝：指汉高祖刘邦。

西县而南入广汉者，是为西汉。东、西汉既已对为之名矣，则又因其水之所原而名山以为嶓冢，因其流之相近者而命之以为潜水。传习既久，至于桑钦、许叔重辈，皆祖本其说，以为诚然。于是《禹贡》之汉，不得为汉，而遂为沔；汉水发源之山不得为嶓冢，而西县之山实得名之，其误已著。至于今之雅年，并西汉水名之误。而秦州又与武都相去不远，则皆有山名为嶓冢，则与古汉全不相关，于此类且言之沿流而失本真，固有不胜其辨者也。且汉嘉、汉寿、汉源、汉初、汉州，皆尝即汉以为之名，世儒因其有是名也，而反举末证本，曰古而无有此水，则安得有此名也？抑不知是名者，其在未名广汉之前邪，抑循沿其后也？若因广汉名郡而移其误于水，因水名之误而移其误于郡县，则其创袭先后之间，一言可判，而何用屑议其末邪？

汉滨赋并序

明　李梦阳

余过解佩滩，忆交甫遇女之事，于心感焉，作《汉滨赋》。

夫何二女之颀丽兮，遵兰皋而并翔。顺微风以鸾顾兮，曳文桂而交扬。蹑云郁之华履兮，皎罗袜以双步。凌汉潭之潫波兮，掇瑶草于芳露。态婉娈以窈窕兮，情同嬉而中乖。超灼灼以齐赴兮，忽含颦而悲偕。眉疑低而复伸兮，唇欲启而羞面。瑳巧笑以回瞬兮，目盈盈而流盼。翩兮惊鸿，恍若袅电。仰西方之纤月，怅邂后于嘉夕。足将移以踯躅，魂已逝而聿役。怍多露于蔓草，矩广汉之贞游。戒有粲之奔密，慕娥英于湘流。挥柔袂以掩涕，寄朋素于明珰。效鸡鸣之赠佩，厉霜心于鲛光。倏潜耀以莫觏，抚冲飙而怀形。睇征云以西迅，裛飘芬而泪零。[①] 面三星以申脉，痗朝阳于首疾。[②] 伊绸缪之幸谅，讵谷焉而同室。

同参知江公、纳言刘公、都护余公汉江泛舟赋

童成叙

临襄樊兮城嵯峨，俯汉沔兮江逶迤。滉漾兮流汰，缥渺兮岩阿。集冠盖兮枉渚，泛楼船兮盘涡。张芳筵兮脍鲜鲤，击鼍鼓兮鸣铙歌。风飘扬兮烟树渺，鸥鹳兮纷驾鹅。濑齿齿兮激石，岸蒙茸兮披萝。眺鹿门兮慕真隐，[③] 瞻隆中兮颂勋华。思销忧兮骋望，悲哀郢兮怀沙。嗟世网兮羁束，淹时序兮蹉跎。奉明恩兮休浣，忽临睨兮潜沱。群公枉嘉蘛琼斝兮颜酡。[④] 云霭霭兮翳日，飙倏倏兮增波。感兹游兮容与，[⑤] 抚淑景兮惠和。矢永保兮修姱，托胜迹兮弗磨。

汉镇堡垣记

湖广总督　官文

窃惟楚北汉口，夙称巨镇。控吴皖之上游，扼江汉之门

---

① 裛：香气熏染侵袭。

② 痗：忧伤成病。

③ 鹿门：鹿门山的简称，在今湖北省襄阳市。后汉庞德携妻子登鹿门山采药不返，后用指隐士所居之地。

④ 蘛：盛大的样子。斝：酒器。

⑤ 容与：从容闲舒的样子。

户。汉阳在其南，武昌居其左。星罗棋布，犄角为三，襟江带河，雄视全楚，诚古今扼要之区也。慨自乙卯秋，毁于兵燹，瓦砾空存。余任兹封圻，[①] 扫荡烟氛、与民更始者，九载于兹矣。乃近年邻氛时犯鄂边，未必不觊觎及此。余览汉皋之大势，筹三楚之全局，慨然曰：是镇也，能不图长治久安之策哉？于是率同文武官绅，采舆论、度地势。议以上自桥口，下及沙包，计长一千九百九十二丈二尺，约十一里许，筑堡开濠，建立炮台，以补长江之险，告之天子，制曰可。询之刍荛，[②] 民曰便。大役兴矣。而工程孔巨，经费不资，可若何？爰集阖镇绅商而谋之，众情允洽，欣然解囊。先得房捐银十万有奇，继获众商捐资十有五万，赖兹裘腋，克济要工。维时遴员选绅，鸠工庀材，诹吉兴工，构木桩以置基，采红石以成垣。开堡门八座，建炮台一十有五，工坚料实，费不虚糜。经营三载，大工乃成。[③] 其形势之雄壮，规模之崇宏，已赫然巩若金汤矣。是役也，余深幸醵资踊跃，众志成城。保汉皋即以保全楚，从此乐与楚人共安磐石也。且不特四方商贾毕萃于斯，即各国洋商，亦咸懋迁服贾，共固藩篱，同资捍卫。益以仰副我朝廷柔远能迩、天下一家之至意焉，故特记其崖略于此。筹款者为湖北布政使厉云官，督修者为汉黄德道郑兰、盐运使衔汉阳府知府钟谦钧、汉阳营游击施鸿恩，监修者为补用知府襄阳同知艾浚美、候补通判张东甲，署汉阳同知萧荫恩、通判玉璋，署汉阳县知县孙福海，即补知县金东昀、李振麟，在籍湖南即补

① 封圻：疆土。

② 刍荛：打柴割草的人，指普通老百姓。

③ 工：原误作“王”。

同知胡兆春，督勇开濠者为协领喜昌、总兵梁宏胜，应得并书。

夏口考

杨 律

汉口一水异名。嶓冢有二源，东流为汉，至大别入江，为汉口，此本名也。西源为沔，径葭萌关入汉，故又为沔口。华容县有夏水，首出于江，尾入于沔。夏水与沔水同至大别入江，故又为夏口，此夏口之所由名也。夏口、沔口，总是汉口。已上三说，俱载《禹贡》蔡注。春秋楚伐吴，薳射以繁阳之师，夏会于夏汭。《行厨集》谓即汉口。《离骚》："遵江夏以流亡，过夏首而西浮。"《一统志》谓即汉口。又云："鲁口即夏口。"鲁肃祠墓在大别，因名大别为鲁山、汉口为鲁口，则夏口仍汉口也。再参之《楚世家》："灵王围徐，惧吴，闻郢都内叛，乘舟将欲入鄢。"《史记正义》云："王自夏口从汉水上入鄢。"《左传》："王沿夏，将欲入鄢。"杜预注："鄢即襄阳宜城县。"灵王自江南上襄阳，汉口必由之路。则所谓沿夏者，非即汉口乎？又参之《南史》："梁武镇襄阳，起兵平齐。出夏口，驻赤嶂，下金陵。"武帝自襄阳下建业，汉口亦必由之路，则所谓夏口者，非即汉口乎？再考《一统志》："吴王孙权在武昌府城西黄鹄山筑夏口城，因正对汉口，故取对岸名夏口。"唐章怀太子注：后汉亦谓夏口戍。故唐史皆称鄂州为夏口。李白《游郎官湖》序云："尚书郎张谓出使夏口。刘长卿诗：'自夏口至鹦鹉洲，望岳阳，皆谓鄂州。'"盖夏口本即汉口，自孙权取对岸名夏口，而汉口遂不复称夏口矣。如谓夏口非汉口，则所谓黄鹄山正对何说也？经史子集，在在可据。人所以纷纷聚讼者，或不知夏水与汉、沔同入江也。本县旧志，亦谓夏口即汉口。又闻此水在华容，夏盈冬竭，故名夏水云。

汉口义冢碑文为徐参议作

顾景星

月令孟冬，掩骼埋胔，所以息蓄沴、达阳气也。汉制因之，刺史守令之贤者，赈恤讼狱而外，视兹为重。宋富郑公知青州，大旱，饥民死者为大冢葬，自为文以祭。康熙辛亥，知备参议江宁徐初入楚境，岁适告凶，多方赈救，所活不下数万人。老弱疾病不起者，量给薪藁。远方饥殍或尸浮江上，多年浅土或狐搰虎跑，公申命地方悉行收瘗，而蕲则耆善某某、僧某某闻声兴作，募筑丛冢，收骨千有余具。汉口近为沔阳流民占寓，负渡为业，小舟凫雁，点点江面，操楫虽多，覆溺不少。公因造快船于沿江险阔处，专伺风泱，赴救覆溺，买田以赡水手，买地以备掩埋。旧日穷苦无力、弃置风雨草莽，及揭橥以待、无人收葬者，而今皆得黄壤七尺、青蒿一丛。呜呼！秦狱之虫，苦酒顿消，蚂蚁之坟，春风乱聚，谁谓死者之无知哉？使上之人宽赋详刑，哀矜勿喜，民得养生送死无憾。物无夭扎，水旱不兴，岂非尧舜之盛治、有司之奉职哉？是用镌石，以彰公德垂永久。其义田若干亩，冢地若干丈，费价若干两，勒诸碑阴。《白茆堂集》

《汉南诗约》题词

雷楚材

从来胜地，必产伟人。自古英流，皆饶杰作。询邺下之名家，才储八斗；问陇西之公子，锦满一囊。籍原襄水，杜少陵之佳什何多；家在眉山，苏长公之名篇不少。况乎峰当翼际，山映星文，流合岷江，波通地脉。耸天半之芙蓉，九真西峙；[①] 界波间之鸥鹭，三眼南横。金牛与白马连群，玉笋对紫霞作障。萋萋芳草，迷离鹦鹉洲边；历历晴川，荡漾凤凰山下。郁盘地气，蔚起人才。骚坛竞上，协凤管于宫商；宝鼎齐扛，纷龙文之错落。丹篆吞余，无心不锦；青莲梦后，有笔皆花。争思抒写性灵，不肯侈夸香艳。或分曹薇省，[②] 早朝壮阊阖之篇；[③] 或淹迹衡门，[④] 夜月写罘罳之句；[⑤] 或遨游而览兴登临，大得江山之助；或颇颔而悲歌慷慨，何嫌块垒之浇。双鬟唱而壁画旗亭，斗酒酣而钵催邸社，[⑥] 莫不逸兴云飞，豪情飙举也。然而浸淫岁月，不尽流传；剥蚀鼠蟫，渐归澌灭。碎壶以往，陈迹无多；覆瓿之余，残缣偶剩。间或购来雕本，集止专家；纵能搜得秘藏，行多脱简。字迹模糊，看去讹治帝虎；声音拗戾，传来调有

① 九真：九真山，原名五藏山，在蔡甸永安镇，距武汉市区三十公里。传说有九仙女曾在此修炼，故称九真山。

② 薇省：即紫薇省，借指中枢要官署。

③ 阊阖：天门，后指室门，亦指宫门、都城、京城，借指朝廷。

④ 衡门：指简陋的房屋，借指隐居者的住所。

⑤ 罘罳：指室内屏风。

⑥ 斗：原误作“牛”。

妃豨。此则不无人往风微之感，弥切碑残碣断之忧矣！爰乃广以搜罗，不使珠遗沧海；勤为订考，务令玉积荆山。琳琅满目，如登委宛之峰；璀璨连篇，俨入波斯之市。嗟乎！集腋成裘，恒资襞积；酿花做蜜，颇费经营。辑成脞录，无非芍药之花；藏入巾箱，尽是珊瑚之树。拟搁笔于黄鹤楼头，应推绝唱；索解人于伯牙台畔，定有赏音。

四官殿碑记

熊伯龙

五行皆生人之资，独火烈，民望而畏之。盖有神焉，不可度思矣。苟祝融煽祸，而当事者漫不经心，吉凶同患之谓何？何燮理之为也？楚介南服，火德居望。而汉镇又适当五达之衢，黔庐赭壁，何时蔑有。人共知其为竹篱茅舍之所致，而终莫敢有建议毁易者。盖凡民可与乐成，而难于虑始。自非有实心任事之监司主持其上，奉行唯谨之守令劝勉于下，求其能任德任怨也，戛戛难之。天佑南国，萃此吉人。方伯刘公，臬司陈公，监司饶公、王公、朱公及都阃钱公，商同我守宪程公，毅然下诛茅之禁，檄行郡县，易以甓壁。维时太守杨公、邑侯侯公，实左右之。下逮县尉李君、镇司王君，亦骏奔恐后。旬月之内，向之黄茅白苇，一望而百堵皆兴。苟非循良素著，何以得此于民哉！乃公等犹谓人事之已尽，未必天数之常亨。敬诣祝融，为民请命。爰是自步江浒，见有四官之旧庙在，輾然喜曰：有是哉！江汉合抱，洒沈淡炎，此真水火既济之乡，神灵凭依之所乎。各捐俸金若干，并及本郡绅衿商民量力资助，革故鼎新，而庙貌

由是改观矣。乃或者不察，徒以泛泛祈禳视之，不已过与。夫许不吊灾，君子恶之，谓其不近于仁耳。他若反风灭火，事涉不经者，皆吾儒所不道，曾大君子而出此乎？《春秋》书昭公十七年有星孛于大辰，后汉晋梓慎知其将火，郑裨灶又谓能弭火，不用吾言，将复火，乃国侨卒不用灶言，而亦不火，非修德而灾不能侵之明验耶。今乃以天道杳茫之故，徒乞灵于土木庄严之相，予固知公等之必不出此也。盖公等意念深矣。诛茅之禁，既有以尽人事之当然；庙貌之新，又有以回天意之或然。且以示后之接踵莅兹土者，瞻宫庙之嵯峨，发晨钟之猛省，入庙思敬，固即荧惑退舍之大本云。

《汉口丛谈》序

熊士鹏

癸未人日，[①] 冒雪赴西城饮。归自黄鹄山麓，至东坡，一路瑶林琼树，朗朗如在玉山上行。甫入门，呼儿煮雪烹茗，见范君白舫《汉口丛谈》列几上，乘醉披读，遂至终卷而止。白舫有俊才而家贫，工诗，尤善词，合姜、史、苏、辛为一手，[②] 浙东西无出其右。游汉上，与常芝仙交最久。[③] 芝仙善画，白舫善词，得两人一画一词，世称双绝，皆隐君子也。尝持《苕溪渔隐图》示予，见图中题跋诗词，俱超逸有致，庋置箱箧者四三年。忽传白舫自巴东来，始促予题其

---

① 人日：正月初七。

② 姜：南宋词人姜夔。史：南宋词人史达祖。苏：北宋文学家苏轼。辛：南宋词人辛弃疾。

③ 常芝仙：常桂道，字芝仙，工于书画。

图云："苕水泠泠霅水潴，[1] 瓜皮流入范蠡湖。[2] 分明自号鸱夷子，[3] 又作烟波一钓徒。"盖赞其高也。白舫因为予述巴蜀山水之奇，与临洮陆秀三携酒，下榻于巴山瀼水间，恋恋有故人情。秭归为屈清烈公故里，[4] 旧有祠。秀三于正月庚寅招白舫，[5] 具酒浆果饵，为文以寿于祠下。白舫以事牵未来，亦谨寄桂蕊一器、《湘月词》一阕以助祭。予读秀三文佳，白舫词亦佳，灵均之后，[6] 又得二妙矣。白舫初在汉上，与黄谷原同居，其相莫逆如芝仙。后谷原屡徙于鄂，始克卜筑于胭山之东，予亦弃官隐东坡，与谷原相邻近。白舫既时时过从，又尝得芝仙作渡江游，俾予周旋，跌宕其中。携手登城楼，见郭外左江右湖，远峰近峦，送夕阳，迎素月，以抒写其胸怀诗画之趣。楚中自有此山水来，不知其几千百年，未见有嵚崎历落如吾数人者。世徒逐逐车尘马足间，且或嫌其荒远辽阔而置之不必问，然后知山水诗画之奇，往往见厄于热客要人，而为嵚崎历落之士所心赏者，亦未易多觏，乃至今而始有吾数人，不可谓非兹地之幸，抑此中或别有数焉存乎。白舫既以其在汉上闻见者编为《丛谈》，予亦以其在荆湖采录者汇为《知旧诗钞》，其意岂异也？自古羁人游士所过通都大邑，必有山水供登临，山水之隐见异

---

① 泠泠：原误作"冷冷"。

② 瓜皮：瓜皮船，亦称瓜皮艇。

③ 鸱夷子：范蠡献计助越王破吴，后见越王薄情寡义，扁舟遨游五湖，自号鸱夷子，亦作鸱夷子皮。

④ 屈清烈公：屈原。

⑤ 正月建寅：即正月初七，屈原诞辰。

⑥ 灵均：屈原字。

同，必有诗词备考证。其错处乎山水者，古寺名刹足以寄啸傲；其传述乎诗词者，高贤逸民足以资搜罗。短裁促笔，各自为书。前人如《吴船》《入蜀》,① 其最著矣。近世则有余澹心《板桥杂记》，亦未尝废焉。然此只可与嵚崎历落者道，亦难为热客要人言也。因走笔书于卷首纪其实，而夜漏三下,② 户外已堆雪一尺余矣。东坡愚弟熊士鹏拜撰。

西来庵碑记

黄　澍

大清受命，方懋厥德，山川鬼神，亦莫不宁。先是二年乙酉，大司马佟公秉节钺拜命南征，北至南条荆山，南尽衡山之阳，惟是振詟万里，钟鼓式灵，公之化行，自南国始也。江汉士女，当巨寇发难，以诎肢体、残毛发，仳[illegible]如落星，受痛似顽石。楚之氓之无乐郊也几十年，所自我公督楚，入吾民重胎而更化育之，鞠鞠然父母也，规规绳绳然师保也，温然春也，廓然万间屋也，悯悯然佛也，春容宽大、适适然仙也。楚民甫脱汤火，出登春台，其能一日忘公哉！汉之人祠公，澍来楚也晚，未及文以寿贞珉。越明年丙戌，公又受弓矢，征南服之不庭，南人投戈，有苗来格，公方归，受赈于朝，弭节汉土。是公三年前栉风沐雨之所及也，是公左匡文右绳武劳来教训之所集也，是公春风风人、夏雨雨人之所治也。汉上诸侯会于此者，睇山河之叠渺，俯舲舶

① 《吴船》《入蜀》:《吴船录》《入蜀记》。

② 夜漏：夜间的时刻。漏，古代滴水计时的器具。夜漏三下相当于半夜十一时至翌晨一时。

之巍峨，视骀黄之新劝，[①] 溯谷岸之旧德，何一非公威神德业之渍被？而公犹谦让未遑，视贤若渴，见善如不及，一民饥曰我饥之，一民寒曰我寒之，一民失所曰我失所之。征之外传，凡龙兴之彦，天上星，山中僧，世外精，皆非常才，而为渊岳不敢蓄。所以公一出而东南底定，再行而江汉澂清，[②] 事事不朽公。而公翻托其意于一椽一舍、一瓦一壁，以不朽公者不朽佛，西来庵之所由起乎！庵址滨汉之北岸，当是公曩年眺览游玩之所，今廓其基而光大之，意亦如陶八州之寒溪、李药师之东武、郭令公之夜光寺、韩蕲王之翠微亭，圣贤豪杰都有寄托，以寓其悲世悯人，急切婆心，唤醒沉迷，一切是我现佛身说法，始终胎吾民而化育之之意乎？是役创始者公，乐与公同其事者藩王勋贵各捐重资。子舆氏有言："君子莫大乎与人为善。"后之君子庶几居者有鲁灵光之思，游者有召伯、甘棠之咏，西来庵得公不朽矣。

春秋楼记

刘　曾

夫楼何以春秋名也？考《春秋》系鲁史。东周以还，王纲欲坠，我孔子惧万世君臣之道不明，不得已而以宗鲁者宗周，托《春秋》以见志，此"春秋"之所以有其书也。若汉，自灵、献守府，无异东迁，[③] 而当时汉统在蜀，我关夫

① 骀黄：犹言骀背黄髮。代称老人。

② 澂：同"澄"。

③ 东迁：指周平王东迁故事，喻汉室衰微。

子欲以存蜀者存汉，志《春秋》之志，此“春秋”之所以有其人也。汉阴之西北隅，秦晋诸君子建关夫子庙，后起危楼，规模宏丽，肖夫子读《春秋》像于其上，此“春秋”之所以有其楼也。呜呼！麟经一书，[①] 系万古纲常，当其笔削独断非所称，游夏不能措一辞，[②] 而公、谷、左、胡仅得其貌焉者邪！我夫子以布衣起戎行，跄跄于金戈铁马之间，而讨贼大义，如揭日月。东鲁心传，[③] 若合符节，是岂必斤斤焉取二百四十年之史，如经生家呫哔穷年、[④] 皓首一室，搜遗迹于往帙，讨故实于残编也耶！则夫子所读之书，谓鲁《春秋》也可，即谓汉《春秋》也亦可，吾因之重有慨矣！当日周德虽衰，而鲁有圣人；汉祚虽微，而蜀有夫子。乃一则坐老洙泗，而东周之志托诸空言；一则困守弹丸，而灭魏歼吴竟成遗憾。岂天之所以位置圣人者，独此杏坛一片席、荆襄一块土哉？亦何遭遇之穷如是耶？今试登楼以望，彼武昌、夏口之间，月明星稀，横槊而赋者，犹有存焉者乎？东指吴会，彼楼船铁锁、拥三世之业而据长江之险者，犹有存焉者乎？嗟乎！铜台消烟、吴宫埋草，亦知数千百年后，摩荡日月、倚仗乾坤，巍巍然与鲁之东山相峙，而有此春秋楼者乎？吾愿登斯楼者，毋徒咏汉阳芳草与晴川黄鹤，同为嬉游眺览之所。盖所以作忠臣义士之气，而非以供骚人墨士之

---

① 麟经：即《春秋》。因其书止于“获麟”，故称“麟经”，有时也称“麟史”。

② 游夏：子游（言偃）与子夏（卜商）的并称。两人均为孔子学生，长于文学。

③ 东鲁心传：指孔子之道、《春秋》大义。

④ 呫哔：诵读。

娱，此春秋楼之所以有记也。或曰：夫子之神在天下家户尸祝，而成斯楼者皆秦晋人，意者其有私祝欤？余曰不然。譬之日月经天，薄海同照，而扶桑、昆仑之区，炙光倍近。夫子晋人也，而秦与晋邻，亦若扶桑、昆仑之民，虽不求私照，而得以习睹日月者，天下莫得而逾也。我秦晋人之成斯楼者，亦若是焉云尔。

豫成园记药王庙东厢别墅

程　秉

王冕三间之屋，只种梅花；子山数亩之庐，略栽修竹。岂不延云受露，借月支风。特是丘壑廖廖，未免谷因愚辱；池台落落，固应斋以萧名。居仅容间，乐刚宜独。至若辇山沟涧，迸岩泉于阛阓之中；卜筑买邻，湛水木于喧嚣之外。潘岳面城而发遐瞩，晏婴近市而契渊襟。佳辰适足雅游，上日每饶胜集。[①] 莫不绡纨綷縩，丝竹骈罗。慕梓泽之华奢，[②] 踵辟疆之幽邃。[③] 知不徒巢中日月巢父栖迟，壶内山川壶公容与者矣。则有豫成园者，为覃怀同人之肇修，即汉上寓公之别业也。乃瞻梵宇，傍达芳园，筑之登而削之凭，豫顺以动，浏如蠲而印如积，聿观厥成。十亩之间，百步以外，慧斐之园离垢，自辟畦町，太素之馆逍遥，别有天地。冈峦穷其迤逦，院落写其参差，巡檐牙以相羊，[④] 步廓腰而延伫。

---

① 上日：朔日，即农历每月初一。亦指佳日，佳节。

② 梓泽：晋石崇别墅金谷园的别称，此园极尽奢华之能事。

③ 辟疆：晋顾辟疆的名园，有池馆林泉之胜，号“吴中第一”。

④ 相羊：亦作“相佯”“相徉”，徘徊。

玲珑其构，周匝而观。其为楼也，绀椼镂楹，朱甍碧瓦，摩天百尺，蹋云甍梯。铃忽语而风交，帘乍钩而月上。排闼则远山几叠，倚栏则长笛一声，聊以留仙，亦堪招鹤。其为堂也，循修弄以径入，趁重扉之未扃，屈戌金摇，[①] 罘罳绮合，药为房而窅窱，兰作室而萧森。匡床则焦尾横陈，[②] 松脂递润；邺架则押头参错，[③] 篁粉常沾。深柳读书，木兰挥翰。俄生虚白，更落遥青。其为亭也，长短若连，方圆不定。藤萝代幛，薜荔为墙。入窗而朝爽方凌，半角而夕阳未敛。载问奇之酒，月酌成三；催喜雨之诗，烟寻再四。垫巾客到，蜡屐人登。其为沼也，半亩初开，三篙始涨。盈盈者水畅灵均泽畔之吟，苍苍者葭溢蒙叟濠梁之趣。鱼游吹雪，鹭点栖烟。花乱落以千红，峰倒涵而一碧。依稀桃渡，近遮斗鸭之栏；仿佛柳塘，遥接听鹂之馆。墨香洗砚，莲动湔裳。掬竟难盈，流远可枕。其为石也，粼粼之质，皓皓之姿，攻以他山，介如终日。一卷渐积，灵岩之险怪争驱；数笏频堆，叠巘之巑岏竞起。初平叱咤，颠米摩挲。状齐女之宿瘤，[④] 类丈人之痀偻。[⑤] 苍苔易践，绿萝可扪，环之奥窔，缭以逶迤。其为树也，老干维乔，新阴可结，轮囷葱茜，羃

---

① 屈戌：门窗、屏风、橱柜等的环组搭扣。明代陶宗仪《辍耕录·屈戌》："今人家窗户设铰具，或铁或铜，名曰环纽，即古金铺之遗意，北方谓之屈戌，其称甚古。"

② 匡床：安适的床。焦尾：焦尾琴，古代四大名琴之一，泛指好琴。

③ 邺：邺侯李泌。韩愈《送诸葛觅往随州读书》诗："邺侯家多书，插架三万轴。"后世因以"邺架"比喻藏书处。押头：书籍的题签。

④ 宿瘤：宿瘤女，战国时齐国人，智明睿智，形貌端庄，只是脖颈长有一肉瘤。后代指丑女。

⑤ 丈人：汉阴丈人，出自《庄子·天地》。

历扶疏。碧浸横而云浓，青覆檐而雾重。何处飞来乌鹊，匝绕方三；此中巢到鷦鹩，枝栖惟一。槐花扑地，有径皆黄；榕叶满庭，无天不绿。既上蟠而下屈，亦左攫而右拿。种松看作龙鳞，养竹期闻凤哕。然而光阴自转，风景常殊。春则东阁红嫣，夏则北窗绿净，秋则月娟山馆，冬则雪聚林皋。晴媚晚霞，雨滴空翠。四时不改其乐，半日又得余闲。送袍推襟，① 掎裳联襼，借山林以消尘务，亲泉石而豁性灵。况复报李投瓜，维桑与梓。他乡苹合，庶适馆而授餐；此地花开，可班荆而道故。人多旧雨，树有新烟。大山小山，春社秋社，酒旗戏鼓，时张樱笋之筵；帽影衣香，偶趁敦槃之会。江皋图画，嵩洛精神，不乏古欢，都忘羁旅。寻蒋生之三径，② 宾至如归；觅幼舆之一丘，③ 客来不速。此固悦亲戚之话，成雍睦之风。岂止务游欢、极宴乐已哉！仆也居邻汉广，生本楚狂，胸有千间，家无二顷。陟冶城而褱想，④ 盼秋水而驰神。游于北园，无逾我里。因歌《伐木》，用占盍簪。⑤ 问花而鸟使先邀，看竹而主人俱在。兰当解佩，叨陪北海之尊；⑥ 薇可浣毫，遂作西园之记。

---

① 袍：原误作“抱”。

② 三径：晋赵岐《三辅决录·逃名》：“蒋诩归故里，荆棘塞门，舍中有三径，不出，唯求仲、羊仲从之游。”后因以“三径”指归隐者的家园。

③ 幼兴：谢鲲字幼兴，东晋时人，好《老》《庄》，善奏琴，寄迹山林。

④ 褱：同“怀”。

⑤ 盍簪：指士人的聚会。

⑥ 北海：汉末孔融任北海相，人称孔北海，亦称北海。北海之尊：亦作北海樽。孔融好客，其宾盈门，有“坐上客恒满，尊中酒不空”之语。

白蘋洲记

程　秉

白蘋洲者，茶社名也。主人王姓，迹类枝栖，名叨市隐，环之以堵，洽比其邻。地惟占以数弓，斋更量夫十笏。生涯本淡，非黄公卖酒之垆；笑语常喧，岂白傅逃禅之社。爰有息肩热客，聊以涤烦；伫足劳人，于焉疗渴。主人则呼童涤器，命仆瀹泉，灶暖烟清，瓶香水活。雅贪七碗，[1] 居然满座卢仝；请试一枪，[2] 不减当年顾渚。[3] 虽然家徒四壁，恐类萧斋；屋仅三间，几为陋室。尔乃开池受月，砌石延云，四株五株之花，三竿两竿之竹。况复米家画舫，借可卧游，周昉屏风，拼将闲倚。廊以回而窅窱，窗因厂而玲珑。佐晋人之清谈，设桓氏之寒具。[4] 暖风人醉，会须茗饮三巡；寒夜客来，认取灯县一点。慕汀洲之寄托，宛在中央；挹蕡藻之芳馨，何干众草。我非陆羽，到来惟课《茶经》；君是王蒙，供给勿嫌水厄。[5]

---

① 七碗，指代“茶”。典出唐卢仝《七碗茶》诗。

② 枪：茶芽如枪，指茶品質好。

③ 顾渚：顾渚紫笋，唐时即为贡茶，陆羽论为“茶中第一”。

④ 寒具：一种油炸的面食。

⑤ 水厄：三国魏晋以后，渐行饮茶，初不习惯者，戏称为“水厄”，后亦指嗜茶。

募助后湖避水引《绿溪草堂集》

张宏殿

茫茫泽国，野水连天，渺渺长堤，洪涛匝地。竹篱茆舍，何堪任此飘摇；土壁荆扉，竟尔遭其汨没。儿啼妇泣，卑湿难安；浪打风摧，起居未稳。层波浩浩，将沈屈子之魂；逝水滔滔，几作帝娥之石。① 穷愁莫诉，情景堪怜；爰布片言，遍申同志。或赠范舟之数斛，俾济燃眉；或脱孔辔之两骖，另图容膝。迁乔出谷，群欣桑土绸缪。革故从新，竞喜索绹缜密。仰供俯蓄，免叹蓬飘；夜寐夙兴，均叨樾荫。覆巢之鸟，不致无枝可栖；漏网之鱼，犹幸有波能逝。虽作众心之福，实生比户之欢矣。

募修汉镇新安书院序

毕　沅

汉镇为楚省通衢，远方士商辐辏云集于此，一大都会也。向建有新安书院，奉祀徽国文公栗主。② 凡我同郡之士，往来过从，即次如归。非独团聚乡井，且以寓羹墙先哲

---

① 帝娥：指帝尧二女。传说舜死于苍梧，二妃娥皇、女英（尧之女）寻至南方，死于江湘之间，为湘水女神。

② 徽国文公：朱熹，徽国公是后世帝王加封的爵位，又是其谥号。栗主：牌位，也叫木主、神主，用栗木制成，故又称“栗主”。

之意。[1] 盖肇自康熙甲戌，乡前辈捐资共创，阅丁酉有西厅之举，辛丑有义学讲堂之设，至乾隆乙未，复开康衢，以通商旅，并置市屋十余椽，取给租赁，以足春秋二祀之需，固井井有条。第历年久远，风雨飘摇，栋梁剥落。且地形坎窞，积水漫溢。岁次戊申，遭汉镇水患，水积数月，后檐墙垣又复颓塌。若不及今修葺，难免前功隳毁。余自戊申奉命持节来楚，于今七载，幸得岁物丰成，而民气恬宁。今年春，乡人汉临、衡士等集同人为请曰："此书院之议修举久矣，顾筑室道谋不成，且以物力维艰，又各因他故未暇。今幸明公屏翰三楚，惟此福曜所临，莫非天作之合。念此工程浩大，非撮土可成，必赖众擎则易举。且北构文昌阁，西开宴射轩，前人已立成格，空余基址，有志未逮。某等公议襄此钜役，愿公赐一言弁首。"余惟江汉名区，南北往还，会馆之设，所在多有。而新安之以书院名者，独以文公之乡而重也。余世家新安而通籍于吴，念乡人之为此举，无非充其好义乐善之怀，而维系桑梓之本，且其所以恪守文公之道谊家法者深矣！余特述所以谋始之意如此，惟冀同乡诸老，体昔贤缔造之难，为后起观型之劝，交相乐助，共破悭囊，鸠工庀材，刻期告竣。俾馆舍如旧，规式一新，往来者有于处之安，而免琐尾之叹，则余于诸君有共乐焉。是为序。

---

① 羹墙：《后汉书·李固传》："昔尧殂之后，舜仰慕三年，坐则见尧于墙，食则睹尧于羹。"后以"羹墙"形容仰慕圣贤。

汪文仪传

熊锡履

新安汪子文仪，讳璿庠，讳璲，号默庵，顽叟其晚号也。生而颖异不凡，四岁见垢中有金器，弗取归，闻以失环诘侍婢，逌指其处得之。九岁通经书，善属文。十三值国变，暂撤制艺，[①] 惟事节录理学诸先儒书，沉潜体认，慨然具希贤之志，昭然有黑白之分焉。父惟晦公以孝友闻，璲承之愈笃。有弟三人，早年痛弟璞不寿，呕血数升。厥后复哭其季，血症又作，几毙。尝叹今人于妻子则曰分内事，于父母则曰有兄弟在。至于兄弟之伦则久不讲，尔我较然矣。即有资助，周之已耳。殊不知分形一气天合，固无可比也。所以古人不曰"宜尔兄弟，如夫如妇"，而反曰"宴尔新婚，如兄如弟"。璲家三百余指，待哺一身，手口卒瘏，而丝粟不私，老死不二，故能先行后从如此。壮游三吴，闻东林讲洛关之学，[②] 遂执贽高汇旃先生，[③] 会讲印证，邮筒往复者，四十年如一日。其论学书有曰："朕兆之说，发自梁溪。盖见金溪所托于孟子，先立乎其大者，及求放心、良知、良能等语，未暇推勘。因谓入道各有派别，若孟子之于孔子，气象迥不相同，断以吾儒学脉有二，孟子微见朕兆，朱陆遂成异同，文清、文成便分两歧云云以调停之。以为学陆王者之

① 制艺：八股文。

② 洛关之学：程颢、程颐的洛学和张载的关学。

③ 高汇旃：名世泰，江苏无锡人。崇祯年间进士，官礼部郎。明亡之后，不复出。主东林书院三十余年，阐程朱之学，学者宗之。

敝，而非陆王之自为敝也。不知金溪、姚江，当身阳儒阴释，欺己欺人，心劳日拙，已自一齐差却，岂待学者而后流而大坏也哉！故窃疑发此语时，似未得读清澜之书，良有以也。且毋论其是调停与非调停，细研此语，原自有病。《说文》曰：'几微形见，谓之朕兆。'然则朕兆者，其未著未显之异同两歧乎？异同两歧者，其已著已显之朕兆乎？微见者，其遂成便分之所由始；遂成便分者，其微见之所由终乎？盖道岂容有二，以为气禀则不止有二，律以文章脉络，得毋等孟子于陆王乎？夫歧孟子与孔子而二之，与等孟子于陆王也而一之，皆不可也。在先儒一语之偶误，原不宜过为推求，今援为甄别先儒之定论，则恐伪以传伪，所失非浅鲜也。"娓娓千言，其严辨如此。中年学《易》，晚而成书，大抵以闲邪为存诚之学，素位为寡过之方，是诚有得于《易》者。著有《读易质疑》《语余谩录》《周易便读》《平点学蔀通辨》等书行世。年七十四，乙酉，卒于汉寓密窝。越丁亥，始闻讣于其从弟珽。为位而哭以诗，悼斯道之益孤也。其一曰："皓首穷经斥异闻，扶节担笈总论文。新安家学堪千古，江汉先生又见君。"其二曰："交深契厚已多年，荏苒浮沉各一天。自恨虚生长面靦，逍遥曳杖让君先。"今春，余以省墓还楚，其孤匍匐舟次，乞一言为先人光。往来江上，仓卒未能也。暑退凉生，检阅其状述及遗书，而高生大西适至，重以为请。两姓道义之交，盖三世矣。因力疾诠次其学行以答其意，且以见斯人之自有可传，而亦以见余畴昔缔交之不苟。若夫《易》解之精详，文章之醇肆，有目者自能知之，何俟余呶呶为？子一，曰钧，廪膳生。孙三，曰震亨、升元、师贞。

论曰：国初士大夫惩前朝之祸，深晦讲学之名，有言东林二字，辄口噤而不敢应。赖梁溪二三遗老守先待后，为兢兢耳。汪子生紫阳之乡，[①] 裹粮走千余里，拜道南而从高氏游，[②] 通紫阳之志，使东南学脉称会归焉，厥功懋矣！然《书》有之曰："非知之艰，行之维艰。"观其修身教家，无疚无恶，以睎大侈口而谈道学，与缄口而不敢出者，其相去何如也？噫！希贤之志，吾谓惟汪子践之。时康熙岁次戊子桂月中秋日，濮川熊锡履拜书于清凉旧圃。

御书楼题辞《汉口紫阳书院志略》

潘宗洛书源

繄书院之枕汉滨兮，屏木兰而几大别。中有缥渺之飞楼兮，瞰江南而踞湖北。吾徽人士之肯构兮，仰止乎紫阳夫子，而景行列圣相传之道脉。余家自婺山迁于荆溪兮，荣叨一第侍讲于经筵之侧。[③] 沐君恩之浩荡兮，沅芷畹兰命衡文于三湘七泽。向宝吾皇大书子朱子之诗兮，颁宸章于秘笈。[④] 意临池之染翰兮，必有取乎六义之精切。[⑤] 赐微臣之

---

① 紫阳：朱熹。

② 道南：杨时，字立中，号龟山，福建三明人。他是成语"程门立雪"中的主人公，程颢送其归，对人言"吾道南矣"。后人称杨时为"道南第一人"。高氏是"道南衍派"的时贤，即高汇旃。

③ 经筵：汉唐以来帝王为讲论、经史而特设的御前讲席。

④ 宸章：皇帝所作的文章。

⑤ 六义：《诗经》学名词。《诗·大序》："诗有六义焉：一曰风，二曰赋，三曰比，四曰兴，五曰雅，六曰颂。"

讽咏兮，勉励乎风雅比兴之法则。选良工镌于贞珉兮，[①] 以垂圣泽于无斁。庆斯楼之齐云兮，离奎壁而咫尺。[②] 乃择吉以正位兮，表风云之遇合。士庶群瞻而胥乐兮，共讶赤文绿字之奇特。等神农之穗书兮，类伏羲之六画；状笔力于千钧兮，化右军之八法。俨神虬之戏海兮，驾浪腾空；譬彩凤之鸣冈兮，朝阳振翼。瞻龙跳而虎卧兮，岂人间之所易得。爰额斯楼曰御书兮，至大至高而不亵。若夫序寂灭为圣教，摹虚无云道德，匪不笔超而墨逸兮，乌敢拟我天王之睿哲。文明崇吾夫子之道于亿万斯年，而光昭乎日月。

半亩池记

汪　份

池颜半亩，本夫子之诗也。[③] 天光云影，池中之景象若隐若现，而源头活水果能识所从来乎？盖吾人各具方塘，各有活水，汩汩没没，不觉其鉴也，不知其来也。徘徊斯池，徒为半亩囿，已可慨已！兹于尊道堂后凿斯池也，要使学者尘净天空，涵煦万有，溯流穷源，触处见道。夫水凝则垢，活则清，日日清，又日清，源头在我矣。故其渟蓄不泄，得坎之道焉；含宏光大，得坤之义焉；满而不溢，得谦之用焉；顺澈流通，得巽之旨焉。将见云净池虚，天鉴鉴人，人

---

① 贞珉：石刻碑铭的美称。

② 奎壁：二十八宿中的奎宿和壁宿之合称，旧谓二宿主文运，故常用以比喻文苑。

③ 夫子之诗：朱熹《观书有感》：“半亩方塘一鉴开，天光云影共徘徊。问渠那得清如许？为有源头活水来。”

鉴鉴心，则半亩中一鉴道源，洋洋乎随在，皆夫子之德。水谓为天池也可，谓为文渊学海也可。是为记。

愿学轩记

董桂敷

山不能皆泰华，川不能皆河海，光辉照临不能皆日月，此宇宙之精英间气所独聚，虽造物亦未由自主者也。人之有孔子也，犹夫泰华、河海、日月也。自开辟以来，天地之生人，不知其几千万亿矣，而不闻有二孔子，天地之所穷也。然而穷于势而不穷于理，理有所不可穷，则人不得诿其咎于天，天亦不能限其量于人，此孟子所以有愿学孔子之说也。夫孟子之视孔子有间矣，而其言曰“人皆可以为尧舜”，曰“圣人先得我心之所同然耳”。虽推孔子为生民未有，而志愿所在，不以自外，何也？其同然者天命之性无不善，而其皆可以为者则存乎其人之学，有圣性而益以圣学，孔子之所以为孔子，由所性而学圣人之学。孟子所以结愿于孔子，此固非孟子一人之私言，而天下万世人人之公言也。然而孟子以来，抱此愿而无忝者几人哉！汉世人才称盛，学之醇者惟董子。唐之时有韩愈，其言曰：“孔子传之孟轲，轲之死，不得其传焉。”则未尝以斯道之传归董子也。而韩子之学，其于孟子果若是班乎？迨宋周、程、张诸大儒出，始能上溯道统之源，而我朱子集其大成，乃为孟子以后第一人。其学则自格致、诚正以及修齐治平之道，无不体用具备。然则朱子之学，孟子之学也，即孔子之学也。其所愿同于孟子，故其所学至于孟子，则谓孟子之言即为朱子道也可。今夫如堂如

防，隒者、隓者、岿者、嵷者、峤者，其巉岩耸峙，皆学乎泰华者也；岷嶓之原，桐柏、鸟鼠、熊耳、王屋、百川之流，逶迤奔赴，皆学乎河海者也；荧惑、太白、岁星、辰星、镇星、二十八宿之灿著，皆学乎日月者也；自天子以下公侯、卿大夫、士、庶人，皆学乎孔子者也。其所学者何也？君臣、父子、夫妇、昆弟、朋友之伦，视、听、言、动、日用事物之则。推而至于天地、日星、风云、雷雨、山川、草木、鸟兽、金石之变，礼、乐、射、御、书、数之文，阴阳、鬼神、寒暑屈伸往来、进退存亡之理。即物以致其知，本身以践其行，无间于须臾，无移于异术，敬修其可愿，如是焉终身而已矣。苟能如是，是即朱子，是即孟子也已。则谓孟子之言，即为天下后世之为学者道也可。新安书院于主敬堂之西轩，署曰“愿学”。余来斯轩，诸君曰“愿有记”。因述其义而著之。若谓谦让不遑，自托于公西氏未能愿学之列，则非所以名斯轩之意也。

近圣居记

董桂敷

方丈之居，盈尺之几，可以置笔砚、摊经史，亦足欣然自得，无求于外者矣。然而境之所处，有不同焉者。今夫荒山深林，穷谷僻壤，无弦诵之声，温文尔雅之士，日与樵夫、牧竖相游处，则茧室也陋矣。蓬户瓮牖，板床将穿，妻孥戚戚，声聒于耳，米盐之末，摒挡凌杂，则环堵也困矣。衡门近市，湫隘嚣尘，入营锥刀，出咨货贿，时或佣夫丐徒，喧呶叫啸于侧，则敝庐也俗矣。夫求大木者必依于山，采珍贝者必宅于水，天下之至情也。岩峦石罅中有珠璧，则十里之内草木皆生其辉。澄潭巨浸中有玭珠，则一川之流沦澜并写其韵。非草木沦澜之独异也，其所附近之势然也。孟子曰：“游于圣人之门者，难为言。”非圣门之士独异也，亦其近于学问者然也。彼夫百世而闻风，千里而声应，离远近之迹以求之，则凡亘宇绵宙，皆得谓之为近，原不在区区咫尺之间。若乃太甲之徂宅、孟母之三迁，则实以居止之近而移其性。故谚曰：“近朱者赤，近墨者黑。”言乎身之所习，必将有所转移变化，触于外而动于中，此即“择不处仁，焉得智”之说也。昔者鲁恭王坏孔子宅，升堂闻壁中有金石丝竹之声，乃不坏宅。夫以旧宅之壁而有金石丝竹之声，足以动后世之王公贵人，则知圣贤精灵之气随所托而呈露。苟以吾儒亲炙其间，其所感发当有不知其然而然者矣。新安书院于正室后之西北隅，因隙地为室，广不过一弓，而幽静雅洁，足以读书考道。异夫前之所谓陋者、困者、俗者，故取《孟子》终篇之语，颜之曰“近圣居”。近朱子也，近道也，即以近夫千古而上之圣人也。曩余幼时读书紫阳阙里之侧，其居亦曰“近圣”。从师其中，殆将十年，稚弱颛蒙，不能有所奋发，至于今兹，学不加进，无以大异于常人，记是居，盖不胜俯仰愧悔之情焉。书之以为居，是居者勖也。

夏水说

梁鼎芬

《汉志》：“汉水受氐道水，一名沔，过江夏，谓之夏水。”郑玄注《尚书》“沧浪之水”言：“今谓之夏水，来同故世变名焉。”此直以沧浪为夏水，与《汉志》不合，而郑注《尔雅》云：“华容有夏水，首出江，尾入沔。”应劭《十三州志》：“江别入沔为夏水。”《说文》：“沔水入江，或曰入夏水。”《水经注》：夫夏之为名，始于分江，冬竭夏流，故纳厥称，既有中夏之目中夏见《江水篇》，亦包大夏之名。当其决水之所，谓之堵口，自堵口下沔水通兼夏目，而会于江。盖古时夏水合沔入江，其势相敌，互为盛衰，故《汉志》称沔水入夏水，《水经》称夏水入沔，其入江之处，或称夏口，或称沔口，然必在堵口之下，始得兼称。若堵口以上，固沔自沔、夏自夏也。康成谓沧浪为夏水，是以堵口上皆夏水矣。故郦氏驳之云：今按夏水是江流沔，非沔入夏，假使沔注夏，其势西南，非《尚书》“又东”之文矣。

汉江诗会启

张宏殿

鄂城古郡，汉水名区。灵峰则翼际嵯峨，平湖则郎官潋滟。白云黄鹤，尚余仙客飞纵；芳草晴川，远护骚人古墓。溯李邕之制作，锦绣缤纷；羡王质之才华，珠玑错落。白鹭飞于西塞，志和之啸咏逾新；明月照于南楼，庾亮之清狂不浅。天垂翼轸，① 古今不乏名流；江号烟波，来往尤多伟士。兹幸龙飞初庆，文运广敷；况当莺谷方迁，春光渐丽。江边弱柳，缕缕笼烟；岸畔疏梅，枝枝缀雪。爰约如兰之

① 翼轸：二十八宿中的翼宿和轸宿古为楚之分野。《史记·天官书》：“翼轸，荆州。”

契，共联借卉之欢。胜友高朋，均期云集；诗才赋手，并翼星临。分各体以成吟，竞染松脂之彩；赋新篇而纪盛，争匀蓉粉之笺。意自飞扬，恍若弩张剑拔；思无停滞，还同雨溅风抟。务将七泽雄观，① 尽被锦心吐出；更令三湘胜概，都从彩笔收来。既无离索之嗟，各得推敲之趣。玉以琢磨而更美，金须锻炼而弥精。莫负风光，正好倡予和汝；高谈骚雅，何妨卜昼连宵。诗酒流连，无烦弦管。襟情浃洽，暂略仪文。人来金谷以绸缪，② 客到玉山而酩酊。耆英聚首，浑忘游子天涯；硕彦论心，足慰羁人旅况。允继兰亭盛会，遥追栗里高风。③ 我辈佥有同心，诸君定当属意。

《新雨联吟集》序

方　轸

心盦以丙寅中夏，与余遇于汉皋。见其所存篇什率盈箧，其已梓行者，则有《淮上题襟集》《吴下朋笺小录》《大梁偶成倡和诗钞》，其余篇简繁杂，类同束笋，未遑检治矣。今岁上春，阴雨连旬，心盦得诗十首，且复征和，遂连汇成帙，即以付梓。后有所作，悉附益之。目曰“新雨联吟”。嗟乎！半生羁旅，萍水堪亲。翘首停云，思心莫慰。今兹新雨，安忍置诸。故投分则随地可以追欢，摅情则倚吟不胜感旧。异日心盦之旧雨睹此，其必有聆风而兴感者矣。是篇成，余为述其命篇之意如此。

---

① 七泽：相传古时楚有七处沼泽，后以“七泽”泛指楚地湖泊。

② 金谷：晋石崇的金谷园，借指仁宦文人游宴饯别的场所。

③ 栗里：地名，在今江西九江西南。晋陶潜曾居于此。

李翠官小传

虞常泰

李翠官，鄂之通城人。幼习时曲于岳郡，[①] 居楚玉部，名噪湖之南者数年。去而来汉，年二十许矣，隶荣庆部。李貌不逾人，然每妆饰登场，观者咸啧啧称赏。迨转喉发声，清圆明秀，高入云表，场下数千人无或哗者，出则目迎之，入则目送之，以是李名愈重焉。初，荣庆部有台官者，皖人，容色姣好，善为跌宕跳掷之剧，名擅江汉间。而李以斌媚风流之技匹之，一时号两美云。尝见其演杨妃醉酒、潘尼追舟，不独风致嫣然，[②] 且酒后娇憨、船中倥偬之态，描摹毕肖。而《玉堂春》一剧，悲啼与斌媚俱生，尤臻绝妙。尝谓人曰："闻诸读书者云：'作文须代圣贤立言。'戏虽小道，亦代古人传神也。故必以悲欢离合之情，若身历其境者，其庶乎神可传矣。"噫！倘所谓以文为戏者耶？在汉十余年，所获颇丰，归里奉其父以终老。曰："吾少而外出，不得奉甘旨者几三十年。今父老矣，幸有薄产，可复趋蝇末而废侍养耶？"诸部竞延之，卒不出。父殁，乃教弟子为小部，[③] 出其门者，亦颇有称。今荣庆部已散，李亦久死，而翠官名江汉间犹有道之者。

---

① 岳郡：岳州（今岳阳市）。

② 风：原误作"丰"。

③ 小部：泛指梨园、教坊演剧奏曲。

《汉口竹枝词》序例

叶调元

汉口东带大江，南襟汉水，面临两郡，旁达五省，商贾麇至，百货山积，贸易之巨区也。夫逐末者多，则泉刀易聚；[①] 逸获者众，则风俗易隤。富家大贾拥巨资，享厚利，不知黜浮崇俭，为天地惜物力，为地方端好尚，为子孙计久远，骄淫矜夸，惟日不足。中户平民，耳濡目染，始而羡慕，既而则效，以质朴为鄙陋，以奢侈为华美，习与性成，积重难返。《传》曰："沃土之民不材。"若汉口者，土不宜秫稻，不可谓沃；民不知耕织，不可谓材。频年水火灾害并至，处斯地者，如春燕巢幕，幕撤则倾；如壁蜗吐涎，涎枯则槁。可恃乎，抑不可恃乎？仆自七龄游楚，越九载返里，己亥重游，隔二十余年，风气迥非昔比。暇日即所见闻，托诸嬉笑怒骂，以志丁鹤归来、城是人非之感，逮今十载，积而成帙。嗜痂者借钞日众，乌焉竿芋，辗转滋讹。友人怂恿付梓，爰芟十之二三，录以应命，詅痴之诮，知所难免。然子云有言："貌言，华也；情言，实也。"词虽俚，情实备焉。庶有当于"言者无罪，闻者足戒"之义乎？时道光三十年正月既望，姚江叶调元鼎三甫识于汉皋孙氏枕流漱石之馆。

---

① 泉刀：泉与刀皆古代钱币，泛称钱币。

凡例四则

一、范氏《丛谈》之刻，启秀于前；石君《竹枝》之吟，联芳于后。自维东女，敢效西颦。然而鹤唳九霄，蝉鸣片叶，声即判夫高下，趣无分于浅深。画一样之葫芦，本非吾愿；享千金于敝帚，犹是人情。耻甚灾梨，[1] 心甘覆酱。[2]

一、录名《闻见》，[3] 备详封域山川；志号《虞衡》，[4] 下及虫鱼草木。是词胪陈土俗，广集民风，既非空写性灵，何以偏多挂漏？良田济胜无具，游览夙惮其劳。消闲有书，坐忘久领其趣。既疏咨访，自隘睹闻。掌故无多，有愧都三京两；[5] 肤言不免，窃比白俗元轻。[6] 告我同心，鉴兹枵腹。

一、用戥称字，[7] 古人雅善择言；吹律定声，[8] 先喆尤严选韵。是诗半由触目，无暇撚髭，匪有积薪居上之心，适蹈买菜求多之弊。谚谣并列，功乏推敲；唇齿不分，韵多出入。嵇叔夜性情素懒，[9] 未求一字之师；郭功甫诗格已卑，[10]

---

① 梨：梨木。印书的雕版常以梨木为材料。耻甚灾梨：因作品刊印浪费雕版而感到羞耻。

② 覆酱：覆盖酱坛。心甘覆酱：（书）被拿去盖酱坛子，也心甘情愿。

③ 《闻见》：疑为《海国闻见录》。

④ 《虞衡》：文中指《桂海虞衡志》一类志书。

⑤ 都三：左思《三都赋》。京两：张衡《两京赋》。

⑥ 白俗元轻：对白居易和元稹诗文特点的评判，前者俚俗，后者轻佻。

⑦ 戥：一种小型的秤。用戥称字，比喻用字细心、谨慎。

⑧ 吹律定声：吹奏音律以定乐器声音精准与否。

⑨ 嵇叔夜：嵇康，魏晋名士，“竹林七贤”之一。

⑩ 郭功甫：北宋诗人，名详正，字功甫。

全仗七分之读。行自惭耳，庶其谅之。

一、笔端藏颖，[①] 古人比于剑锋；绮语荡情，[②] 名僧警以犁狱。[③] 援狐引鬼，《聊斋》实愤世之书；道贾说甄，《红楼》亦骂人之作。是诗直书所见，成竹胥无；愿闻其详，虚花弗录。本文章之游戏，寓惩创于歌谣。半属婆心，岂徒作笑谈之柄；一经慧眼，还可当劝戒之文。

鼎三载识

《汉口竹枝词》序

施襄莆塘

竹枝词者，清平变调，巴蜀新腔。刘梦得在湘南，[④] 创白帝城头之曲；杨廉夫官浙右，[⑤] 制钱塘湖畔之词。俗尚所沿，无非诗料；才人一到，定有篇章。矧汉口为直省通衢，众商纷集，山凌大别，阁耸晴川。江襟湖带之间，去橹来帆之际。黄鹤与白云俱近，崔颢如存；高山与流水匪遥，伯牙宛在。古如孟德，[⑥] 尚横槊而赋诗；今有飞卿，[⑦] 自题襟而成集。[⑧] 此予友叶君茗园《汉口竹枝词》之所为作也。君生

① 藏颖：犹“藏锋”，指下笔用字谨慎平和。

② 绮语：佛家语，涉及闺门、爱欲等华艳辞藻及一切杂秽语。

③ 犁狱：犁舌地狱，佛家语，犯恶口、大妄语等作口业者死后所入的地狱。

④ 刘梦得：刘禹锡，唐代文学家，《竹枝词》为其所创。

⑤ 杨廉夫：杨维祯，元末明初诗人。

⑥ 孟德：曹操。

⑦ 飞卿：唐代诗人温庭筠。文中喻指叶调元。

⑧ 题襟：抒写胸怀。唐温庭筠、段成式、余知古常等题诗唱和，有《汉上题襟集》十卷。

钟英姿，少具异慧。我乡钦其磊落，吾党慕其精明。方黄琬对月之龄，[①] 已游汉上；爱宋玉赋风之地，重到郢中。慨夫痀瘘之能，殊有巧致；桔槔之作，大非古风。得弓失弓，有乐者亦有悲者；抱璞献璞，孰藏诸而孰沽诸。或角短而较长，不独弄丸之术；或兴来而情往，岂无解佩之缘。事事关心，时时叉手。[②] 驹阴迅速，日积月而月积年；鸿制纷纶，句成篇而篇成集。诵《狡童》《扶苏》之什，[③] 不是郑声；借美人芗草之词，亦工楚语。读是诗者，须知其熏香摘艳，自写幽情；镂月裁云，仍存古体。有警人之志，无讥世之心。旨总归于无邪，语不嫌其有累。勿以雕虫为小技，勿以獭祭为烦词也。然仆犹有望焉，以君胸罗六籍，[④] 名俊一黉，摘叶镌词，当花琢句，宜乎耀正中之日，扬肆好之风。乐毅客燕，岂终于游士；陆机入洛，不老以寓公。铁砚穿时，蜚英秋赋；金声掷处，腾誉春明。[⑤] 由是登木天，[⑥] 翔蓬苑，人为琪树，烛是金莲。学官样文章，作翰林词赋，则一官一集，寿梨枣于千秋；[⑦] 五言七言，和钧韶于九夏。[⑧] 岂不美哉！岂不美哉！若仆者，故纸空钻，强台莫上，[⑨] 事

① 黄琬对月之龄：指七岁。出自《后汉书·黄琬传》。

② 叉手：《全唐诗话》："庭筠才思艳丽，工于小赋，每入试，押宫韵作赋，凡八叉手而八韵成。"此处称赞叶氏才思敏捷。

③ 《狡童》《扶苏》：《诗经·国风·郑风》中的两篇诗文。

④ 六籍：六经，《诗》《书》《礼》《易》《乐》《春秋》。

⑤ 春明：唐长安的一座城门，代指京城。

⑥ 木天：指翰林院。

⑦ 梨枣：书版的代称。

⑧ 钧韶：儒家认为是最美妙的两种音乐。

⑨ 强台：战国时楚国所筑的台名，借指乐而忘志之所。

悲蕉梦，[①] 人老桐炊。[②] 届买臣富贵之年，[③] 去日长而来日苦短；处杜老萧闲之境，[④] 旧雨少而今雨不多。来玉局于黄州，[⑤] 命逢磨蝎；[⑥] 谪灵均于湘水，经著《离骚》。妄拟古人，欣逢今日。屡入鸡豚之社，[⑦] 承怜公冶无辜；[⑧] 同游鹦鹉之洲，每叹正平未遇。[⑨] 诵君佳什，触我狂怀。思附骥以并传，恐绩貂而滋愧。仿三百篇之遗制，谁云楚国无风；撰四六句以序辞，不学巴人有曲。

《汉皋杂咏诗》序《葆愚山房文集》

沈开第

从来诗以言情，而非景则情无由畅；诗以绘景，而非情则景难以融。顾情无穷者也，景有尽者也。取有穷之景以供

---

① 事悲蕉梦：典出《列子·周穆王》，郑国樵夫打死一只鹿，用芭蕉叶遮盖藏好，之后去取时，却忘记了藏鹿的地方，无法找到，于是以为是自己做梦。后人以此比喻把事实看作梦幻的思想。文中是怀才不遇、不甘埋没的意思。

② 人老桐炊：人老如同被烧的梧桐木，没有被斫成名琴。

③ 买臣：朱买臣，西汉时会稽太守。朱买臣曾说："我年五十当富贵。"

④ 杜老：杜甫。萧闲：潇洒悠闲。

⑤ 来玉局于黄州：指苏轼因讥讽新政被贬黄州，曾为玉局观提举，掌管香火等事。

⑥ 磨蝎：十二宫之一。星象学认为，磨蝎立命之宫，则一生不顺。命逢磨蝎：指命运不佳。

⑦ 鸡豚之社：指同乡聚会。

⑧ 公冶：孔子弟子公冶长，曾无罪而入狱，孔子认为"非其罪也"，并把女儿嫁给了他。

⑨ 正平：祢衡字。

无尽之情，而色色形形亦遂相与为无尽。是故高卑流峙，诗之理也；鸢鱼飞跃，诗之机也。水榭烟楼，诗之别趣也；古刹浮屠，诗之化身也。达乎理，涉乎趣，乘其机以游于化，则视其人之才之学之识而未可强也。汉皋非吾楚奥区乎？古今来文人游咏于斯者夥矣。其间湖山之秀丽，城郭之巍峨，草树之迷离，帆樯之出没，英雄豪杰之所争，迁客骚人之所慷慨而歌咏，景则靡涯也，情则何极也。而欲使江城画里尽赴毫端，汉口夕阳皆归诗稿，岂不难哉！吾友王君石庵，其主盟诗坛久矣。今年春，余下榻其家，见其前数岁时所刻《晴园诗草》，才如倒峡，句欲敲金，已浸浸乎溅人齿颊焉。既而养疴汉上，呼余携其嗣君同寓沌阳城，应郡试，便课读，余亦欣然乐从。旅次之暇，辄复题咏，触物兴怀，莫能控制，殆情寓于景而不可解者耶？今夫两间之美景，[①] 皆造物设之以待诗人，而为不善作者之所负，盖十八九矣！虽石庵之诗非尽写景，然其往来赠答，怀古咏今，无一非触兴于此，则是江汉之滔滔，鲁山之矗矗，皆能奔走腕下也。则是鹦鹉黄鹤之翱翔，歌楼舞馆之咿哑，皆能妙入心声也。如此而有不击节叹赏者哉！更可异者，石庵患目疾十余年，[②] 架上之书不复读，几疑学殖荒落矣。及其兴往情来，出风入雅，未有一字无本原者。每至月夕风晨，酒酣耳热，二三童子，执笔侍侧，得句疾书，应接不暇，手腕几脱，斯亦奇矣。且其生平善鼓琴，高山流水，豁我心胸，故虽药饵相随之会，能使情化于景，景融于情。其扣寂以求也，可以得无

① 两间：天地之间，指人间。

② 疾：疑脱，据文意补。

弦之趣；其游神于淡也，可以领弦外之音。转瞬间厥疾有瘳，则益当凝其气，养其神，淋漓其兴会，而古调独弹，且不知更增何景也。读《汉皋杂咏》，而石庵之襟怀可以想见矣。

《汉上消闲集》序

吴绩凝

自昔瑰杰雄俊之才，必发摅于所寄出，则掎挈代务、矫国更俗犹反掌，毅然肩天下之艰危，而磐石安之。声绩百著，铄乎荡人耳目。其处也轓輵琦玮，噤不得设张。其伤时悯乱，怨郁、激越、无憀之气蕴于中以待洩。于是尚阳亭沼，[1] 流连杯酒景光间，感物寓意，比比托于文字，以自吟畅。岂其才气异于显晦哉！亦其遭遇然也。吾友宦应清诲之，[2] 天然通率，世禅素业，善文辞。游湖北有年，屈迹文墨职。初与予不相识，丁酉冬，君与日本西村子俊访予，谒舍如旧款。询所自，则于报纸读予所作云。是后益亲善，所交类世所称贤材，大都若寓客，若隐吏，若佳公子，若宿儒达士，一时英彦，多乐与之游。君主盟坛坫，赓和无虚日。久之，集文友诗敌所造，汇成巨帙，题曰“汉上消闲集”。将付锓，属绩凝序之。众制届㞜，不名一体。如黼黻缤纷异色，而举悦于目也。如陶匏管籥，会奏于一堂，铿鍧融冶而音不同也。作者之致，盖云备矣。而君之激扬风雅，彰示无

---

① 尚阳：犹徜徉，悠闲地徘徊。

② 宦应清：字楚莲，号晦之，著有《汉上消闲社主诗钞》《汉上消闲集》等。

穷，则尤足多者。抑吾闻圣人爱日，贱尺璧而贵寸阴。魏文帝有言："日月逝于上，体貌衰于下。忽焉与万物迁化，斯志士之大痛也。"况当此危急存亡之际，内讧外虞，可忧者蕃矣。譬人之病瘵也，历百藏，传百脉，而真藏之脉不见胃气行焉。气序存一息，和鹊救之亟而病去，否则毙无顷矣。今时艰孔棘，所赖士夫抗卧薪运甓、投笔枕戈之志，以奋拔于事功。相与苏民瘼，刷国耻，虽夕惕晨矜，而无敢晷漏之自暇自逸。犹惧靡以拯累卵悬发之危，而莫知所届。又安得刓精耗力，稽费时日于文雅之场、藻绘之府，屑屑焉消闲云乎哉！夫志纷者鲜特操，见小者乏远图。世会之升降，系乎人心所趋使。才杰者相从乎湖山觞咏之会，日渐染于含毫吮墨，于国家罔稗丝发，毋亦昔之人寓于琴锻蒱酒者邪？唉！是孰使之然哉！则必有执其咎者矣！平江吴绩凝缃芸。

品曲会序

王奠中

宴集之有序，自晋王右军《兰亭集序》始。嗣后王子安宴滕王阁，李太白春夜宴桃李园，皆有之。盖序也者，序其时、其地、其人、其事，用志不忘者也。今上元年己酉重九后九日，屏风主人招消闲同人约数十，① 借汉上小蓬莱书楼为品曲会。是日天微风雨，集者仅十二人而已。于是诸词史奏曲于上，同人咸赋诗于下，吟咏笑谑之声与管弦相杂，旁观者至为色动。曲终开筵酒酣，复以诗相酬唱，谭笑振云

① 屏风主人：宦应清，别号屏风。

霄，信可乐也。虽王维、裴迪之唱于别墅，元稹、韦巩之赋于兰陵，曷以加兹！先是，主人以同人与其所创《消闲录》，有笔墨缘多未面者，思一聚谭，用敦友谊，且以极觞咏之乐。遂于重九日约同人为登高会，宴于刘园。方是时，风雨连日，会者仅五人。主人以为未极聚谭觞咏乐，故复招宴于此，而会者又只十余人，则是乐犹未极也。噫！借令天弗阴雨，同人至者必夥，而乐宁果不可极哉？用是叹文人之会集甚难，极乐亦弗易获。窃怪天既不使吾人致身高位以大有为于天下，不得已而以诗文相酬唱，已属非幸，岂天并此区区者而亦靳之耶？因重主人之嘱而为之序，以见文人集会、极乐之难，俾后之君子亦知有斯会之胜焉。

《汉阴课渔图》记

陈锦奎

汉水之阴有渔父焉，盖非沧波间沾沾焉以渔为业之匹俦也。少挟元龙湖海之气，下昆仑，经沧海，一竿游钓半天下。所至名公巨卿嗜鲜美者，靡不以利禄饵渔父。顾渔父生负奇气，傲骨嶙峋，辄不苟就也。年老悔风尘，废然思返，聚子若孙而课之曰：“凡今之世，海市蜃楼，工淫巧者狡若兔；枪林炮雨，挟机械者贪若狼。无厌要求，争如垂钓，犹怏怏然也。尺波寸鳞，不啻与沧海六鳌势均耳。”虽然，老渔生长江汉，世业笭箵，[①] 卧榻依稀，讵可容人鼾睡。以视天下之大江湖也，溪涧也，天下之君若臣，臣若民，为鱄、

① 笭箵：渔具的总称，亦指贮鱼的竹笼。

为鲸、为鲲鲕也，无非在钓之中，必欲投竿而起，断罟而逃，则亦钓名而已矣。奚乎不可！渔家近水，习以为常，尔曹亦知夫钓意乎？道德，钓竿也；仁义，钓纶也；诗书，钓饵也。巢许以之钓唐，[①] 随光以之钓夏，夷齐以之钓商，[②] 季札、子臧、姜尚以之钓周，韩信、王成、周党、严子陵以之钓汉。轰轰烈烈，光弥宇宙，愿尔曹师之。若夫垂钓有方，试又角其技之优劣为何如者。廉颇，大将也，能钓赵卒而不能钓楚人。[③] 曹操，英雄也，能钓献帝而不能钓诸葛，窃又为若辈恨之。至于鱼行得水，大江东去，率性而来。儿辈当于上流结网，顺其性以导之，恣其欲以羁縻之，逆而促之，则偾矣。岂非老渔拙能胜巧，待整以暇，彼狡焉思逞，贪人败类，何所容于江水汉广间耶？且幸三五两子学厕闽海，历炼风涛，归守江河，浅深可辨。因命伯子作《课渔图》，勤修课税，以报国家。知鱼非鱼，吾乐吾乐，永鉴于水，养颐天年，耄以不文，爰批图而为之记，抑不徒为课渔记也。

《刘园集》序

刘茂寅

满城风雨，感伤游子之心；在水蒹葭，[④] 望断伊人之

---

① 巢许：上古时代的著名隐士巢父和许由的并称。

② 夷齐：伯夷、叔齐。

③ “廉颇”句：廉颇因郭开进谗言而被解除军职后，愤然离赵，在魏国不得重用，又为楚国所延请，担任楚将却没有建立功绩，终老于寿春。

④ 蒹：原误作“兼”。

目。谁似孟嘉落帽，竟说龙山；我同吴谓听猿市吹箫，难寻凤友。合用子胥吹箫及箫史跨凤二事，凤谓庄主也。昔也看花有泪，今则绕树无依。身作鄂渚之羁，耳艳刘园之盛。青藜阁得非天禄，[①] 玄都观疑是后村。主人擅五言长城，仙侣孤二郎阮肇。[②] 蓬莱尚远，天台之路千重；园以刘名，某亦刘姓，故云。弦管相投，司马之琴一曲。[③] 凤故求凰，凰亦求凤。所有光分猩色谓分屏之光者，秀挺鸾姿谓与凤为友者。夙联射雀之缘屏，[④] 半入求凰之谱凤。聚橘皮榜中人物，五老偕来闻赴会者止五人；觉菊花杯底生涯，重阳共醉。相与东篱浮蚁，左手持螯；无须酒送白衣，[⑤] 敢不词成黄绢。[⑥] 萍飘宦海，归吟招隐之诗；枫落吴江，老作悲秋之赋。借登高为消遣，咸寄慨以遥深。桓景避身之灾，[⑦] 事原不典；樊川开口而笑，[⑧] 情极无聊。时则鬓边萸插，阶畔梧飞；雁阵惊风，蛩声咽露。回头方中秋之节，转盼即小阳之春。[⑨] 山淡若揩，林疏

① 天禄：汉代阁名，后亦通称皇家藏书之所。

② 阮肇：刘义庆《幽明录》中记载的人物。汉明帝永平五年，会稽郡刘晨、阮肇入天台山果药，遇二仙女，被招为婿。阮肇又被称为阮郎。后亦借指与丽人结缘之男子。

③ 司马：司马相如。

④ 射雀：指唐高祖射雀屏成婚故事。《旧唐书·后妃传上·高祖窦皇后》："窦毅闻之，谓长公主曰：'此女才貌如此，不可妄以许人，当为求贤夫。'乃于门屏画二孔雀，诸公子求婚者，辄与两箭射之，潜约中目者许之。前后数十辈莫能中，高祖后至，两发各中一目。毅大悦，遂归于我帝。"后以"射屏"喻择婿。

⑤ 酒送白衣：指晋王弘遣白衣使送酒与陶潜的故事。

⑥ 词成黄绢：优美的诗文。

⑦ 桓景避灾：道教中关于重阳来源的故事。

⑧ 樊川：唐代诗人杜牧的别称。

⑨ 小阳之春：小阳春，指农历十月。

欲脱。荻花枫叶，叹商妇之飘零；沅芷湘兰，嗟美人之迟暮。地则洞庭水阔，云梦泽深，鹦呼芳草之洲，鸟渡夕阳之浦。赤壁江上，风月一船；黄鹤楼头，梅花三弄。乳虎旁通郧国，神鸦远接巫峰。李太白游郎官湖，尽堪浪迹；钟子期居集贤里，应许知音。人则西塞元翁、南楼庾子，李北海生由江夏，苏东坡谪到齐安。乡贤弹伯牙之丝，名宦运陶侃之甓。才黄莺兮住久，复白驹兮来初。访鄂州之画图，偶然卜寓；带长沙之迁客，留此成家。莫不恨抱屈平，才高宋玉。罚依金谷，饮夸石宅之豪；春买玉壶，诗重司空之品。于是觥筹交错，宾主合欢。品茶题梦得之糕，赌韵击竟陵之钵。百篇易就，会桃李于莲仙；三径不荒，赏菊松于柳宅。地不嚣而殊静，人以少而胜多。群公比修禊兰亭，百年雅集；过客欲舣舟桃洞，万里迷津。盖云集者世外遗民，山中末学，溯汉家之系，向善传经；羞唐士之颜，蕡曾下第。案有将穿之砚，笥无未读之书。二十年纯盗虚声，名徒膺乎鹗荐；四六体略娴文藻，技实陋以虫雕。拊孤影以自怜，哭穷途其谁恤。惟傲竖梁公之骨，热不因人；遂愁填虞氏之胸，恨无知己。抱随珠而弗售，持卞璧复何之。亦有门生故吏，往来无片纸之通；但期流水高山，契合获千秋之遇。仕路如三语椽，素不屑为；文坛得一字师，义仍当合。凤庄主翔千仞之表，楚狂不胜其多情；猿啼三峡之间指吴听猿原序，巴客亦为之下泪。嗟乎！白雪孰歌，红尘若寄；三生石古，一点犀灵。同志即可同方，相思奚必相识。江干落魄，难逢解佩之妃；汉上论交，愿附题襟之集。甘效颦于西子，若耶溪只在前途;[①] 拟赴宴于南昌，滕王阁重留佳话。

《汉上消闲社主文钞》跋

王奠中

唐韩氏、柳氏出而古文之名兴，然无所谓家派也。自明临海朱右取宋欧、曾、王、苏之文,[②] 合韩、柳为六家，归安茅坤又厘而八之,[③] 而文始有家。国朝历城周永年以桐城方氏、刘氏名能古文,[④] 谓天下文章在桐城，由是号桐城派，而文始有派。厥后学者窃其一似，遂各立门户，互相诋諆。噫！何其隘也。巴陵吴敏树非之，讵为过哉。韩昌黎曰：“文无定体，惟其是而已。”姚姬传曰：“文无所谓古今也，惟其当而已。”则是凡为文者，期于是与当耳，奚区区家派之是争乎？屏凤庄旧主与余交有年矣，其主持汉上消闲社，广征诗文，冀存旧学，一时流传殆遍。而所自为古今诗体，尤脍炙人口。第古文词不少概见。今年秋，将刊《汉上消闲集》，拟总其平昔诗文刊附集后。顾谬许奠中能文，以《文钞》命为审定。奠中诚谫陋,[⑤] 然与屏凤至善，又谊不可以辞。伏读数过，有精深者，有雄迈者，有高浑清腴者，

① 若耶溪：传说西施浣纱之处。

② 朱右：字伯贤，浙江临海人。明初文学家。欧：欧阳修。曾：曾巩。王：王安石。苏：苏轼及其父苏洵、其弟苏辙。

③ 茅坤：字顺甫，号鹿门，明代散文家。

④ 周永年：字书昌，先世浙江余姚人，高祖迁居历城。乾隆三十六年进士。方氏：方苞。刘氏：刘大櫆。方氏、刘氏都是桐城派的重要代表人物。

⑤ 谫：原误作“剪”。

盖于诸大家之文，各能规抚其所长。其是与当不待言，又宁可以家派限之耶？编次讫，特志数语于尾，以见其文不囿一隅，并使世之学者勿泥守家派之说用相诟厉焉。宣统庚戌十月朔日，黄冈王奠中敬跋。

刘园夜游记

徐焕斗

出歆生路，近循礼门车站，有刘园焉，汉口名胜地也。余订期拟游屡矣，无与偕，辄中止。八月十日晚六时，事稍暇，约家兄叔熙同往，忽公累，不果去。旋过刘君秋芳处，适叔兄暨屠君俊凡先在坐，将为刘园游，余遂欣然偕往。于时新雨初霁，乌云四合，殊凉甚。至则座上客如晨星。移时，胡君极呆、熊君粹东亦联袂来，余喜极，方自幸此夜之游不落寞也。列坐浮碧亭，为园中超等客座。俯视荷叶田田，露中蛙跃跃欲斗。数君子者感怀时事，议论风生。此述欧西激战，彼道亚东中立。余每过耳成风，唯沉心听蟋蟀鸣以为乐。池畔杨柳垂青，电灯三五隐映绿阴里，与池荷争烂，所谓江城如画者莫是过。少顷起行，出板桥，过绿天，纡曲漫步，无一处肯松放过。经翠寒亭，聆主人奏风琴一曲，余音袅袅。又折而东，入清妍亭，见笼中鸟垂头欲睡。适有妓操苏音从客来，步履姗姗，秋波欲转，亦似曾相识者，诵“二十四桥明月夜，玉人何处教吹箫”之句，曷禁神往！再折而南，为饲豹处。青翠拂衣，俨然山阴道上。惜无灯火，未得窥见一斑。又北行，为花匠住宿室。遂折而南向，由池东返原坐处。清风徐来，草虫飞绕，园外火轮车下

驶，汽笛怒吼，闻之震骇，而数君子尚剧谈阔论未稍息也。叔兄笑曰："子适焉往？"余曰："游刘园一周矣！"曰："何所见？"余曰："园中位置颇嫌繁冗，幸二三楹帖雅洁可诵，一二苏妓瞒人匿笑，此行为不虚矣。"叔兄笑曰："息肩于此，小住为佳，胡不惮烦若是。"余曰："此间僻，颇无尘事相扰，不饱餐空气、厌挹凉飔，以一涤胸中俗障，偏关心时局，为欧西人作军事参议官，园灵有知，毋亦嘲其为多事耶？余性喜动，动中尚幸有所见闻。兄寂似枯禅，不出茶座一步，如此良夜何？"叔兄折服，座中人亦各哑然笑。彼时钟鸣一下，品茗拈花，乐而忘倦，亦若百亩园亭，前度刘郎今又来矣。噫嘻！古今来贤士大夫多好游，观昼间奔走尘世，形色俱罢；泰半夕入花坞，暮宿僧舍。搜奇探僻，秉烛以往，方将揖高士于山中，访美人于林下，兴之所至，发为歌咏。李太白之夜宴桃李园，苏长公之夜游赤壁，良有以也。余辈终日营营，既不能厚辎粮，盛舆卫，遍历天下名山大川而登之，而眺之，而坐卧饮食之，而醉醒歌哭之，差幸偃息于兹，偷片刻闲即享片刻福，纵片刻清谈狂饮，庶不背古人夜游之义。快哉此游！其可忽诸？爰不计工拙，泚笔为此，非敢云记也。留俟再续此游，借揽从前未尽之兴云尔。

吴玉屏曰：记园中诸景，历历在目，虽吴道子之画嘉陵亦不是过。至其字句之老洁，笔墨之奥衍，眼界之拓大，怀抱之清奇，当于八大古文家中独树一帜。

《嚼雪斋诗存》叙

徐焕斗

汉上有隐君子者，李其姓，瀚其名，仲青其字，皖人而楚产也。持所著《嚼雪斋诗存》嘱余叙，余唯之而未有以应也。昨晚深夜独坐，孤灯如豆大，较前案牍之形劳者亦略略减。茶后呼僮取架上书，适检饮冰室诗卷授余。阅未竟，触类兴怀。忽忆有所谓《嚼雪斋诗存》者。[①] 于是取置案头，展玩再三，其词巧，其字奇，命意谐声，别开生面。将搦管构思而谋有以应之也，搁笔者再。嗟乎！古称诗有别肠，非独具匠心者不可与言诗，即非独具只眼者不能为诗人作序。序也者，述作者之旨趣与其格调，而昭揭以示诸人者也。余雅不善诗，间有所作，亦勉索枯肠，借供酬应。其于历代诗学渊源暨诗家宗派，虽间有所领悟，不过辨其为宋也、为唐也、为汉魏六朝而已，非其学与识之所臻，而眼之果能独到也。以其为汉魏六朝、为唐、为宋，曾有无数诗人，雌黄萩苑，[②] 评骘词林，有以导我于先路，使余随声附和，得以稍窥门户而一涉其藩篱也。仲青李氏乃近代作家，譬彼闺阁丽姝，含葩养蕊，未经他人道破，其果宗两宋耶？类三唐耶？抑或仿汉魏六朝之余韵耶？吾不得而知也。第观其嬉笑怒骂，涉笔成趣，信手拈来，老妪都解。将来之所造，可以宋，可以唐，可以入汉魏六朝。其才华情致不让古人，可断

---

① 诗：原脱，据前文补。

② 萩苑：文学艺术荟萃的处所，泛指文学艺术界。

言也。或曰："嚼雪去饮冰奚若?"曰："味淡声希，庶几近之。"揆厥所以名斋之意，毋亦阅尽世态之炎凉，看透人情之冷煖，而故胚胎饮冰子以自觋欤？充其量恐番番梁氏尚不足以尽之。仲青与余交最密，得以时相过从，乐数晨夕，不敢过谀，亦不敢信口雌黄，致失庐山真面。然以序委余，而适得一冷淡相同之饮冰室主作比例观，似耶？非耶？聊志之以质多艺、好诗之仲青，得毋有问道于盲之叹乎？

英梅梦

徐焕斗

余雅不信梦，遇痴人作呓语者，无男妇，无老稚，无戚友路人，辄嗤之以鼻。月之七夕，同新闻记者某观剧新民园。是夜为续开英、梅追悼会之第三日也。素帏绕柱，满眼凄凉。座上客为十三旦演《蝴蝶梦》《侠妓奇缘》二出，而来者踵相接。该园本歌舞地，名曰追悼，借广招徕，与寻常丧吊迥别。赏玩甫毕，余亦津津称十三旦不置。方窃谓梨园子弟继英、梅而起者大有人在。归后钟鸣一下，倦而思卧。甫就榻，即被睡魔缠去。恍惚夜静更阑，万籁俱寂，清风习习，隐约间有人搴帘而入，引我于清凉世界中。星光萤萤，空平如镜，与常时所见闻者绝不类。盖别有天地，非人间矣。忽闻歌喉宛转，音韵清扬，有美人兮冉冉而下，则金氏月英之演《广寒宫》也。又见有酒帘飘绕，憨态痴情，令人神往，则白氏玉梅之演《梅龙镇》也。不禁鼓掌叫绝，吃惊而醒。凝神想像，若有若无。疑非疑是，梦耶醒耶？戏耶真耶？猜疑不置，以为英、梅二伶尚在人间也，并疑昨夜十三

旦之所演者为梦矣。非果有是戏也。特取案上《惜英悼梅集》再三展玩，始知英、梅果先后死矣。知英、梅已死，始信昨夜十三旦之扮《蝴蝶梦》《侠妓奇缘》为真戏矣。知十三旦真有是戏，始益信金月英之演《广寒宫》、白玉梅之演《梅龙镇》为真梦矣。噫嘻！天下事无非是戏，无非是梦，即戏即梦，即梦即戏，随吾眼孔之所认而已。十三旦之《蝴蝶梦》与《侠妓奇缘》，戏也，何妨作梦中观？金月英之演《广寒宫》、白玉梅之演《梅龙镇》，梦也，何妨作醒眼观？读苏长公《梦斋序》数语，可以恍然悟矣。夫梦境迷离，大都意有所极。梦即同趣，梦也者，多在可解不可解之间。必指事以实之，凿矣。古今来才人学士，富贵功名，曾几何时，都成泡幻。足见绣虎雕龙之选、金戈铁马之奇，与夫结绮、临春之繁华靡丽，[1] 何莫非梦？奚必待梦而后谓之梦耶？余既不能学太上忘情，又安敢谓至人无梦。曩者英、梅之死，云集山人索余挽作，余以与二伶了无关系，未便辞费，贻大雅羞。今兹之梦，抑或二伶有知，故于梦寐间假我以神游目想，而欲余搜索枯肠，凑成数语以附诸《惜英悼梅集》后耶？诵“是月是梅还是梦，罗浮早醒赵师雄”之句，[2] 仍以质之云集山人。

---

① 结绮临春：南朝陈后主至德二年（584），起临春、结绮、望仙三阁，高数十丈，并数十间，窗牖、壁带之类皆以沉檀香木为之，饰以金玉，间以珠翠，其服玩之属，瑰奇珍丽，穷极奢华，近古所未有。

② 罗浮：罗浮梦。传说隋开皇中，赵师雄于罗浮山遇一女郎。与之语，则芳香袭人，语言清丽，遂相饮竟醉，及觉，乃在大梅树下。明殷尧藩《友人山中梅花》诗：“好风吹醒罗浮梦，莫听空林翠羽声。”

《惜英悼梅集》序

郑远谋

嗟夫！罗浮梦断，难留绿萼之魂；[①] 桂府尘空，竟返嫦娥之驾。[②] 化彩云而易散，活绛雪以无丹。[③] 金缕曲残，歌衫已杳；玉钩斜冷，舞扇空存。此江南逢李龟年，少陵为之感慨；钱塘访苏小墓，吊客因而悲伤者也。若白伶玉梅、金伶月英者，矜彼姝之颜色，具绝代之丰姿。云髻花冠，别饶袅娜，环肥燕瘦，各擅风流。眉弯目以争妍，眼横波而竞媚。自应镜台下聘，金屋藏娇。而乃命薄如花，泥沾似絮。作梨园之子弟，占菊部之芳名。[④] 方其樱唇乍启，莲步轻移。曲调翻新，宛牟珠之一串；[⑤] 歌喉协律，疑绛树之双声。[⑥] 舞蛮腰而翩若惊鸿，掩樊袖而倒同么凤。以彼极端庄流丽之态，令人动喜怒哀乐之情。岂独声高白雪，争善才之长；妆美翠翘，起秋娘之妒哉！以故誉遍津京，名传沪汉。花能解语，艺果超群，真堪一顾以倾城，[⑦] 直欲千金而买

---

① 绿萼：绿萼梅。文中指白玉梅。

② 嫦娥：借指金月英。

③ 绛雪：炼丹家丹药名。

④ 菊部：泛指梨园行。传说宋高宗时内宫有菊夫人，善歌舞，精音律，宫中称为“菊部头”。“菊部”之称源出于此。

⑤ 牟珠：牟尼珠，指念珠。

⑥ 绛树：古代歌女名。南朝陈徐陵《杂曲》：“碧空宫伎自翩妍，绛树新声最可怜。”

⑦ 城：原误作“成”。

笑。不意昙花偶现，芳草生愁，当碧玉破瓜之年，[①] 抱绿珠捐粉之恨。[②] 江城五月，正落梅花；汉上中秋，又悲残月。顾曲之周郎永叹，[③] 闻歌之王子徒伤。所由艺苑名流，才华学士，本难以为情之意，作无可奈何之词。玉树庭花，[④] 只余哀怨；霓裳阿鹊，[⑤] 莫谱宫商。此《悼梅惜英集》之所为作也。然而珠玑万斛，足慰芳魂；锦绣千篇，堪传倩影。使竟幽而不显，盛而弗传，不将一代佳人，水流花谢；三生慧业，雨散云飞乎？[⑥] 兹者云集山人以汉东之名士，系花园之金铃。记曾檀板铿锵，小红低唱；况复诗才俊逸，太白多情。云想衣裳花想容，清平调谁能唱出；脸似芙蓉胸似玉，上阳宫空叹人亡。妙题黄绢之辞，下写乌丝之字，[⑦] 咏歌韵事，标榜艳名，汇而集之，固其宜矣。爰是撷其菁华，灾诸梨枣。又得新民园主解囊相助，水以积流而大，裘以集腋而成，不逾月而排次成编矣。谋也东山丝竹，未暇陶情；南国烟花，也曾留盼。览兹篇什，如省画图。剧怜紫玉成尘，[⑧]

---

① 破瓜：旧称女子十六岁为“破瓜”。瓜字拆开为两个八字，即二八之年，故称。

② 绿珠：晋石崇的妾，容姿绝艳。捐粉：指绿珠坠楼身亡事。

③ 周郎：周瑜。周氏精通音律，奏琴者有误，便会看其一眼，世称“周郎顾”。

④ 玉树庭花：名曲《玉树后庭花》，南朝陈后主陈叔宝所作。

⑤ 霓裳：《霓裳羽衣曲》，唐代著名法曲，为开元中河节度使杨敬忠所献。初名《婆罗门曲》，经唐玄宗润色并制歌词，改用今名。

⑥ 雨：原误作“两”。

⑦ 乌丝：即乌丝栏。指上下以乌丝织成栏，其间用朱墨界行的绢素。后亦指有墨线格的笺纸。

⑧ 紫玉：传说中吴王夫差小女名，十八岁而亡。常借指女子早逝。

未免青衫欲泪。梅花葬处，定知环佩魂归；月夜凄闻，想是薜萝鬼啸。抱郁郁深深而终古，怅朝朝暮暮以为云。他时万卷琳琅，堪续徐陵玉台之咏；此后五云楼阁，惟传白傅长恨之歌。中华民国三年十月既望，通山郑远谋任庵氏序于武昌植梅别馆。

艺文志下古近体诗

汉川咏怀

晋　阮籍

二妃游汉滨，[1] 逍遥顺风翔。交甫环怀佩，[2] 婉娈有芬芳。[3] 猗靡情欢爱，千载不相忘。倾城迷下蔡，[4] 容好结中肠。感激生忧思，萱草树兰房。膏沐为谁施，[5] 其雨怨朝阳。如何金石交，一更旦离伤。[6]

① “二妃”后四句：源自郑交甫遇神女的故事。《列仙传》：“江妃二女者，不知何所人也。出游于江、汉之湄，逢郑交甫，见而悦之，不知其神人也。谓其仆曰：‘我欲下请其佩。’……交甫曰：‘……愿请子之佩！’二女遂手解佩与交甫。交甫悦，受而怀之，中当心。趋去数十步，视佩，空怀无佩；顾二女，忽焉不见。”

② 环怀：《文选》卷二十三作“怀环”。

③ 婉娈：年轻貌美。《毛诗》传：“婉娈，少好貌。”

④ 迷下蔡：宋玉《登徒子好色赋》：“……嫣然一笑，惑阳城，迷下蔡。”下蔡，在今安徽凤台县。俞允文注：“古蔡州。是地多荒淫，即郑国溱洧之间也。”

⑤ 膏沐：古时妇女润发的油脂。《诗・卫风・伯兮》：“岂无膏沐，谁适为容？”朱熹《诗经集传》：“膏，所以泽发者；沐，涤首去垢也。”

⑥ 更旦：《文选》卷二十三作“旦更”。

其　二

湛湛长江水，① 上有风树林。皋兰被晋路，② 青骊逝骎骎。远望令人悲，春风感我心。三楚多秀士，③ 朝云进荒淫。④ 朱华正芬芳，⑤ 高蔡相追寻。一为黄鹤哀，涕下谁能禁。

行出东山望汉川《襄阳集》⑥

唐　孟浩然

异县非吾土，⑦ 连山尽绿篁。⑧ 平田出郭少，盘坂入云长。⑨ 万壑归于汉，千峰划彼苍。⑩ 猿声乱楚峡，人语带巴乡。石上攒椒树，藤间缀密房。⑪ 雪余春未暖，岚解昼初

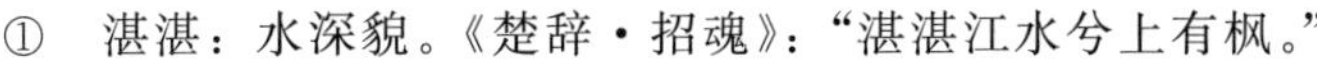

① 湛湛：水深貌。《楚辞·招魂》：“湛湛江水兮上有枫。”

② 晋：《文选》卷二十三作“径”。

③ 三楚：孟康《汉书注》：“旧名江陵为南楚，吴为东楚，彭城为西楚。”

④ 朝云：宋玉《高唐赋》：“朝为行云，暮为行雨。”

⑤ 正：《文选》卷二十三作“振”。

⑥ 东山：宋蜀刻《孟浩然诗集》卷中作“行东山”，即竹山县东之山。

⑦ 异县：他乡、外地。蔡邕《饮马长城窟行》：“梦见在我傍，忽觉在他乡。他乡各异县，辗转不相见。”

⑧ 绿篁：绿色竹林。

⑨ 盘坂：盘曲的山坡坂田。

⑩ 彼苍：苍天。《毛诗正义》卷六《秦风·黄鸟》：“彼苍者天，歼我良人。”

⑪ 密房：蜜房，蜜蜂的巢。

阳。征马疲登顿,[①] 归帆爱渺茫。坐欣沿溜下,[②] 信宿见维桑。[③]

江汉《杜诗钞》

杜　甫

江汉思归客，乾坤一腐儒。片云天共远，永夜月同孤。落日心犹壮，秋风病欲苏。古来存老马，不必取长途。

自夏口至鹦鹉洲望岳阳《随州集》

唐　刘长卿

汀洲无浪复无烟，楚客相思益渺然。[④] 汉口夕阳斜度鸟,[⑤] 洞庭秋水远连天。孤城背岭寒吹角，独戍临江夜泊船。贾谊上书忧汉室，长沙谪去古今怜。

① 登顿：上下。谢灵运《过始宁墅》：“山行穷登顿，水涉尽洄沿。”

② 沿溜：顺流而下。

③ 信宿：连宿两夜。《毛诗正义》卷八《豳风·九罭》：“公归不复，于女信宿。”《毛传》：“再宿曰信。宿犹处也。”维桑：家乡。《毛诗正义》卷一二《小雅·小弁》：“维桑与梓，必恭敬止。”

④ 楚客：刘长卿被贬楚地，故称楚客。

⑤ 度：同“渡”。

汉　水①

杜　牧

溶溶漾漾白沤飞，② 绿尽春深好染衣。南去北来人自老，夕阳长送钓船归。

汉　江

胡　曾③

汉江如带碧流长，两岸春风起绿杨。借问胶舟何处渡，④ 欲停兰棹祀昭王。

忆夏口

罗　隐

汉阳渡口兰为舟，汉阳城下多酒楼。当年不得尽一醉，别梦有时还重游。襟带可怜吞楚塞，风烟只好狎江沤。月明更想曾行处，吹笛桥边木叶秋。

---

① 据清嘉庆德裕堂刻本《樊川诗集》卷四，标题作“汉江”。

② 溶溶漾漾：水波浮动貌。《楚辞》刘向《九叹·逢纷》：“扬流波之潢潢兮，体溶溶而东西。”宋之问《宿云门寺》：“漾漾潭际月，飘飘杉上风。”沤：同“鸥”。

③ 标题、作者原无，据《全唐诗》卷六百四十七补。

④ 胶舟：指周昭王伐楚，土人献胶舟，水中舟沉，昭王溺于水的故事。渡：《全唐诗》卷六百四十七作“没”。

汉江宴别亦作《渡汉江宴别》，亦作《汉口宴别》

宋之问

汉广不分天，舟移杳若仙。清江浮暖日，[①] 黄鹤弄晴烟。[②] 积水浮冠盖，遥风逐管弦。嬉游不可极，曾憾此山川。[③]

江上吟

李　白

木兰之枻沙棠舟，玉箫金管坐两头。美酒樽中置千斛，载妓随波任去留。仙人有待乘黄鹤，海客无心随白鸥。屈平词赋悬日月，楚王台榭空山丘。兴酣落笔摇五岳，诗成笑傲凌沧洲。功名富贵若长在，汉水亦应西北流。

江上风

释皎然

江风西复东，飘暴复何穷。初生虚无际，稍起荡漾中。应吹夏口樯竿折，定蹙湓城浪花咽。今朝莫怪沙岸明，昨夜风狂卷成雪。[④]

---

① 清江浮暖：崦西精舍本《宋之问集》作“秋虹映晚”。

② 黄：崦西精舍本《宋之问集》作“江”。

③ 曾憾：崦西精舍本《宋之问集》作“留恨”。

④ 风：《全唐诗》卷八百二十作“声”。

江上偶见[①]

杜　牧

楚江寒食橘花时，[②] 野渡临风驻彩旗。草色连云人去住，水云如縠燕差池。[③]

江　　行

司空图

地阔分吴塞，枫高映楚天。回塘春尽雨，方响夜深船。行纪添新梦，羁愁甚往年。何时京洛路，马上见人烟。

初程风信好，回望吴津楼。[④] 日带潮声晚，烟含楚色秋。戍旗当远客，岛树转惊鸥。此去非名利，孤帆任白头。

江　　行

柳　谈

繁阴乍隐舟，落叶初飞浦。萧萧楚客帆，日暮寒江雨。

① 此诗《全唐诗》卷三六一又作刘禹锡《酬窦员外使君寒食日途次松滋渡先寄示四韵》诗前四句。

② 江：《四部丛刊》影印明翻宋刊本《樊川文集》作“乡”。

③ 云：《四部丛刊》影印明翻宋刊本《樊川文集》作“纹”。

④ 吴：《四部丛刊》影印明翻宋刊本《樊川文集》作“失”。

晚泊汉江渡

刘　畋

末秋云水平，莲折晚香清。雨下侵苔色，云凉出浪声。叠帆依岸尽，微照夹堤明。津吏已头白，遥知客姓名。

渡汉江

李百药

东游既弥弥，南纪信滔滔。水激沈碑岸，波骇弄珠皋。含章映浅石，浮盖下奔涛。溜阔霞光尽，川长晓气高。樯乌转轻翼，戏鸟落风毛。客心既多绪，长歌且代劳。

汉中漾舟

孟浩然

漾舟逗何处，神女汉皋曲。云罢水复开，春潭十丈绿。轻舟恣往来，探玩无时足。波影摇妓钗，沙光逐人目。倾杯鱼鸟醉，联句莺花续。良会难再逢，日入须秉烛。

汉水伤稼

许　浑

西北楼开四望通，残霞成绮月悬弓。江村夜涨浮天水，泽国秋生动地风。高下绿苗千顷尽，新陈红粟万箱空。才微分薄忧何益，却欲回心学钓翁。

泊舟汉口

宋　王十朋

稍稍风波定，悠悠舟楫移。身虽到汉口，家尚在天涯。大别思大禹，古峰怀古夔。山城有寥廓，归说是吾儿。

楚江秋怀

寇　准

西风吹远水，萧飒渡吟台。明月夜还满，故人秋未来。寒蛩啼暗壁，败叶下苍苔。谁念空江水，年年首重回。

江头春日《山民集》

真德秀①

风暖旗亭煮酒香，醉醒才悟是他乡。驾言行迈路千里，岂不怀归天一方。春事渐消莺语老，离愁偏胜柳丝长。无聊莫问城南泊，淡月梨花正断肠。

---

① 真德秀：字景元，后改为希元，福建蒲城人。本姓慎，因避宋孝宗讳改为真，朱熹之后的理学正宗传人之一。

渡　江

李　纲

桂楫兰旌楚泽东，碧空如水水如空。江湖落日浮秋橘，岛屿残霞拂断虹。世事茫然烟雾里，客愁都在舻声中。沙头凫雁相俦侣，笑我年年逐转蓬。

舟中偶书《剑南诗集》

陆　游

老子西游万里回，江行长夏亦佳哉![①] 昼眠初起报茶熟，宿酒半醒闻雨来。汉口船开催叠鼓，淮南枫落亚高桅。四方本是丈夫事，白首自怜心未灰。

题《长江图》

元　丁鹤年

长江千万里，何处是侬乡？忽见晴川树，依稀认汉阳。

---

① 长夏：农历六月。

寻卢学士船至汉口留诗为别

元　揭奚斯

晴山淡微澜，[①] 曳云在层巘。参差连舫出，散漫群鸥远。始知遒汉广，[②] 遥睇高旆倦。[③] 怀贤每忘贱，临流亦忘蹇。苍茫景将入，杳渺春犹浅。新知遽相违，余悰何由展。

汉　口

明　赵弼

茫茫汉水入江流，两岸芦花泊钓舟。梁武旧城无觅处，寒烟衰柏不胜愁。

汉上遇友人《空同集》[④]

李梦阳

长安一为别，千载但书传。[⑤] 我自河南至，君来自沔川。偶逢知万事，重会是何年。馆静风依马，江鸣雨濯船。情多看转默，酒后惜分眠。明发孤帆疾，愁经大别边。

---

① 山：《豫章丛书》本《揭文安公全集》作“江”。

② 遒：《豫章丛书》本《揭文安公全集》作“遵”。

③ 倦：《豫章丛书》本《揭文安公全集》作“卷”。

④ 据四库全书本《空同集》，标题为“汉上遇钟参政”。

⑤ 千：四库全书本《空同集》作“十”。

题《鄂渚赠别图》

明　杨士奇

鹦鹉洲中红树，凤凰城里青山。借问来游几日？秋水兰舟独还。

汉　　江

李梦阳

汉江江上鶗鴂鸣，汉江游客无限情。青山落日下帆影，芳草月明开棹声。黄鹄矶头暮云尽，鹦鹉洲边春草生。莫倚仲宣能作赋，[①] 洞庭南接桂阳城。[②]

武昌城北大江流，沱水夹成鹦鹉洲。楚蜀帆樯风欲趁，蛟龙涛浪暮堪愁。青烟自没汉阳郭，新月故县黄鹤楼。无限往来伤赤壁，三分轻重本荆州。

夜泊汉江

李梦阳

黄鹤楼前日欲低，汉阳城树乱乌啼。孤舟夜泊东游客，恨杀长江不向西。

---

① 仲宣：东汉末年“建安七子”之一王粲的字。

② 桂阳：位于湖南东南部，有“楚南名区”之称。

浮　汉

李梦阳

杳杳向前城，扬船浮汉行。水闻天上转，色出雨中明。已近鸣鵰月，长看浓雾生。陈诗欢秣马，风浪独含情。

汉　江

朱　衣

汉水下长江，侧目古大别。岷嶓雍梁道，禹迹重遗辙。一经秦始皇，再经忽必烈。山川献功罪，荣辱系往哲。至今千万秋，犹存楚人舌。前有沙丘尸，[①] 后有燕京血。[②]

汉　江

吴廷用

汉江雪后水初生，鸭绿粼粼万顷平。估客帆樯天上落，渔人舟楫浪中行。山光侧蘸参差树，云影深幽散乱萍。款乃一声飞鸟外，满汀兰芷不胜情。

---

① 沙丘尸：指秦始皇死于沙丘故事。

② 燕京血：指忽必烈之死。有野史认为他是被杀而死。

汉江春日

高叔嗣

汉皋微雨点人衣，江路南冲雁北归。寓目不堪愁远涉，役身方自愧高飞。[①] 缆牵蘅杜多春气，船泊云霞变夕晖。未许渔蓑同楚父，[②] 来逃荣禄守渔矶。

汉　　江

童承叙

荆山郢树照南洲，江汉滔滔天际流。神女不来云雨暮，骚人一曲蕙兰秋。

太白连连太光芒，当船欲堕云苍凉。只恐塞北烟尘起，谁信江南民社荒。

泊汉江望黄鹤楼

张居正

枫霜荻雪净江烟，锦浪游鳞清可怜。[③] 贾客帆樯云里见，仙人楼阁镜中县。九秋槎影横清汉，一笛梅花落远天。无限沧浪渔父意，夜深高咏独鸣舷。

---

① 役：四库全书本《苏门集》作“投”。

② 渔：四库全书本《苏门集》作“笠”。

③ 锦：四库全书本《太岳集》作“石”。

舟阻汉口

吴士良

朝发武昌城，信宿汉江口。明月虽可亲，依依数株柳。

汉上舟行

释德清

湖水通巴汉，孤帆自楚天。片云低远树，晴日照斜川。处世长如寄，浮生莫问年。纵遵归路去，亦是渡头船。

将发夏口《迪功集》

徐祯卿

鹦鹉洲边生暮烟，旅人南望思悠然。尽道巴陵湖水阔，秋风莫渡汉阳川。

江　色

陶　安

竹屋晨启关，江色直飞入。空碧压几案，阴阴四壁湿。玻璃作天地，冷然手可挹。万象随升沉，元气动呼吸。临岸步观涨，石阶没千级。岷巴与湘汉，众水大会集。合流东北去，海水亦起立。

江上秋怀

杨子善

水国风高木叶霜，满舟山色太荒凉。小孤残照收江左，[1] 大别寒烟锁汉阳。新饭软炊菰米白，[2] 浊醪香泛菊花黄。故乡千里空回首，云树茫茫鬓发苍。

江上春怀

方逢时

漠漠春阴暗不开，江亭独上思徘徊。渚宫楼阁浮云尽，鄂渚烟波落日催。去国王孙空有赋，忧时迁客漫多才。闲情欲和沧浪曲，澧芷湘兰尽可哀。

秋　　江

姚龙之

映日含沙分外明，西风斜过碧澜生。也知云冷湘娥怨，可便兰衰楚客惊。倒影楼台春似梦，忆归鸿雁夜多声。都来不负朝宗意，寒落犹然触峡鸣。

---

① 小孤：山名。在江西彭泽北长江中，与大孤山遥遥相对。

② 菰：多年生草本植物，生在浅水。嫩茎称“茭白”，可做蔬菜；果实称“菰米”，可煮食。

楚江秋晚

释明秀

睡起长年报水程，[①] 江花无数傍船明。汉阳人语舟横渡，夏口鸡鸣水近城。寂寞阵图诸葛计，支离心事杜鹃行。却从岁序悲黄叶，一夜秋风白发生。

由草市至汉口小河舟中

袁中道

陵谷十年变，川原未可分。长湖百里水，中有楚王坟。

日暮黑云生，且依龙口住。小舟裾作帆，笑语过湖去。

马骑城诗

赵　弼

落日荒林宿霭收，马骑城下碧波流。水光山色无穷尽，酿作诗人浩荡愁。

萧公城诗

朱　衣

渺渺长江水，嵬嵬别山台。日月夏禹远，时运萧梁来。

---

① 长年：船工。

鞭驱十万人，版筑飞尘埃。遗祸起大业，屠戮良可哀。古城今荒芜，久立但裴裒。

夏口别吴虎臣

汪道昆

布衣十日故人情，长铗翩翩送客行。但使阳春高楚调，不妨江夏忌时名。到来云梦三秋色，何处天风一雁声。他日来歌湘水曲，殷勤佩结赠卿卿。

涉　　江

清　方宏鼎

高岸几为谷，江烟抱郭浮。汉阳犹古渡，芳草失前洲。[①] 去鸟随轻棹，残云恋故楼。不惊矶上叟，安坐看中流。

离汉口《石臼集》

邢　昉

旅舟泊汉水，荏苒至寒节。朝看楚云兴，暮看楚云灭。此地虽破残，井衖稍成列。银鳞日充市，食鲜每丰洁。客心复何苦，遇物转凄切。兹辰忽返棹，脉脉情内热。风土渐相安，山川屡回折。故乡岂不怀，信美亦怆别。未逢汉阴老，

① “芳草”句：指鹦鹉洲已经不是以前的洲了。

令我忧思惙。

过汉口经锁兵宪旧楼

彭而述

春花同汝醉长干，[1] 舞袖蹁跹午夜残。一自怀人怜太傅，更谁把酒酬郎官。道逢楚国思鸿雁，读罢骚经忆芷兰。隆虑山深栖隐稳，天涯有客独凭栏。

抵汉口

赵有成

孤征穷水驿，今到汉江头。泽国舟为市，人家竹起楼。烽烟消鄂渚，士女习巴讴。[2] 如信湖湘美，山衔万井稠。

汉口舟次

李以笃

雨意浓于酒，花光减却春。如何初拨棹，便已是愁人。海内兵犹满，芦中士故贫。沙鸥兼野老，去去惜闲身。

① 长干：借指南京。
② 巴讴：巴人之曲。

后湖即事

李以笃

腊气暖如春，巾衫不厌贫。长堤涵积水，断瓦宿香尘。苦债非关酒，题诗莫寄贫。相逢周小史，① 放眼已情亲。

雨中渡汉江②

文师汲

二月连江雨，江寒色未开。云低天欲堕，舟小雾将埋。沙岸惟栖鹭，春城不放梅。有怀空击楫，怅望济川才。③

汉口后湖

彭心锦

淤后襄河二百年，平芜十里望茫然。白云有影常垂地，青草无依欲上天。春色任来鸠杖里，苦怀休到酒杯前。今朝准拟开襟抱，莫放斜阳堕柳边。

---

① 周小史：晋朝美男子。

② 此诗重复收录，另见后文《雨中渡汉江作》。

③ 济川：渡河。语出《尚书·说命上》："爰立作相，王置诸其左右。命之曰：朝夕纳诲，以辅台德。若金，用汝作砺；若济巨川，用汝作舟楫。"后多以"济川"喻辅佐帝王。

湖心亭题壁

范　锴

曲曲栏杆短短篱，湖心亭外柳丝丝。风翻芍药徐熙画，[①] 雨酿黄梅贺铸词。[②] 人影散随弦鼓寂，茶香留看月灯迟。笑余赢得吟诗兴，偏在文园病渴时。

闲步后湖有作

常道性

野旷烟无际，阴浓一桁杨。麦苗含浅碧，菜蕊散深黄。春色已过半，豪情殊未央。与君皆老大，莫负此流光。

后湖看新绿

黄承增

软衬红罗艳点梅，能消几日翠成堆。窅孃眉黛窥深浅，[③] 蹋尽斜阳未肯回。

---

① 徐熙：五代南唐杰出画家。

② 贺铸：字方回，号庆湖遗老。北宋词人。自称远祖本居山阴，是唐代诗人贺知章的后人。

③ 窅孃：南唐后主李煜的嫔妃。善舞，以裹足取悦后主。据说她是混血儿，与中原人眼睛不同，故名窅孃。

夏日题白园壁

程　秉

踏遍芒鞋破藓痕，茶烟吹出白家园。半窗疏竹斜通径，一路垂杨直到门。性好登临宁倦足，秋非离别也销魂。湖光眺尽平如掌，何处青旗卖酒村。

夜泛后湖

程　秉

送尽残阳咽断蝉，半篙新涨水清涟。红灯照市人估酒，明月吹箫夜放船。杨柳风飘衣上露，楼台影落镜中烟。秋期近矣双星渡，怅望银河万里天。

同人后湖晚步入市观灯

周乔龄

湖田麦秀欲齐腰，湖肆茶香屦舄交。傀儡登场筝聒耳，春情多上柳眉梢。

万林火树架新桥，蹴蹋香尘市语嚣。自古繁华襄汉口，清明以后试镫宵。[①] 汉口灯事每盛于二三月间。

① 镫：同“灯”。

后湖感赋

蒋 炯

我来二月湖平沙，宝马络绎驰香车。胭脂梅谢海棠圻，水亭拉杂鸣筝琶。我归五月水没渚，隔林咿哑响柔搒。田庐泛泛若凫鹥，远带高城杂平楚。到眼顷刻成沧桑，但爱水色如潇湘。湖南市声飞不到，夕阳两两鸣渔榔。渔翁七十头雪白，为言湖神能杀贼。嘉庆初元蜂蚁屯，[①] 一夜惊波飞霹雳。云车风马围周遭，贼心胆寒空营逃。汉口人家百万户，幸免赤立膏霜刀。贼退湖干沙路出，高阁忽联夜弹瑟。挥金不惜土木功，谁念湖神营寸室。我听翁语重黯然，自古幽恨难问天。伍子鸱夷亚夫饿，[②] 弓藏鸟尽终谁怜。别翁归船枕舷卧，江雨潇潇压篷堕。荆榛铲尽豺虎空，孰谓湖神贼能破。

晚步天都庵纳凉

方 矩

嘉木无烈日，习惯如夏虫。入世无冰心，焦死如秋蓬。我欲乘紫烟，逍遥游太空。浊气不可近，冷然吹天风。

---

① 嘉庆初元蜂蚁屯，是指嘉庆元年（1796）至九年（1805）湖北、四川、陕西三省的白莲教起义。

② 伍子：伍子胥。《史记·伍子胥列传》记载：伍子胥以死谏吴王，吴王大怒，用鸱夷（皮革制的酒袋）盛其尸弃于江中。亚夫：即周亚夫。周勃次子，西汉名将，最终饿死狱中。

天都庵看芙蓉

潘国祚

长堤雨过洗秋容，眼底繁华簇锦重。入寺漫劳歌竹叶，涉江今始采芙蓉。

上巳宴集天都庵

潘国祚

修禊欣逢天气清，[①] 招提临水快相迎。峰峦历历窗间出，士女遥遥柳外行。丝竹远过王逸少，[②] 风流谁继谢宣城。[③] 酒阑屋角花飞尽，却怪东君太薄情。[④]

同方酌圃、范省堂天都庵步月

朱在镇

柳下月初上，行行恣幽讨。偕我素心人，蹋遍湖边草。钟响静幢幢，水明空浩浩。百年天地间，此意何能道。

---

① 修禊：古代民俗于农历三月上旬的巳日（三国魏以后固定为三月初三）到水边嬉戏，以祓除不祥，称为修禊。

② 王逸少：王羲之，字逸少。

③ 谢宣城：谢朓，字玄晖。南齐著名山水诗人，与谢灵运同族，世称“小谢”。

④ 东君：司春之神。

佳儿歌为九龄曾玥作

吴邦治

东邻娇儿白玉面，柔毫索索鼍矶砚。[①] 雁芦蛇草疾如箭，金刀莫剪吴淞练。嵌岩凿石搜幽奇，擘窠大画何淋漓。字高身小势未宜，腕臂头足皆为之。嘉名不胫驰南朔，琳琅温蕴荆山璞。好将万卷敦初学，桃花浪暖看头角。

骡马店诗骡马店乃在汉口马王庙

黄　钺

富商大贾来，暂惕卸骡轿。有屋数十楹，幽暗失宧窔。[②] 不知何许人，出入只取闹。我来主试援而止，风雨破窗久无纸。朝阳夕阳不可徙，时方秋热汗如洗。阶下何所有？粪秽堆庭隅。楼上何所有？窸窣惟群狐。狐于楼上作人步，似怪客来非所据。狐兮狐兮尔何怒，明日天明渡江去。

渡　　江

黄　钺

曙色遥分黄鹤楼，西风重上汉阳舟。兼天波浪千帆矗，

---

① 鼍：爬行动物，吻短，体长二米多，背部、尾部均有鳞甲。穴居江河边，皮可蒙鼓。亦称“扬子鳄”“猪婆龙”。

② 宧窔：房屋的东北角和东南角。

照水云霞万里秋。毷氉那期今日事，飘零为怆昔年游。甲辰，与先兄来游武昌。仙人横笛应相笑，青鬓无端换白头。

大端阳行

吴德芝

午日龙舟闹江水，楚俗相传吊屈子。无端更有大端阳，初五日至十八止。剪纸为舟逼肖龙，中座神像装束工。迎处妖娆杂妇女，扛来欹侧集儿童。金彩高张锦翠铺，极工穷巧尽欢娱。游民废业事厥役，半月以来争追呼。典衣卖器供尊馔，肉山酒海腥风煽。急管哀弦恣牛饮，长旗大鼓疑龙战。醉来怒骂老挥拳，槃篡壶杯飞瓦片。明日酒醒仍弟兄，不仅娄公甘唾面。[①] 虐及神明守市廊，俨然面目与冠裳。麦瓜不黄李子黑，神前故故来相将。皆言一岁不如此，瘟鬼入门何能当。我看往年钟邑侯，曾经示禁城门头。莅官七载人不犯，闾阎清洁薰风流。当时此事竟衰止，并无一家见瘟鬼。可知挽俗在循良，小人所视君子履。且也先王法制详，是月勿用火南方。喧阗爆竹若如此，微阳生意能无伤？[②]

---

① 娄公：娄师德。《新唐书·娄师德传》："弟曰：'有人唾面，洁之乃已。'师德曰：'未也，洁之，是违其怒，正使自干耳。'"后以"唾面自干"形容即使受了污辱也极能容忍。

② 微阳生意：指引发水灾。

春游口号

彭心锦

未能觅句手空叉，饭罢闲行水一涯。十里平湖红似锦，春光争放燕儿花。

雨中渡汉江作

文师汲

二月连江雨，江寒色未开。云低天欲堕，舟小雾将埋。沙岸惟栖鹭，春城不放梅。有怀空击楫，怅望济川才。

计日家书可达汉上

文师汲

客久将流落，思归损旧颜。一年秋又老，昨日信初还。已是飘零惯，从他鬓发斑。殷勤语儿女，无用泪潺湲。

耐村来汉上

汪　颖

别去三年归路遥，故人重见话萧条。颠毛种种雄心

在，[1] 身世茫茫髀肉消。[2] 画里山川悲往代，雨中蓑笠梦前朝。羡君已是完婚嫁，五岳惟存谷口樵。

汉皋移花

吴邦治

篱门上翠华，春早未移家。空觉人寰事，多栽山里花。根株占土脉，枝叶付烟霞。向暮风涛起，深情寄水涯。

登汉口第一楼独望四首之二

吴邦治

古市梁陈久，于今百万家。炊烟凌晓雾，野客住明霞。地涌黄金贵，人谁彩笔花。闲闲凭吊罢，莺燕语平沙。

栖息伤幽独，临高又散襟。文章惭报国，身世少同岑。虚栋灵风雨，危途视井参。一声划长啸，楼阁大江深。

汉　　口

吴邦治

大别亭亭郁翠霞，江深汉广思无涯。如何自古风流地，剩有于今富庶家。秋熟一尊篱下酒，春飞几点树头花。萧然

---

① 颠毛种种：头发短少，喻指衰老。

② 髀肉：大腿内侧靠近大腿根地方的肉。司马彪《九州春秋》："吾常身不离鞍，髀肉皆消，今不复骑，髀肉重生。"文中暗指作者鞍马劳顿的生活。

磬室烟波稳，独把渔竿弄岁华。

书龙事

吴邦治

庚辰五月终，神龙降大泽。金鳞潜幽光，土花蚀灵色。道傍蚁瞩眎，牛犬驱相逆。讵知云雨姿，不久泥蟠戹。一夜霹雳声，虚空晓无迹。

汉口水并序

范锴

丙辰五月，孝感县教匪滋事。① 明将军亮率兵剿，贼退据胡家砦，负嵎不下。至六月二十九日，始得歼除。先是，邑令捕获贼目杨伟、郑自清等九名，讯从襄阳人周义祥为师，相期纠众下，应约于午日同起也。孝感距汉口不及百里，半日可至，居人皇皇莫定，群争先雇舟，将挈家远避，每舟价数十百金不吝。一夕江水骤发，后湖漫汗，波浪掀豗。贼不敢渡，赖是以安。余谓此湖神默佑，当立祠以祀。迨宁居行乐，无有念之者，可慨也。诗曰：

宵警莫闻早枭食，② 胡家砦里纵花贼。仓皇竞佩赤灵符，欲上鹢舟少飞翼。冯夷振怒鞭鸣鼍，③ 吹风蹈浪翻江波。一夜湖田水盈丈，倒横天堑惊群魔。汉口人家百万户，

① 教匪：指白莲教。

② 枭：指白莲教。

③ 冯夷：神话传说中的黄河之神，亦泛指水神。

高樯大艑集商贾。朝朝听报捷书飞，那有梦魂駴桴鼓。维时襄樊煽妖氛，连山啸聚肆剽焚。净扫欃枪才匝月，[①] 千里争看飞将军。宁居行乐谁家子，买醉青楼博卢雉。可忆曩时湖神功，一椽不见供虔祀。

汉口《敬业堂集》

查慎行

巨镇水陆冲，弹丸压楚境。[②] 南行控巴蜀，西去连鄢郢。[③] 人言杂五方，商贾富兼并。纷纷隶名藩，一一旗号整。骈骈驴尾接，得得马蹄骋。[④] [illegible]人摩肩，蹩蹩豚缩颈。群鸡叫咿喔，巨犬力顽犷。鱼虾鲲就岸，药料香过岭。黄蒲包官盐，青箬笼苦茗。东西水关固，上下楼阁迥。市声朝喧喧，烟色昼冥冥。一气十万家，焉能辨庐井。[⑤] 两江合流处，相峙足成鼎。舟车此辐辏，翻觉城郭冷。[⑥] 黄沙扑面来，却扇不可屏。稍喜汉江清，浣纱人见影。

---

① 欃枪：邪恶势力。

② “巨镇”二句：指汉口虽小却处水陆要冲，在楚地之中首屈一指。

③ 鄢郢：泛指今湖北江陵、襄阳一带。

④ 蹄：原误作“啼”。

⑤ 庐井：古代井田制，八家共一井，称共一井的八家为庐井。泛指房舍田园。

⑥ 城郭：指汉阳城。

汉口《遂初堂集》

潘 耒

汉口通江水势斜，兵尘过后转繁华。朱甍十里山光掩，画鹢千樯水道遮。北货南珍藏作窟，吴商蜀客到如家。笑余物外无营者，也泊空滩宿浪花。

汉 口

吴 淇

雄镇曾闻夏口名，河山百战未全更。竞流汉水趋江水，夹岸吴城对楚城。十里帆樯依市立，万家镫火彻宵明。梁园思客偏多感，[1] 直北沧茫是汴京。

晚渡汉口

许锡龄

雾消才见日，风定恰移舟。波影连三楚，人烟划二舟。乱山临岸断，灌木隔江稠。回首阳逻地，苍茫正拍浮。

① 梁园：梁苑。西汉梁孝王的东苑，借指皇室的宅第园林。

汉口夜泊

饶守朴

萧萧孤棹客装轻，乘兴维舟汉水明。地胜高楼留夜月，江空细浪作秋声。平铺草色袅沤集，乱织烟光舴艋横。① 把酒总添乡思切，春风回首灌婴城。

春归日得楚白侄汉口书

戴文柱

骨肉伤心后，天涯泪暗挥。家贫归不易，别久事全非。买竹春烧笋，逢花昼典衣。晴川高阁上，谁与对斜晖。

汉江秋望

王元勋

波光天影两空明，云外迢遥过雁声。帆带夕阳归夏口，山连秋色到樊城。铜鞮谁唱当时曲，铁锁空余吊古情。欲访沧浪渔父迹，濯缨闲对汉江清。

---

① 艋：原误作“猛”。

汉上喜晤汪丈

江　昱

他乡执手感前盟，白发垂肩阅变更。问旧可堪皆后辈，抱书犹记拜先生。渐成安土如秦赘，[1] 别后添丁尽楚声。客况中平谁复道，一尊寒雨故人情。

汉口舟中和召村作《秋水阁诗抄》

许兆桩

五湖汛宅计犹赊，击楫同登汉上槎。世味渐谙知老大，乡园欲近问桑麻。隔村树杪驰帆影，逼水堤根动浪花。无限心情同着眼，可怜倚棹听慈鸦。

汉　　口

杨　瑞

大别山前水倒流，令人惆怅忆孙刘。书生竟有吞吴计，天意何曾为蜀谋。杨柳旌旗江上酒，仙人黄鹤水边楼。也知兴废寻常事，独有闲情狎水沤。

---

① 秦赘：秦代男子家贫无以为婚者，得入赘妇家。后因以借指赘夫。

小满日汉口舟中对雨

姚士铭

今朝逢小满，好雨及时倾。著水开圆影，飞空作碎声。云迷江夏树，烟锁汉阳城。待到昏黄候，天清月更明。

汉　　皋

周乔龄

日午层阴散，春光丽汉皋。麦依欹岸上，松与远峰高。解佩缘诚幻，题襟兴尚豪。郢中多雅调，庄舄亦风骚。

雨泊汉口有感

蒋　炯

沔汉流通万里潮，孤篷泊处雨潇潇。云连赤壁波涛壮，路出乌林虎豹骄。百战江山余涕泪，三分事业付渔樵。沈沙折戟何须问，且倒东风浊酒瓢。

喜李啸村重来汉口即次元韵

王文宁

相逢真意外，犹作梦中猜。不畏狂澜险，多因旧雨来。别家临老惯，异地见花开。莫拟山阴棹，春江自溯洄。

试茗后湖

范　锴

夕阳初堕晚凉时，万顷烟波一舸移。我本自来还自去，姓名那许白沤知。

汉口风雨因忆去年阻风于此《风楸偶啸》

沈　宜

细雨冥冥倍客愁，波涛斜织汉江流。春风只与诗人旧，岁岁相逢欲恋舟。

予往汉口龚右人过访不值，归家用刘以介桃源诗韵寄之

前　人

偶逐江风看渚鸥，到家颇怪破清幽。只因处士犹耽字，遂使渔翁得溯流。湖上白云朝饷客，山阴玉雪夜陪舟。君归倘作桃源记，莫注茅堂第五丘。

题汉口酒家张氏壁

沈　宜

年来颇结汉阳缘，买醉旗亭不袖钱。却笑长安风雪里，黄金偏得酒家怜。

题《汉江晚泛图》《石桥剩稿》

胡体晋

买得扁舟一叶轻，江头正喜晚潮平。莫因两桨飞如燕，便向风波险处行。

汉口别范白舫及张[illegible]村

孙　枚

相见倍相怜，深情胜昔年。与君俱逆旅，此别转凄然。落日明流水，长风送去船。登临空有约，孤负好晴川。时约游晴川阁未果。

泊汉口望大别山作

孙　枚

浪游几度此经过，可奈留无十月何。独倚篷窗看大别，定教添得别愁多。时将至襄阳。

后湖茶社远眺《五痴山人稿》

闵文哲

小步初离市，湖天望渺冥。云来秋水白，雨过远山青。逭暑呼佳茗，寻诗倚曲棂。幽情羡渔者，歌桨度前汀。

汉皋夜市

陆　飞

江头夜市散初更，醉帽欹斜白袷轻。茉莉芝兰香满路，一街镫火卖花声。

梦醒犹闻隔院歌，香销酒冷奈愁何。高楼夜半凉如水，啼煞檐前纺线婆。

汉口冶游

方如川

画地为牢也占春，桃花泥涴逐流尘。此间便现泥犁相，[①] 那得金刚不坏身。

汉上夜泊闻小伶歌声

杨　瑞

芦荻萧萧湘水秋，谁家新调按梁州。客心不似桓司马，别作浔阳一段愁。

① 泥犁：佛教语，指地狱。在此界中，一切皆无，为十界中最恶劣的境界。

潇湘湖黄花地

刘远英

天都庵畔雨初晴，芳草丛生倍有情。十里风光金共灿，一湖烟景翠方盈。酒香野店来飞蝶，车满芳郊好听莺。试看秋千深院落，夕阳掩映菜花明。

十一月至汉口，与彭栋塘、陆筱歙、吴樗原集叶松亭宅分韵得“酒”字[①]

胡绍鼎

明月照庭除，华筵列樽酒。此景昔所欢，相别何太久。自我远行役，岂无簋贰缶。[②] 寒沙雁落时，斜月鸡鸣后。今夕匪梦思，嘉会良不偶。新知乐云多，故人恩已厚。聚散如转环，相期慎素守。

汉皋《洪乐集》

徐　韦

解佩汉江滨，鸣弦玉户人。桃花三月浪，杨柳万家春。膝上横瑶瑟，波间觅锦鳞。应怜秦氏女，日暮翠蛾颦。

---

① 分：原误作“兮”字。

② 簋贰：二簋之食。《易·坎》：“樽酒簋贰，用缶，纳约自牖，终无咎。”孔颖达疏：“一樽之酒，二簋之食，故云樽酒簋贰也。”缶：古代一种肚大口小的盛酒瓦器。

汉　　上

王宗璟

汉上游经数十年，诗名不借俗流传。闲来到处曾题壁，兴剧逢人亦写笺。任彼苍黄忘本色，与谁酬唱结良缘。从今解识推敲意，漫羡当初步月禅。

哭彭栋塘《所存集》

胡绍鼎

栋塘名湘怀，诗文擅重名。蔼然道义，笃于行事。辛未在汉阳相知日深，三年而别。又五年，过汉口，栋塘来访。余雅集作歌，且属之图。明年，栋塘年六十，余客黄州。十一月遇于汉口，忽忽归去。逾月，余复至，则栋塘没已十日。吊于门，门无应者。或曰："是日舁榇出之野，① 未知其处。"或曰："殡也。"噫！

门开寂无人，我哭向何处。出见道旁儿，谓言从此去。日夜雪风多，何以在中路。

箸书竟何如，后世当师之。平生守道义，故人能知之。伤哉千古名，虽有复奚为。

① 舁榇：出殡。

抵汉口占二首《子固斋诗存》

田维翰

我是当年丁令威，而今化鹤又来归。逢人漫话沧桑事，只觉城民到眼非。

汉口繁华压九州，题襟胜会纪前游。可怜卅里长街市，也是阿房一炬休。

寄题汉口紫阳书院

陈祖范

韦斋身居闽，印记犹紫阳。晦翁述先志，[①] 更以颜其堂。至今仰止者，泰华相低昂。书院衍道脉，嘉名披吴闾。近传汉江口，栋宇尤炜煌。问谁集众力，徽国乃宗邦。旁以憩宾旅，中以肄文章。来往必敬恭，曾不异维桑。美哉此建置，名实诚相当。

将到汉口有此作

永井久一郎

行尽河南长短亭，去京三日梦中经。吴头楚尾天将近，旧识遥山邀我青。

---

① 晦翁：朱熹。

题双烈碑七古一章

徐咸正

女儿给贼贼头割，刃可夺兮志不夺。贼缚女儿行路难，行路难兮江水寒。君不见，井可投，臂可断，青史名姝竞褒赞。胡乃双烈姓氏终佚散，铁血诗魂、荒凉白草同枯烂。墓门展拜问苍穹，苍穹无语鹃啼红，石碑矗立生英风。

汉口癸丑俱乐部诗征咏代启 甲寅上巳

王运嘉

江汉滔滔流日夜，枌榆万树劫灰余。晴川鹦鹉春何似，洪水蛇龙祸未纾。尽有门材任荒落，尚遗乔木渐凋疏。扶轮大雅先河在，青眼高歌渺愧予。

东鳞西爪忽相聚，悟却随缘即是缘。古调音沉《广陵散》,① 盛游人溯永和年。莫抛敝帚同珍惜，且拾残薪待火传。呼起羲轮敲白日，玻璃声彻九霄边。

即席和韬庵诗社征咏原韵 《湘绮楼诗集》

王闿运

扁舟昨夜过金口，重访婆罗是劫余。江汉有情人易老，东南无事力难纾。灵皋垂柳依然绿，玉笛催梅逐渐疏。幸得

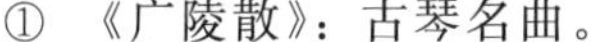

① 《广陵散》：古琴名曲。

分题写长恨，洞庭波远渺愁予。

暮春觞咏兼弦管，老入花丛信有缘。俱乐诗成癸丑部，鏖兵犹记甲寅年。曾编《军志》书无隐，[1] 敢说名山史可传。明日驱车便千里，思君回首五云边。

① 《军志》：指《湘军志》。王闿运自认为是最得意的史学著作。

轶闻志

《汉上题襟集》，唐段成式、温庭筠、周繇、韦蟾等合编，世鲜传本。余过书肆，辄问及之，均答以未见此书。及阅《渔洋山人诗话》，亦谓《汉上题襟集》。闻楚潜江莫进士与先有藏本，数千里往借钞，则诡云顷游鄱阳失之，迄今以为憾事云云，则是集之失传也久矣。徐焕章《懒园杂俎》

李道士，正德时住武当山，惟啖麦麸，人呼“麸子”，言凶吉多中。嘉靖中，荆永定郡王礼聘至蕲州，问长生诀。对曰：“殿下修身齐家，长生诀也。”赐金帛，不受，辞归。至汉口，卧舟中，忽亡去。其后，王以事干宗正条例，[①] 几废国。思道士言，改悔前非，卒称贤王。《汉阳县志》

仙爹，姓名不可考。顺治初，侨居汉口由义坊，言未来事多奇验。一日，忽言此处当火，急持杯水周行十余家。数日后果火，前后灰烬，独所行处得无恙。孝廉解乾濬子以痘殇，瘗尼庵侧，寻复活。里人陈姓收养之，孝廉不知也，每以无子为忧。仙爹尝慰之曰：“汝子已长成矣。”初以为诞。康熙己酉，[②] 乾濬遇小儿于途，疑其貌类己子，物色根究，得其详，遂闻于官，断归乾濬。时人作《绛红袍传奇》纪其事，于是仙爹之名益著，人争供给之。卒葬大别山腰，表曰

① 宗正条例：指皇族内部的规章条例。

② 己：原误作“巳”。

"仙爹"云。《汉阳县志》

僧二白，字东白，本儒家龚氏子也。七八岁时，披剃于城西兰若。① 初不知书，后忽顿悟。凡五镫三乘之奥，② 悉能洞彻。驻锡江夏灵湖寺，久之仍归汉镇圆寂。③ 晚岁善诗歌，有《榜桡前后集》传于世。同上

傅文忠，居汉镇，体魁梧，长七尺余。乾隆五十五年，安南国王阮方平入贺，道经汉上。傅佩刀迎立，阮凝视，摇首咋舌而过。同上

王文宁，字栎门，先世陕西蒲城，以业鹾移家汉上。孤介自许，与人交，坦白平易。耽吟咏，手《右丞集》一卷，尝曰："学右丞，贵得其清矫淡远之致。"又性嗜友朋，文酒宴会无虚日，家以此落。尝有句云："药贵违儿愿，家贫仗妇支。"人以为达。好施予，不稍吝，有不能偿者，辄焚券，盖其性然也。有《挹褱露轩诗集》。同上

尚锦堂，字香雪，居汉口。性不苟同，所订交终身如一。后进有小善，诱掖奖劝；有小不善，即加以声色，如训子弟者然，人以是多之。屡试不售，游豫章，以诗酒自娱。有《东游草》。同上

黄承增，字心盦，歙人。伟貌修髯，交游甚广，工作诗词，文思斐然。好客游，所至，公卿倒屣，争相延致为江湖上客。三留汉口，与江汉人士为文酒会，将有终焉之志。著《汉口漫志》，得二十三卷，未竣而卒。同上

---

① 兰若：寺庙。

② 五镫：《五灯会元》。三乘：一般指小乘（声闻乘）、中乘（缘觉乘）和大乘（菩萨乘）。三者均为深浅不同的解脱之道，亦泛指佛法。

③ 寂：原误作"叔"。

黄均，字谷原，吴县人。山水苍秀，得宋元人法，尤长窠石，淡远轶尘，诗词、书法亦饶雅洁。薄宦楚鄂，性情疏散。后赘于汉口周氏，颇得随寓而安之趣。《汉阳县志》

范锴，字白舫，乌程人。性喜吟咏，工词曲，广交游。著有《汉口丛谈》六卷。同上

吴邦治，字允康，号鹤关，歙县人。侨寓汉口，与段寒香、彭念堂称“汉阳三老”。好学多艺，性颇耿介。居有鹭飞楼，自作小记，甚佳。同上

王彭泽，字五柳。幼颖悟，善丹青，精于医，能已沉痾。性豪放，悬壶汉口，不论贫富皆往，其贫人贳药不责偿。尝东走邗江，西走滇粤，故人所赠遗囊中累千金。归，召朋旧酣饮竟月，生产不计也。资罄，仍寓萧寺中，黄齑白粥，与苦行头陀同饮食，其豪如故。著有《尺木诗集》行世。同上

白敦信，字诚斋。工诗画，精六书之学，志洁行方，不求人知。尝于由义坊辟地为园，随其基之高下，为小楼曲榭，位置楚楚。襄河故道当其前，春日芳草蒙茸，黄花满目；夏秋之交，烟波浩渺，钓艇鱼帆，可指而数也。子玉世其家学，亦工篆隶，汉唐碑版，皆手自磨勒，分刌合度。又善射，能开六钧弓。同上

常道性，字芝仙。自芜湖迁汉上，已历三世。少英敏，耽情文史。长工书画，晋、唐、宋、元诸大家之法，无不神领意造。精赏鉴，能历指其瑕疵，以定真伪。作诗专写性灵，时谓诗、书、画为“三绝”云。同上

叶廷芳，派名成佺，字客尧，号松亭。溧水庠生，援例候选道。以受分产业在汉口，遂著籍汉阳。性孝友，书必观

孔孟，学必守程朱。不规规讲说，外自表襮，而恒以躬修实践，刻励于衾影。虽燕居，正衣冠，无懈容。有弟三人，析产后皆中落，复与合爨同居。每岁季冬，念贫民无以卒岁，怀碎金百数十封，遍行闾巷俵散之，不告姓名，尽一月乃止，岁以为常。喜吟咏，著有《花余亭诗存》。孝感胡侍御绍鼎工诗及书，与论交最笃。每作书，喜录廷芳诗，其倾倒若此。则廷芳之诗夷犹恬旷，风味可想矣。卒年五十有四。江汉间至今犹有藏侍御书为两家韵事者。《汉阳县志》

胡侍御牧亭先生，名绍鼎，孝感人。诗、古文、制艺皆简古淡泊，人亦如之。精书法，闻诸父老。先生馆汉皋叶氏，日书《千字文》数字，纵横竟尺，积久始成。叶氏宝之，泐石祠壁，非其人不与观。后毁于兵，今传者仅拓本半册而已。当先生临池时，朋辈多诮让者。先生曰："子无然，数十年后，一缣不能易一字也。"其当时宝贵与自信如此。《健斋丛说》

胡闻若，字雨芗，侍御牧亭先生子，性情、文字俱有父风。山阴史殿撰致光督楚时，以金聘书"高山仰止"四字于汉口绍兴宾馆，署用己名。闻若怒曰："胡侍御子弟，岂数百金可啖!"遂为制军作书佣者反其金。致光愤甚，遍觅书者，无出闻若右，不得已竟列闻若名焉。洪、杨逼楚汉镇，焚掠殆尽。某将军见此四字，惊谓群酋曰："好护之，后之人不能也。"故讫今岿然独存。每过其下，辄低徊留之不忍去。同上

焕斗按：此条与《孝感县志》所载略同，惟《县志》称雨芗先生为侍御之侄，此称侍御子，为稍异。雨芗先生性傲岸，不为势利动，尽人知之，不赘。惟"高山仰止"四字，

经民军起义，该馆左右悉成焦土，而此四字独无恙，毋抑在天之灵、神鬼为之呵护邪！余旅汉三载，屡欲雇工摹拓，留示来兹，以案牍劳形未果。适晤乡友毛君玉泉，其嗜古与余同，极力赞助，愿出资斧付诸剞劂，以公同好，附记于此。

彭启贤，字敬庵，汉口人。性孝友，好学。少孤，侍继母，得欢心。从兄商贤官闽，父衰老不任远涉，启贤身任甘旨无缺。[①] 塾师傅某以苦学失目，启贤终身奉之，子幼无归，婚教如己出。尝日持筹于市，夜则篝火咿唔。凡天文、地理、钱法、盐策之书，罔不究览。邑中桥梁、社仓、普济堂诸事，经启贤手，悉公正无弊。累至数千金，入即散去，或购买奇书，虽罄资不惜。年六十一卒。前郡守郭公朝祚志其墓曰“高士”。《汉阳县志》

两孝子坊，在汉镇花楼下，为孝子黄金阶、黄仪立。同治元年四月，署知府周乐移建郭公堤钟楼下，因年久石烂，易坊为碑，并志巅末于石。同上

附录两孝子事：

黄金阶，事亲至孝。母病，祷神求代，遂获痊。及母殁，手刻像，奉事如生前。庐墓六年，有白鹏来巢、麦穗两歧、灵芝五茎之异。有司日馈薪米，学使王琯拔入胶庠。康熙四十四年旌。

黄仪，金阶子。父病，泣跪医前请救。父殁，贫不能葬，守棕哀号，三年如一日。既葬，庐墓三年，夜有巨蟒护其庐墓，田所植瓜，皆一蒂二实。母何氏，二十九守节，至五十卒，仪哀毁如居父丧，观者流涕。因名其地曰“孝子

---

① 甘旨：养亲的食物。

里”。雍正元年旌。

康熙三十四年乙亥五月，汉口天雨豆，大如小赤豆，紫色，有一点黑处似蒂。

汉口后湖自乙酉迄今，樵鱼者每于地获白鼠，好事者捕以为戏。

汉口镇小河内藏铁索，其长不可数计。顺治九年，河涸，居民日拽之，叠成山，莫能穷尽。明年水涨，索仍没。考之博物者，皆莫知其故。

九龙八凤山海雄镇碑，在汉口大智坊河街，道光间毁于火。

清官碑亭，在汉口大智坊，康熙五十六年，阖邑为学使李公周望建，今毁。

额公亭，在汉口大智坊麻阳口，康熙五十八年，阖邑公建。

惟叙亭，在汉镇堡垣内，同治二年，郡守钟谦钧建。亭中刊《江汉朝宗图》，备载堡垣形势、堡门、炮台及汉口各街巷曲折焉。以上《汉阳县志》

惠民亭，在劝工院后马路旁，清光绪三十二年为南皮张文襄建，今于亭下设辅德初等小学校。

锡山北门外冶坊有名王仙人者，爱畜珍禽奇兽，群呼之曰仙人。乾隆己酉六月，余与仙人遇于汉口，见其寓中养一小鹿，甚驯。架上有白鹦鹉，能言“天子万年”“吉祥如意”等语。自言尝得一猕猴，高不过六七寸，与老母鸡同宿。猴索食，鸡啄庭中虫蚁哺之，猴不愿。猴亦将所食果栗与鸡，久之，竟成母子。猴每夜宿，鸡必以两翼覆护，以为常也。钱泳《履园丛话·臆论》

汉口泊船，以襄河口为之归墟。[1] 然两淮盐商行盐虽在汉口，而盐船绝稠而高大，则多泊于对岸之塘角，曰下新河。终清之世，举如此也。余观周自庵学士寿昌《思益堂诗钞》有《哀塘角行》五古一章，则纪道光二十九年火灾也。其诗叙述极详备，可称诗史。今辑其自注为一篇，俾考汉口旧闻者摭入焉。“清道光二十九年己酉岁，湖北武昌省城外之塘角，俗曰新河者，大火。新河者，因省城与汉口对岸，江流经黄鹄矶，水奔驶，无泊船处，因于塘角开一河。水曲而回旋，用以舣舟，绵亘约十里，尤以两淮盐船屯泊最广。是时适有大艑峨峨者四百二十艘，互相牵系，余外又系艘六百余只，十九皆估客船。间亦杂有官舫，首尾联络，势若蛇蟠，所以绝风涛、避寇贼也。岁十一月十九日入夜，舟人醉饱者、安役者，皆安寝矣。突有一大船中盐丁摊一灯吸鸦片膏，一火倏腾，渐延及什物、船篷，以至于焚樯竿。俄而火烛长川，船人竞起，理篙杙者、窜逸者，皆自梦魂中迷骇昏乱，不知所之。而又千船固结，仓卒不可割分，上流火势剧烈，炎炎若飞炮；下流风逆，即解缆亦不得出。船塞江路，舟中兄弟、夫妻、儿女皆忍死相觅，声呼噪，渐至听闻皆迷。但见风声、火声交互歙欻，人皆惊投如羊豕，自窜水火。有上跃如猿，跃起仍堕水火者；有逃入水，水沸致糜其肢体者；有一妇新产，未裹裳裤，母子互跳掷相抱焚死者；有一船逃对岸将停，而轮回风迫入火中，十口无一存者。是夜火发，烧及次日辰末止，浮脂幂江波，腥臭不可闻。灾后无棺可殓骸，只以一席裹一尸，至数千百具，诚浩劫也。去

---

① 归墟：传说为海中无底之谷，谓众水汇聚之处。

汪容甫哀船之岁又数十年，意者盐商蠹国病民、纵侈暴殄之恶，所必至者欤。”王葆心《晦堂近世事笺》

汉口镇有刘氏女许嫁张氏子，彼此往来嬉戏，从不避忌，亦其乡俗然也。有富家儿见而艳之，谋于父，将以千金买为妾，父漫应之。女以为实然，是夜启门潜出，如张氏告之，乃即夕成礼焉。质明，父失女，奔告于张，则女及婿双双而出拜矣。夫六礼不备，贞女不行，此女所为，殊乖礼法，然既聘则非奔也。宋儒云：“权而得中，乃礼也。”或可为此女解嘲欤。俞樾《右台仙馆笔记》

汉口镇袁家湾有老工，年六十三矣，二子未娶，俱执父业，而兄弟不相能。偶因口角，兄举斧砍弟之头，弟即死。邻人欲缚其兄弟送官，① 父泣曰：“老朽止生此不肖子二，今幼子已死非命，而长子复抵法，则暮年何恃焉?”众哀其言，各散去，其事竟已。余按《纪文达笔记》中载有一事与此相类，天下事竟有情与理相妨者，律载重囚无子者，许其妻妾入狱，此或可以通其变乎。同上

吾国扬子江沿岸繁盛之区，汉口当首屈一指。民军抵汉，尽力保护居民安宁。讵自九月初九日后，清军进据华界，即纵火焚烧，惨无人理。兹将被焚地址调查志之：一、河街，上至大通巷河下止；一、中街，至安善巷止；一、后街，至马路止；一、下街，至招商局止；一、黄陂街，仅马王庙、四官殿两处尚存，余尽被烧；一、大智门一带，至新马路兴业银行旁止。统计华界房屋烧去十成之九，汉镇精华至此殆尽。金城《湘汉百事》

---

① 弟：疑为衍字。

民国成立后，海内群颂武汉起义之壮伟。自元季天完徐氏起义蕲黄后，[1]五百年未有之盛也。副总统黎元洪领湖北都督，爰开革命实录馆于汉口之英界一马路，以随州谢石钦等调查事实，而以罗田王葆心等总修书事。王氏固宿儒，议先为长编，以经纬散殊之事项。壬子八月启馆，匝年而长编甫竣，猝以江西变乱，事遂中止，论者惜之。汉口本商场，以修书之事点缀其间，诚为罕事。恐久而湮没，特予志之。

海宁女士王蓉珊，自号海沤居士，寄籍黄安，系出名家。归前清荆州旗防候补知府宝勋。早丧所夫，操行贞苦，娴吟咏。国变后家破，[2]流寓汉口法界，以诗词自遣。有《壬子汉上感秋》诗云："秋风吹我襟，寒气侵我心。我心悲所遇，意绪托鸣琴。天上有明月，皎洁自古今。照见天下事，不平多目深。我亦堂堂躯，衔石比冤禽。我降无巢梁，踯躅不能寻。游蜉日征逐，傀儡匪所禁。况复古祖国，大势日将沉。何忍心无竞，何忍舌本喑。何可事游宴，何不鸣霜镡。人身莫辜负，白日驰骎骎。展转沸中肠，午夜起哀吟。"又有《偶题》云："仍疑身作客，徙倚且安之，图史供生活，飘零付小诗。思悭缘学苦，韵剧入毫迟。无限苍茫意，临风写楚词。"著有《好学为福斋诗草》，曾见汉寿易实甫观察顺鼎题其诗集云："云罗万里索诗来，劫后珠啼未化灰。冷雁幽猿同苦调，女龙雌凤此惊才。湘灵清怨闻瑶瑟，孝穆闲愁满玉台。更忆天涯老都讲，尊前曾为慧禽哀。"自注："书生无力扶衰运，托命尊前惜慧禽。"乃女士之师王晦堂二十年前在两湖书院

① 天完：元末徐寿辉建立的政权。

② 国变：指清帝逊位，民国建立。

咏《鹦鹉赋》绝句中语。长沙吴编修嘉瑞题云："物是人非事事休李易安句，双溪无复泛轻舟。才名身世同清照，一例多情一例愁。"大冶朱编修国桢题云："九嶷竹管泪纵横，[1] 十丈凌霄缀珞璎。周室仅余嫠恤纬，秦台容筑女怀清。西山薇蕨都无命，古井波澜誓此生。惟有名心镌未得，含秋抵死作虫鸣。"可以见女士之身世与其志尚矣，此亦足点缀汉上山川也。参《好学为福斋诗存》并题词

双烈碑，旧在城门左侧。前清光绪三十三年丁未，张南皮督鄂，毁城垣为马路，倒置二碑于泥泞中。沔阳陶君庆棠不忍见，商之济生堂友蓝子芬君，倩役移置于该堂之左。一为"烈女杀贼处"。咸丰五年七月十八日，粤贼窜汉，居民皆挈眷以逃。烈女适遇贼于后湖第五泉侧，贼艳女貌，逼之甚。女皇然若有所思，旋笑曰："诺！但畏尔刃，盍去诸？"贼去刃，复逼之。女曰："刃则去矣，奈尔衣溅血何？"贼脱衣见胸，女出贼不意，拾贼刃，刃贼胸。贼死，女亦自刎。群贼掉舌不敢进，同难妇女数十人，悉借以免。时郭君退山之妾与其母亦在遁中，亲见其状，遂与何君右田、沈君海帆同树碣于其地。其一为"烈女投江碑"。烈女江夏人，遗其姓字。咸丰乙卯，粤逆复窜汉皋。女适遇贼于后湖，被掠入贼舟。同舟女伴惟女姿首冠其群，贼欲载至江南充伪妃选。女知，乘不备投江死。是时邑人有陷贼者，悉其事。且言死之前一日，曾裂指血书被，作长句，惜诗不传。仅记篇首有"生长朱门十九春"之句，盖名门弱息多才而能取义者。徐焕章《懒园杂俎》

---

① 嶷：原误作"疑"。

同治丙寅，扬子江滨有渔人举网获一女尸，面貌如生，年约二九。附近男女集观，无一识者。渔遂同募微资，具棺为掩殓之计。时老妪为女解去湿衣，见血帛自襟中堕下，盖血书自尽诗云："妾长朱门十九春，如何竟作乱离人。杀身无济君王事，尽节聊酬夫婿恩。波冷自怜沉弱骨，月明谁与吊孤魂。哀哀父母恩难报，但愿来生作子孙。"孝义节烈，发于至性至情，令人听之酸心，闻之泪下。徐焕章《懒园杂俎》

汉口节孝坊不多觏，除忠义节烈祠外，惟苏湖公所左侧有石坊一座，残缺不堪，姓氏亦无可考。惟横额上有前汉阳府学教授李文靖所题三十二字，尚完善可读，姑存之以备参考。其字云："琅琊望族，兰陵世系。荼檗清操，冰霜孤诣。桓孟可方，郝钟堪媲。勒石标贞，绵于勿替。"同上

吾乡胡侍御牧亭先生曾授读于土垱紫竹庵，"紫竹禅林"四字出其手笔，惜兵燹后焚毁失实，先生手泽遂不得而见。闻之先君子云："胡侍御书学白鹿洞，其气魄雄厚，实驾白鹿洞而上之。吾家所藏'满座山光摇剑戟，绕门波色动楼台'一联，殆墨宝也。"同上

汉口镇商贾居民凑杂，户以十万计。嘉庆十五年庚午春，大火延爇，殆数万家。街市中截，弥望尽成焦土。然以货物所集之区，不难重构，一月之内，室堵齐兴。凡百贩鬻，俱复其常。其时遍地皆小鼠，长不盈咫，或白昼游行，见人亦不甚畏避。虽以计取杀之，究多而不能除，顾未尝见一壮大之鼠，两三旬外，则小者尽长而大矣。此客于汉镇者所亲见而详述如此。当烈焰焚燎之时，即穴土数尺不免灼烂，鼠之种类宜无复遗，奚自而蕃于产育？纵或由他处走来，亦必其大者，何以皆为雏稚？又何以较平时而反增多？

岂天之生物，既有此一类，即不欲殄灭之，而故为布种之欤？是则佛氏所谓四生中之化生也，初不必有种也。其事似怪而要不足为怪。试观大旱涸泽，枯燥无殊于陆地，水族之生气尽矣，乃经雨而鱼虾更繁，不同此一理乎？金溪李元复《常谈丛录》

清道光间，汉口有涂孝女者，其人黑面微麻，言笑端谨，立志养母，不肯字人。叶调元有诗云："涂家孝女养孀亲，剪纸成花巧夺春。手艺惊闺沿户卖，货郎谁识木兰身。"

叶调元云："米厂大马头之外，父老相传尚有街道两条，今皆崩圮。"《汉口竹枝词》注

堤口为汉水出口之处，旧有卷棚石桥一道，上书"汉口"二字，峭拔可爱。今已淤塞，不可得而见矣。硚口地方亦有"硚口"二字，不知何人秉笔。有某客《夜泊硚口》诗云"渡头春水碧，硚口夕阳红"云云。姑录之，以质诸多闻之君子。《懒园杂俎》

汉口于二十一日匪徒最恣肆，花楼钱店之被抢者数家，官钱、银元等票遂失效力，市面大恐慌。加以自武昌逃来之满人狙伏各处，纵火图财，人心惶惶，一刻数惊。花楼、南城各处皆有火起，至若后城马路一带，亦有多数匪徒，三五成群，结党要结，文弱者多遭其害。轮船码头下，男女老幼坐地而哭者甚夥，皆因衣物被劫，而轮船买办唯利是图，力索重价，致欲行不得，欲归不能，苦楚之状，不堪入目。迨二十三日，始渐恢复秩序。此亦改革时期所必经之阶级也。金城《湘汉百事》

郑交甫尝游汉江，见二女皆丽服华装，佩两明珠，大如荆鸡之卵。交甫见而悦之，不知其神也，下请其佩。二女手

解佩以与，交甫受而怀之。行数十步，视怀空无珠，二女忽不见。汉女解佩未及于乱，而后世以为风流话柄，何耶？《情史》

江油然，字元白，诸生。貌魁岸，多膂力，喜谈方略，谙兵制。崇祯中，寇氛日炽，油然结乡勇，励以大义，为捍御计。值左帅部校惠登相有溃卒由豫入境，焚掠纵横。油然率数百人相持于后襄河，凡六七日，卒莫能进，从他道去。事平，抚按褒其功，授以职，辞不就。《汉阳县志》

大安寺钟铭，宋嘉熙四年孟珙铸，今移江夏铁佛寺中。钟上层珙结衔后布舍姓名，大半剥落。按：嘉熙四年，珙于汉口置屯二十以养新兵，其钟之铸于李家洲，正属管内。今洲已湮没，钟之移置未审何时。铭序脱落，不可句读，其末云："波心潮出箇家风，般般无欠欠金钟。净心竭力功圆满，喝得金乌离海东。嘉熙庚子七月中浣，汉东孟珙撰。"同上

歙吴美堂业鹾汉口，富而好奇。得一砚，宝甚。尝持之溺水，比得救，仍持以起。有关东安阿三者，亦以富侠名。闻吴砚，遗宾客厚馈，欲得之，吴不应。因托借观，复以重价酬，亦不可。乃张盛筵，出六美姬，指一姝色善琴者求换。吴佯曰："君明当出研，[①] 俟余赋诗与别，可也。"安大悦。吴归，觅一健者从。及研出，故为唏嘘，抚摩间，遽授健者持走，安追之不及。因大笑，掉臂去。黄冈吴德芝为赋《研不换妾行》云："莫笑鸲眼石，不换蛾眉人。我石患难曾同身，蛾眉虽好来方新，得新捐故何辜恩。九宾设次险一掷，谁知赵璧竟不失。君仍巫山寻雨云，我自南宫拜袍笏。

① 研：同"砚"。

高人嗜好各癖痴，一事风流两得之。”《汉口丛谈》

外舅吴会庚公，歙丰南人。言其族兄戾晋公者，奇士也。富而任侠，武艺绝群，尤精剑术。尝客汉口，一日，有老人携少女造门请较艺。公接之，视其女年十四五，髫鬓垂肩，神清若雪，异焉。问姓名，不告，曰：“第比剑耳。”因约郎官湖上，克期去。及期公往，女已先在，捧剑立，绣裳文衣，非剑装也。公语易服，曰：“不必。”语次，白光一闪，已及公顶。急出剑敌之，一剑又起。但闻飒飒有声，白光团绕，女隐跃光中，不可见，而锋芒骇疾。公愈退，剑愈逼。时观者千人，咸木立神悚，无敢喧。公大惧，奋跃出八九步外，曰：“神伎也！止！止！毋过迫。”女乃止，视公微笑曰：“君能敌我，亦大不易，无怪师云为及门高足也。”公异其言，详诘来踪，则授女术者即公师也。尝道公能，故来一校耳。然终不通姓氏，公留之不可，赆以金，不受，竟去。后公他伎悉以传人，惟不言剑。江绍莲《闻见闲言》

李拗枝，不知何许人，康熙间乞食汉口，一饱外尽饭饥者。贾翁某觉其异，频呼而饷之，割门外舍与栖止。李旦游都市，夕归宿，有年矣。邻有孝子，母病笃，医药无效，或谓李非常人，盍求之。孝子晨洁衣冠，跪请李所，李卧不顾。孝子请益力。李笑曰：“君真痴矣哉！我乞人，奚能为？顾君念良挚，宜为计。越三日，岳阳楼有烹牛脯者，取以啖母，可也。”孝子以岳州隔千里，难三日至，再请焉。李怒曰：“事急，求吾而不用吾命，曾有为人子而惮劳若是哉！”击以杖而逐之。孝子迫母疾，姑买舟挂帆，风迅如矢，三日竟抵岳阳楼下。登岸物色，适二丐踞地共食，窥之，牛脯也。喜极，乞其余，吝不与，夺而走，丐追焉。孝子以母疾思肉告。丐曰："尔其诡我哉！既尔，且将去，但属李拗枝毋多饶舌也。"孝子闻而惊问："拗枝何如人？"丐忽不见。比归，出肉疗母，顿瘥。往谢李，李已病，越数日，死矣。贾翁怜而瘞之。后十余年，有客从蜀来，以书达谢，兼致双履。启缄乃拗枝名，而履则翁子妇向施为拗枝殓物。始识为仙，其死也恐为人所觉，故幻走云。江绍莲《闻见闲言》

汉上徐校书兰茬秀曼，善都雅笔札，手作小笺，皆有思致。所居翦云楼，植观音柳数株，高出檐牙，每凭栏凝望，潇然作出尘想。予与游数载，赠诗有云："柳眉不是寻常样，分得慈云一段春。"后弃家入道，年才二十也。丁巳，予北上，路旁见观音柳，感作云："暗记昔年游冶处，一楼斜指翦云楼。"为之唏嘘累日。吴格斋《闲情丽品》

黄默谷熚照罢广东佛山同知归，旅居汉口。工诗画，甲辰吟社，常与主盟。曩为夏芳原写唐王建"中庭地白树栖雅"一绝诗意于听秋阁。岁己巳，曾与汪均之正鋆过烟鬟阁，芳原出示此帧，画法于苍浑中得清润之致，题跋于后而返。《汉口丛谈》

汉上一诸生，素著才名，屡试不第，友有为请乩者叩之。判云："此生应得科名，以少时馆于某家，与一婢私狎，业已削籍，尚欲叩问功名邪？"生悚然警惧。因辑戒淫功过格，① 广采注案，募资刊施，修身力学。至康熙丙子科仍中式，人以为改过之报云。《因果录》

僧戒显曰："汉口僧号宏戒，专化人放生。一日，遇屠

① 功过格：初是道士逐日登记行为善恶以自勉自励的簿格，后流行民间。泛指用分数表现行为行善恶程度，使行善戒恶得到具体规约的善书。

者肩擐一犬，僧苦劝买放，坚执不允。乃云：‘子与此犬殆夙世冤业，吾不能救解也。’合掌作礼而退。是夜，屠人宰犬，手举下锅，忽沸水溅心，肉烂，七日洞穿而死。汉口人皆感动，遂醵金建放生庵焉。”余往来汉上，时寓于此。按：庵址相传为今同知署。《因果录》

范运宾至渥，歙之狮塘人。家素封，援例授州司马职。后中落，不屑依人生活，常只身往来郧、襄之间，贩鲜鬻果以自给。诗文、书画、琴棋而外，音乐、演剧、刺绣、雕塑，无不能之。膂力近千斤，手技能却五六十人。客汉口时，曾脱某相国小阮某公子于平康之厄，[1] 群不逞拳棒交举。运宾负某公子揭楼瓦，飞身直下，冲突重围而出，无少伤，洵异士也。嘉庆初，卒于沙市。《汉口丛谈》

巴莲舫慰祖，好学多艺，工隶书，兼善技勇。业鹾汉上，爱才好客。四方著名之士，道经汉口者，无不相推侨札之好。[2] 一时题襟雅集，仿之天津查氏、邗江马氏。莲舫逝世，风流歇绝，已数十载，宜心庵漫志思缅幽深，感慨系之也。同上

钱塘胡戟门晋，以军功补新滩巡检，调莅仁义司。时淮之南北频岁水涝，逃荒者以什百计，乞食武汉间。内有无赖子，恃饥民之名，率妇女横逆汉口市廛，不胜其扰。大府虑

---

① 平康：唐长安丹凤街有平康坊，为妓女聚居之地。文中指代烟花之地。

② 侨札：指春秋郑国公孙侨与吴国公子季札。季札至郑，与子产一见如故，互赠缟带纻衣。事见《左传》襄公二十九年。后以“侨札”比喻朋友之交。

成群滋事，[①] 檄饬尽驱出境。戟门阴念驱此仳离，[②] 又以邻国为壑。闻江南春稔，莫若计其人口给资，俾归就食。因出俸余，室人徐氏亦脱钗珥付质库，好义者咸捐助。乃为买舟船，具糗粮，悉谕登舟，欢呼东下。程浩亭有诗纪之云："有丹起死不为难，难在贫医肉肯剜。百四十人齐得活，一时讴颂遍江干。"《汉口丛谈》

吴芍圃勺，一字灌云，倜傥好义。邗江有贫女，年十四五，随其父母来汉，投所亲不遇，断炊鬻女，误入狭邪。[③] 灌云闻之，急告戟门，[④] 断赎身券，其价项已半付旅债。灌云慨然资助，免堕烟花，且复给费使归，真盛举也。同上

曹问林侍墀，字曙阶，歙贡生。性纯和，好学嗜诗，为岩夫外舅。尝馆于鲍筠庄汉上寓斋，宾主倡酬，殆无虚日。新雨联吟落枝倡和之集，两翁皆与诗会，兴不少衰。同上

洪旃林檀，字少弓。业鹾汉上，阅世矣，遂著邑籍。近移家居仁坊，新筑亭馆，轩窗窈窕，楼阁深沉，颇饶花木之趣。主人名之曰"谁园"，盖寓达观意也。辛巳春初，积雪初霁，折柬相邀。同程浩亭、常芝仙登问青阁赏雪，璚霙璐霰纷飞于梅香竹影间，酿玉弦丝，歌郎一曲，迨夜分始散。芝仙赋诗，余与旃林和之。诗云："访戴谁园路，同云望杳漫。雪深迷径曲，梅瘦傲春寒。灯影明高阁，歌声绕画栏。胜游良不易，莫却酒杯宽。"同上

丹徒包云舫遐裕，以业鹾客汉。性慷慨，能急人难。故

---

① 大府：明清时称总督、巡抚为大府。

② 仳离：背离。文中指难民。

③ 狭邪：妓院。

④ 戟门：指官署。

手致数万金，亦时得时失。营别业于汉阳东门外，水阁风亭，芰荷香溢，颇占纳凉之趣。包山司马祥高，其胞侄也，磊落好交。尝得朱氏旧圃，垒湖石，构亭台，为觞咏地，名曰“怡园”，题赠成卷。《汉口丛谈》

洪旃林谁园蓄孔雀雌雄各一，伏卵成雏，年得数群，如《禽谱》所云。三年后金翠遍体，翎长三四尺，春日对客开屏，宛转就人而舞。此禽本罗江野生之物，今养于家园中，伏雏成队，驯扰如家鸡，亦异事也。年来更辟荷池，宽盈十丈，筑方墩，建亭其上，榜曰“得月”。界以柳堤，渡以卍桥，较前更增轩厂。旃林《园居杂咏》有“神游太古羲皇上，人在苍茫云水间。希有堪夸双孔雀，伏雏成队伴幽栖”之句，盖纪实也。同上

闵秋舫文哲，初名大纶。旧为吴兴著族，其先世宦游山左，明季迁徙汉上。秋舫长身修髯，貌颇伟，性傲岸不拘。嗜作韵语，不事钩深抉幽。尝手录古今人诗数十册，操觚染翰，兀兀穷年，虽炊烟欲断，悉置不问。复爱书画，时过骨董家询视，遇有佳者，典衣购之不吝。更好观人弈，尝备酒果以招弈者，弈者殚思苦心以争劫杀，而秋舫则起伏相忘，胜败不关。局罢，掀髯大笑。汉上春时，灯市甚盛，好事者乃制灯谜悬于户外，设文房各物以酬中者。秋舫尤酷嗜之，闻有灯谜处无不到，更阑人散，犹独立裴裒，若不忍去者。归必纸笔携满袖，恒欣欣然有喜色。人笑其痴，因自号五痴居士。曩倩人写小影，作荒山古木一人孤行状，题曰“古道独行图”，乞人题咏甚多。其风趣如此，著有《五痴山人稿》。同上

嘉善徐岳季方《见闻录》：飞琼，广陵何氏女，随母长

于蜀中。入王府习梨园，色既殊人，音复出众，王甚嬖之。国初为大帅所得，仍隶乐籍。一都阃狎之，[①] 千金买去。大帅持其短，复索千金，诸当事又挟之，更重费。都阃旋以缺库帑下狱，无所偿。飞琼曰："以妾之故至此，若惜小节而守此，将终陷主于狱底也。"径辞去，至汉口，密处一室。至中秋月朗，游人杂沓，飞琼撩鬓凭栏，喉啭一声，响传九陌，观者云集。明晨，巨商贵客，车马阗门，大声高价。数月间，遂以所得缠头清缺额。都阃出，遣人来迎。飞琼曰："妾本烟花贱质，主以私昵，动亏国课，[②] 致陷缧绁。故蒙垢忍耻，复以声色事人，免主幽系。既洁之，复陷秽浊，尚何面目偷生以重主君之辱邪？[③] 遂自经。《汉口丛谈》

明梁忆《遵闲录》云：太祖征陈友谅，王师至潇湘，赋诗曰："马渡沙头苜蓿香，片云片雨渡潇湘。东风吹醒英雄梦，不是咸阳是洛阳。"天葩睿藻、豪宕英迈有如此。《县志》按：太祖殪友谅于鄱阳，追至武昌而返。后一年，又躬讨陈理，驻兵汉阳，修其城郭。理降，振旅凯旋，足迹未尝越江汉以南，不当远涉潇湘也。惟汉口之后湖当时为襄河故道，一名潇湘湖，勒马赋诗，或即此耳。同上

回龙寺，《县志》：明永乐二年建，初名塞口寺，世宗临幸，敕赐回龙寺。国朝黄阁诗云："地僻门无径，松间榻有阴。秋山分野阔，寒水入云深。荒草高僧意，斜阳过客心。漫从星月下，枕石作长吟。"寺初建时，乃在荒洲之上。迨国初黄阁题诗，地犹僻野，今已阛阓喧阗，无复秋山寒水之

---

① 都阃：在外统兵的将帅。

② 国课：国赋。文中指官银。

③ 主君：对一家之主的称呼。

状矣。按《漫志》：明世宗自安陆入继大统，御跸曾过汉口，[①] 今有接驾嘴马头，俗讹呼薛家嘴。又有报驾巷讹呼鲍家，送驾墩讹呼宋家。《汉口丛谈》

天都庵为鹾商公所，黄心盦云：旧有巴莲舫隶书“蜡腊宴饮处”五大字榜额，笔势古劲，不知何人易去。同上

《随园诗话》：严公瑞龙任湖北布政使，招诸诗人倡和，有《续汉上题襟集》。傅辰三《感春》句：“但愁过却花朝后，[②] 一日春容减一分。”沈树德《落花》句：“飞燕蹴归帘影里，游鱼吹起浪花中。”叶声木《送人》句：“吹酒凉风穿树过，破烟水月隔楼生。”《续题襟集》今不得见，而当日公卿下士虚怀，忘其荣利，若徐、严二公者，能无景仰？同上

大观音阁门榜“觉悟群生”四大字，瘦劲有力，为雍正乙卯九龄童子曾玥书。按：玥字一峰，汉口人。幼聪慧异常儿，逾冠而夭，以诸生终。有《为刘明府题画》诗云：“几点胭脂染作霞，游蜂误认夕阳斜。放衙罢后浑无事，好看栽来满县花。”阁奉观音大士像，金身丈六，妙相庄严。每于二月十九日大士诞辰，士女祷祝，宝马香舆，寺门填溢，香火甚盛。相传昔有木贾从蜀中运像送普陀山，道出汉江，因事暂供后湖。初创竹屋盖覆，后屡著灵异，木贾亦久不至，镇人遂募建高阁崇奉焉。同上

《县志》：郤月城在城北七里。《寰宇记》：以形如郤月，故名。又马骑城在郤月城西二里。《荆州记》：城周五里，高

---

① 御跸：帝王的车马。

② 花朝：花朝节。具体时间各地不同，有二月初二、二月十二、二月十五等说法。

一丈，长棚冈即其旧址。冈今无考。又汉阴城，在城西四十五里汉阴山下，皆不详所筑于何时也。又萧公废城，旧志云：在城北五里，梁武帝初起兵，常筑城于汉口，时未即位，故称萧公城。明赵弼《马骑城》诗："落日荒林宿霭收，马骑城下碧波流。水光山色无穷尽，酿作诗人浩荡愁。"朱衣《萧公城》诗："渺渺长江水，嵬嵬别山台。日月夏禹远，时运萧梁来。鞭驱十万人，版筑飞尘埃。遗祸起大业，屠戮良可哀。古城今荒芜，久立但裴裒。"按此二诗，明季城址犹可追寻也。余疑萧公、马骑、郤月三城皆在今汉口左近，惜无从考耳。《汉口丛谈》

《县志》：汉口会流处，上有石铭云："下至水府三十一里。"相传李斯刻石如此，天下水府十八处。同上

汉献帝建安二年九月，汉水溢。同上

汉后帝建兴七年，[①] 即吴大帝黄龙元年，夏口言黄龙见。夏四月，夏口言凤皇见。同上

晋怀帝永嘉三年，大旱，江汉可涉。同上

元至正十二年，汉口天雨粉针，民家居户柱壁有粉痕如针者无数。明年三月，月食太白，徐寿辉倡乱于汉、沔。十五年冬，汉口雨黑雪。同上

明弘治二年春，汉口雨小豆，种之，蔓生不实。同上

康熙三十四年五月，湖广汉口天雨豆，好事者携至，余得二颗，大如小赤豆，紫色，有一点黑处如蒂。然绝不类豆。闻尚有大者，余未之见也。《述异记》

劳必达，字磊卿，号尊三，康熙辛丑进士，官昭文知

① 汉后帝：刘备之子刘禅。

县。家居唐家巷正街，母朱氏，年二十九而寡，必达甫周晬。会吴逆煽乱，抱孤四匿，纺绩抚育，备尝艰苦。迨必达出仕，氏已先逝。雍正三年请旌。《汉口丛谈》

汪遁渔，原名颖，字钝予。数岁解吟诗，有孔李之誉。而雅好韬略，讲求经济，思以功名自见。时滇、黔用兵，短衣负剑，慷慨赴军，佐谋画，有声戎幕。至京师，郁郁不得志，遂谢去。究讨四始六义，[①] 寝食唐宋大家，掇其精髓，诗学益进。因纵游山水，所至与诸名宿倡和。晚年归隐汉上之麻阳口，老屋数椽，蜡屐几两，悠然以之终身。友人显仕者竞以书招，皆不赴。石城徐公惺为楚方伯，雅重遁渔，数数减从过其东漪草堂，倡酬谈笑，车笠忘形。遁渔善篆刻，徐尝以佳石属，偶促迫之，遽曰："公以某为石工耶？"徐笑谢不遑云。同上

汉上写真名手，以曾秫田为第一，继其后者当首推闵贞。贞字正斋，其祖自广济迁汉。幼孤，思亲不置，因刻苦习传神之艺，[②] 数年遂妙绝一时。敬绘父母像悬于所居之画藏，朝夕焚香，率妇并拜，每饭必祭，数十年如一日，人呼为闵孝子。又呼为闵呆子，以其悠悠忽忽、非狂非痴故也。晚工粗笔山水，点墨成趣。嗜牛脯，大啖兼人。求画者不得，恒潜煮牛肉，倍加品料，邀至家，坐谈间闻牛脯香，则垂涎以问。因留饭，故迟迟言未熟，且出素纸砚墨乞画，必欣然挥毫，洒洒数幅。若至得意处，并忘牛肉之熟与否矣。交游甚广，乾隆丁卯薄游京师。时后藏班禅额尔得尼来朝，

---

① 四始：《诗经》有四始，"风""小雅""大雅""颂"。六义：亦称"六诗"，分别是风、雅、颂、赋、比、兴。

② 传神之艺：绘画。

如意馆供奉奉诏图其形，无得其仿佛者。金大司空举贞赴嵩祝寺貌之，甫一点睛，其随行之第巴班第等皆惊叹为神。画毕，荷白金文绮之赐，① 名益著闻。所居在大通巷，后归筑小楼，题曰“看山读画楼”。昼则宾朋满座，征逐嬉游。夜则命仆磨墨，楼中高烧银烛，四壁皆灯，果盒茗壶毕具，倚胡床假寐。俟醒，即起振笔以画，精神觉勃然盈纸矣。《汉口丛谈》

朱在镇，字定山，号兰田，汉口名布衣也，善书工诗。尝游金陵，与诸名士赋鸟梦，限四支韵，援笔先成，众为搁笔，一时传赏。诗云：“何处寻幽境，空林借一枝。喜无风夜稳，将有月时宜。草满黄陵庙，春深白帝祠。物情浑类此，造化可怜儿。”同上

常芝仙云：王五柳，不知何许人，为汉上寓公。少时曾见《尺木堂诗刻》数十番，市隐汉皋，纵情诗酒，破书百卷，矮屋三间，身外无长物。一老仆执炊，染恶厉疾，蹒跚疯秽，五柳不以为嫌也。偶于除夕大书联句悬户外，云：“不改其乐，大有可观。”有无名子窃增写六字于上，云：“王先生不改其乐，老麻风大有可观。”相传为笑。同上

戴喻让，字思仕，号景皋，家汉口。乾隆辛酉举人，素有文名，由房县教谕补惠民知县，有《听鹂堂春草吟》《春声堂诸集》。同上

乾隆初年，有龙堕于汉口居仁坊中路污水荡中，鳞甲闪烁，蟠屈不得伸者旬日。虫聚蝇集，腥闻满野。居民恐惧，张芦蓬以卫之，并设醮坛焚香祷祝。一夕雷雨大作，不知所

① 文绮：华丽的丝织物。

往。吴秋水别驾绍漪言其尊人方由先生所目观者。[①] 《汉口丛谈》

彭念堂作《汉口考》一篇，吴鹤关书其后云：地舆中山石难迁，平芜易改，势使然与？夏、沔、汉三口入江，故道几无可考，正坐此耳。倘非有巍然之大别，虽千举舌何益？噫！今之汉口非古之汉口，吾不虑夫千百年后，今之汉口又莫可知邪。尝思拟一私志，[②] 就正大方，老懒而辍。观此文轻若列眉，[③] 夏口明则沔口、汉口亦明矣，岂非快事。同上

彭湘怀，字念堂，号栋塘，汉口人。喜藏书，性孤介，落落不苟交。南游吴越，北至都门，出居庸，历俺答旧部。关塞山川，供其吟眺。著有《三山游草》《西湖纪游》《独持皋庑》诸集。同上

吴仕潮，字韩若，汉口人，原籍歙县。工诗，尤长于五言。性好客，吟朋常满座也。怀人诗数十首，以纪交游。其自序云：秋夜长，辗转不寐，加以虫声幽咽，檐溜凄清，抚景茫茫，百端交集。因忆生平由师及友，凡以文字缔结者，各缀小诗，用纪交情，如亲色笑，兼以破我岑寂，倘曾经赠答而未通心志，讵敢妄引以博广交之名。至于曩极绸缪，近或疏阔者，在彼未著绝交之书，遽云割席，未忍也。计诗三十八章，约以相识之后先为次；殁与存，爵与齿，均弗论焉。乾隆丙申十月，风浦吴仕潮识。同上

夏永，字石癯，号松期老人，我友芳原之勋之大父

① 尊人：泛指长辈。

② 私志：私人志书。

③ 列眉：两眉列对，指真切无疑。

也。① 喜歌咏，爱交游。晚自江右来楚，爱晴川山水之胜，因家汉上，买田终老，遂入籍焉。筑烟鬟阁，与四方往来诸名士酬倡其中。著《烟鬟阁诗草》。《汉口丛谈》

鲁星村，家皖城中之盛唐山，客游汉口，多主洪氏寓斋。尝为友人作镜铭云："无我有我，有我无我，以形鉴心，无可不可。"吴梅巅熊曰："十六字可抵一部《心经》注。"星村书法大米，② 笔力磊落如其为人；作诗专写性情，不尚兔园册子；专宗唐律，不拾宋后尘氛。著《盛唐山人集》。同上

项大德，字立上，又字容亭。少敏慧，八岁能诵五经，与兄大复字来一同时入泮。其先歙人，祖璘，贸迁汉口，因家焉。父诚，出守四川顺庆、成都两郡，以卓异著名，卒于京邸。大德生有至性，孝事其母甚谨，侍疾半载，寝食俱废。以刃割股和药进，母病少瘥。时天寒肉裂，自冬徂夏，脓血腥臭，人始知之。迨母卒，益复哀号，痕溃大如掌，形神销亡，身羸而殁，年仅二十有六。见者为之流涕，闻者为之伤心焉。著《梯青集》，大复为之选梓。其题《易征君庐墓图》诗句云："春树凄清犹有泪，秋风孤影尚闻欷。"同上

一千八百六十五年七月之杪，汉口漫溢而出，其势浩大，轮船皆鼓轮以避其冲。有许多华船及木排等泊于汉江口者，以大缆系之，竟为冲出至租界之前，横陈于洋船停泊处，此亦有碍于洋船也。其流势五讷至八讷，惟至对岸浅滩处则差杀。《中国江海险要图志》

---

① 大父：祖父。

② 大米：米芾，北宋书法家、画家、书画理论家。

锁穴，在大别山阴汉口。按：《汉·董袭传》云："孙权征黄祖，横两蒙冲挟守沔口，以栟闾大绁系石为碇。"又，《晋·王濬传》云："晋伐吴，吴人于碛险要害处皆以铁锁横截之，故名锁穴。"今山阴二处有石穴俱存，即其系锁处也。《明一统志》唐胡曾《锁穴》诗："王濬戈船登上流，武昌鸿业土崩秋。思量铁锁真儿戏，谁与吴王画此谋。"

后湖茶肆，上路以白楼为最著。白楼者，白氏之故址也，在大观音阁后百弓。地辟，畚土坚塿，编槿为篱，积石成径。中构小楼，作东、西两厢，轩窗豁达，① 槛曲廊回之内皆设小座，以供茗坐。外复四植杨柳，绿阴垂幄，翠浥襟带闲。又筑堤以高之，大水不没，可通游人往来。楼外远山几抹，隐隐青露，朝云莫霞，② 眩人眼目。若于盛夏，湖水平堤，夕阳初落，烟波淼渺，灯影上下，映射水间，渔榔远近，③ 响应沙溆。④ 逭暑接踵而至，絺衣桂树，⑤ 凉风袭人，七盌香生，适然歌咏。凭眺之胜，以斯楼为第一。余尝有句云："杨柳四围遮不住，看山都上白家楼。"黄心盦承增句云："指点夕阳红坠处，梦云湘雨一齐收。"林琴庵《栖凤》句云："晚烟敛尽银蟾出，独照幽人瀹茗时。"张芸村讽句云："小园曾与人消夏，多种垂杨覆影来。"多纪实也。《汉口丛谈》

后湖之有茶肆，相传自湖心亭始。近若涌金泉、第五

---

① 达：原误作"违"。

② 莫：同"暮"。

③ 渔榔：渔人捕鱼时用以敲船舷、惊鱼入网的长木。

④ 沙溆：沙滩临水处。

⑤ 絺衣：细葛布衣。

泉、翠芗、蕙芳、习习亭、丽春轩之名为著，皆在下路雷祖殿、三元殿后。其余尚有数十处。弦歌喧耳，士女杂坐，较上湖游人更盛。湖心亭地颇疏厂，蓺花叠石，位置亦宜。余昔有诗题壁云："曲曲栏干短短篱，湖心亭外柳丝丝。风翻芍药徐熙画，雨酿黄梅贺铸词。人影散随弦鼓寂，茶香曾看月灯迟。笑余赢得吟诗兴，偏在文园病渴时。"《汉口丛谈》

涌金泉更为爽垲，复积年畚土筑石以高之。更造小楼重阁，白石红栏，掩映于绿杨阴里，殊有幽致。登楼四眺，北则黄陂之风火、木兰二山，相距或数十里，或百余里而遥，霁色云开，翠微遥露。西南则汉阳之三山，黛影参差，常列窗外三山者，旧志谓其山三峰并峙，一仙女，二楼子，三马足，故又名三山景也。南则大别当前，花宫琳宇，晕彩曜丹，静坐试茶，似闻钟梵。东则大江横绕，樯立帆飞，时与烟云起灭。而湖中远近，又有土阜布列数十处，乡人筑室聚族而居，以艺湖地菜麦者。故诸墩皆以姓氏名，如吴家墩、朱家墩之类。傍多植以杂树，远望若山林然。常芝仙道性有句云："几抹远山轻染黛，千条新柳嫩含烟。浅春芳景，宛可入画。"同上

《韩诗外传》第一卷云："处子佩瑱而浣。"处子何人？据《汉书》《文选》注引《韩诗》并云："汉有游女，谓汉神也。"又云："郑交甫遇二女汉皋台下，解佩明珠与之。"许氏《说文》"魃"字下云："郑交甫遇二女，魃服。"盖用《韩诗》说也。然则处子即神女乎？将佩瑱即明珠欤？《外传》又云："抽觞以女。"抽觞是何语？《通考》洪氏引此有"孔子使子贡问焉"一句，为今本所无，亦不可晓。《晒书堂笔录》

木华《海赋》“阳冰不冶，阴火潜然”，李善选句不得其解，乃云：“言其阳，则有不冶之冰；其阴，则有潜然之火。”此皆非也。余闻航海者言：溟渤深处，夜中尝见萤萤有如灯烛之光，明灭不常。余谓此正阴火之说。刘正夫言：“江汉水中亦多有之。”又言：“汉口涯岸之旁，濒水之乡，火光炯然，互然不断。”其言如此，证以海中所见，皆是物耳。坎水本为阴中之阳，岂其积阴蕴蓄者厚，溢为阳之光耀，而如火之燃欤？栖霞郝懿行《晒书堂笔录》

癸巳郡试，与先师丁展仪孝廉讳凤来同渡汉江，舟中语余曰：某岁大水，汉口一片汪洋，吾支祁浮水面，[①] 跃入舟中，水暴溢。舟人恐，面赤失措。适同舟某名宿知其为吾支祁也，即曰：“禹王来，曷去诸！”应曰：“禹王何在？”某指禹王阁大喝曰：“在此！”吾支祁忽跃入水中不见，汉水遂安流无恙。相传禹王曾系吾支祁于大别山之足，意者其殆有是事欤！徐焕章《懒园杂俎》

沔左有郤月城，亦曰偃月垒，戴监军筑，故曲陵县也。后乃沙羡县治，黄魏时黄祖所守。吴遣董袭、凌统攻而擒之。祢衡亦遇害于此。《水经注》

马骑城在郤月城西二里，周回五里，今长棚冈即其故基。《明一统志》

梁城在府城东北。《南史》：“梁武自襄阳趣建邺，邓元起会大军于夏口，筑汉口城以守鲁山。”今大别山横顶城即其旧基。《方舆纪要》

萧公城，《舆地纪胜》：在汉阳军城西五里，梁武所屯

---

① 吾支祁：当为“无支祁”之误，神话中的水怪。

处。洪齮孙《补梁疆域志》

锁穴，在大别山阴汉口。按：《吴志·董袭传》云：“孙权征黄祖，祖横两蒙冲挟守沔口，以栟闾大绁系石为碇。”《晋书·王濬传》云：“晋伐吴，吴人于碛险要害处皆以铁锁横截之，故名锁穴。”今山阴二处有石穴俱存，即其系锁处也。《三才图会》

鱼容，湖南人，谈者忘其郡邑。家綦贫，下第归，资斧断绝。羞于行乞，饿甚，暂憩吴王庙中。因以愤懑之词拜祷神座，出卧廊下。忽一人引去见吴王，跪曰：“黑衣队尚缺一卒，可使补缺。”吴王：“可。”即授黑衣，既着身化为乌，振翼而出。见乌有群集，相将俱去，分集帆樯，舟上客旅争以肉饵抛掷，群于空中接食之。因亦效尤，须臾果腹，翔栖树杪，意亦甚得。逾二三日，吴王怜其无偶，配以雌，呼之竹青，雅相爱乐。鱼每餐辄驯无机，竹青恒劝谏之，卒不能听。一日有兵过，弹之中胸，幸竹青衔去之，得不被擒。群乌怒，鼓翼煽波，波涌起，舟尽覆。竹青乃摄饵哺鱼，鱼伤甚，终日而弊。① 忽如梦醒，则身卧庙中。先是，居人见鱼死，不知谁何，抚之未冰，故不时以人逻察之，至是讯知其由，敛资送归。后三年复过故所，参谒吴王，设食唤乌下集啖。乃祝曰：“竹青如在，当止。”食已，并飞去。后领荐归，复谒吴王庙，荐以少牢，已乃大设以飨乌友，又祝之。是夜宿于湖村，秉烛方坐，忽儿前如飞鸟飘落，视之则二十许丽人，辗然曰：“别来无恙乎？”鱼惊问之，曰：“君不识竹青耶？”鱼喜诘所来，曰：“妾今为汉江神女，返故乡时常

① 弊：疑为“毙”。

少，前乌使两道君情，故来一相聚也。”鱼益欣感，宛如夫妻之久别，不胜欢恋。生将偕与俱南，女欲与俱西，两谋不决。寝初兴，则女已起，开目见高堂中巨烛荧煌，竟非舟中。惊起问此何所，女笑曰：“此汉阳也，妾家即君家，何必南。”天渐晓，婢媪纷集，酒炙已设，就广床上陈矮几，夫妇对酌。鱼问仆之所在，答在舟上。生虑舟人不能久待，女言不妨，妾当助君报之。于是日夜谈宴，乐而忘归。舟人梦醒，忽见汉阳，骇绝。仆访主人，杳无信兆。舟人欲他适，而缆结不解，遂共守之。积两月余，生忽忆归，谓女曰：“仆在此亲戚断绝，且卿与仆名为琴瑟，而不一认家门，奈何?”女曰：“无论妾不能往，纵能之，君家自有妇，将何以处妾也?不如置妾于此，为君别院可耳。”生恨道远不能时至，女出黑衣曰：“君旧衣尚在，如念妾时，衣此可至，至时为君解之。”乃大设肴珍，为生祖饯。既醉而寝，醒则身在舟中，视之洞庭旧泊处也。舟人及仆俱在，相视大骇，诘其所往，生故怅然自惊。枕边一襆，[①] 检视则女赠新衣袜履，黑衣亦折置其中。又有绣橐维絷腰际，探之则金资充牣焉。于是南发，达岸，厚酬舟人而去。归家数月，苦忆汉水，因潜出黑衣着之，两胁生翼，翕然凌空。经两时许已达汉水，回翔下视，见孤屿中有楼舍一簇，遂飞坠。有婢子已望见之，呼曰：“官人至矣。”无何，竹青出，命众手为之缓结，觉羽毛划然尽脱。握手入，告曰：“郎来恰好，妾旦夕临蓐矣。”生戏问曰：“胎生乎?卵生乎?”女曰：“妾今为神，则皮骨已更，应与曩异。”至数日果产，胎衣厚裹，如

① 襆：同“幞”。

巨卵然，破之，男也。生喜，名之汉产。三日后，汉水神女皆登堂以服饰珍物相贺。并皆佳妙，无三十以上人。俱入室，就榻以拇指按儿鼻，名曰增寿。既去，生问皆谁何？女曰："此皆妾辈，其末后著藕白者，所谓'汉皋解佩'，即其人也。"居数月，女以舟送之，不用帆楫，飘然自行。抵陆，已有人絷马道左，遂归。由此往来不绝。积数年，汉产益秀美，生珍爱之。妻和氏苦不育，每想一见汉产。生以情告女，女乃治装送儿从父归，约以三月。既归，和爱之过于己出，逾十余月，不忍令返。一日暴病而殇，和氏悼痛欲死。生乃诣汉告女，入门则汉产赤足卧床上。喜以问女，女曰："君久负约，妾思儿，故招之也。"生因述和氏爱儿之故，女曰："待妾再育，放汉产归。"又年余，女双生男女各一，男名汉生，女名玉佩。生遂携汉产归。然岁恒三四往，不以为便，因移家汉阳。汉产十二岁入郡庠，女以人间无美质，招去为之娶妇，始遣归。妇名扈娘，亦神女产也。后和氏卒，汉生及妹皆来躄踊。[①] 葬毕，汉产遂留，生携玉佩去，自此不返。蒲松龄《聊斋志异》

① 躄踊：原意捶胸顿足，形容哀伤。文中为吊唁、送丧之意。

附外国人居留地

外国人居留地者，外国人之势力范围也。自前清咸丰八年，英国《天津条约》订开长江三口后，英、法、俄、德、日先后来汉租地通商，谓之租界。其余比、西、瑞、荷、义无租界各国，亦各驻有领事。遇有地方民刑诉讼，外国领事得与中国官吏在公堂会审。因中国法律向不完备，使外人有所借口，种种失败，有强权而无公理。统观前后交涉案件，明眼人当自知之，无待赘述。将来改良法律，编纂法典，以谋司法之独立，或者有收回领事裁判权之一日，亦未可知。既非我国主权所能及，姑付缺如，以俟异日。兹仅将各国租界条约抄录于左：

英国汉口租地原约咸丰十一年

大清钦命湖北武昌等处承宣布政使司奇齐叶勒特依巴图鲁唐，大英钦差大臣参赞兼管领事官事务巴，为立约永租地基事。现在英国遵照和约来汉通商，应定地段，以便英国商民盖造房栈居住。今大学士湖广总督官派委本司会同本参赞查勘，定准汉口镇市以下街尾地方，自江边花楼巷往东八丈起，至甘露寺江边卡东角止，量得共长二百五十丈，进深一带一百一十丈，并无参差不齐。经本月初十日，本参赞会同委员萧守、汉阳县黎令，立明四至，用石块上刻“大英国地基”字样，按至钉明，共合地基四百五十八亩零八十弓。每亩地丁银一钱一分七厘，共银五十三两六钱二分五厘；漕米每亩二升八合四勺，共米十三石零一升五合七勺，每石折银三两，[①] 共银三十九两零四分七厘一毫，两共银九十二两六钱七分二厘一毫。将此地永租与英国官宪，分为英国商民建造房栈居住之所。应如何分段并造公路，管办此地一切事宜，全归英国驻扎湖北省领事官专管，随时定章办理。每年四月内，由英国领事官将以上地丁、漕米价共银九十二两六钱七分二厘一毫，清交汉阳县如数查收，方可永租无异。查此地民房、铺户地基系论块算，目下不能逐一计亩，其中所有瓦房、草房、棚寮，应早日计明间数开册。自定此约之后，即不准民人在租界内再造房屋、棚寮等间，俟领事官到楚用地之日，即会同汉阳府县随时传集本房屋地主呈验地契，当面合算。其中所有官房、庙宇及民间瓦屋、草房、棚寮、菜园、麦地，分别大小粗细等次，由官按照地势定银若干，不准百姓高抬价值，亦不许英商任意发价勒买，总以两不吃亏，而昭平允。一面折房交地，永为英国之业。立约之日，本参赞、司当面言明，所定此地界址，不能越花楼巷之西一带再租，免碍镇市铺屋。嗣后各国来汉租地，自必一律办理。此议之后，两无异词。现立租约两纸，各执一纸，存照为凭。此约本参赞画押为凭，俟本国钦差大臣批准，再盖湖北省领事官印。此照。

① 三两：原脱，据《夏口县志》补。

德国汉口租界条款

大清钦命二品顶戴湖北汉黄德道监督江汉关税务兼办通商事宜恽，大德钦命外部卿衔驻扎上海管理通商事务总领事官施，为立约永租地基事。因德国商务日盛，请在汉口新开租界。奉兼护湖广督部堂谭派委本监督会同本总领事查勘定界，所议条款，开列于左：

计开

一、德国租界定准汉口镇英租界以下地方，自通济门城外沿江官地界外起，至李家墩前面为止，量得共宽三百丈，其江岸尚有水淹，议定深处一百二十丈。前经本年七月二十四日由本总领事协丁副领事会同汉阳县薛令、委员董令立定宽处地址，用石块钉界，其深处界址俟江岸水退再钉。

一、德国租界共合六百亩，每亩地丁银一钱一分七厘，共银七十两零二钱；每亩漕米二升八合四勺，共米十七石零四升，每米一石折银三两，共银五十一两一钱二分二厘，共银一百二十一两三钱二分。此项系应纳租价，即华民以前所交地丁、糟米银两，于每年四月由德国领事官送交汉阳县查收汇解。此地永租与德国，应由领事官设法俾华民地基迅速全行租与洋商。其有德国未经租定地亩，仍由华民自行交纳地租。嗣后德国领事官造册将租界之内租户注明，如有以地抵押，注明押与何人并所押款数若干。其租界一切事宜归德国领事官按照此约及后定章程办理。至租界内，华民不得同住。

一、德国租界内，向华民业户租地应偿地价，须照三个

月以内相等地基价值公平酌定，江汉关监督不准华民高抬时价，德商亦不致有强抑之事。租界之地，如须分别大小、优劣、等次定价，以后会议。其有民间家庙、祠堂及各帮会馆、公众庵庙租价，自应另议，以顺舆情，方免阻挠。永租地基之上，盖有房屋、葬有坟墓者，应分别瓦房、棚屋照估价值，并酌给搬家、迁葬之费。至交清价值，即当让地。若地基上盖有房屋者，应再订期迁让。如未让之先，华民业户用地，只可本人并其家属居住、种田，不许作别项用，亦不准再造。

一、租界内华民应让地基，须由德国领事照请地方官饬遵，于契内均写永租字样，由汉阳府县查勘，明确税契，盖印以昭信守。自立此约之后，如有各国人愿在德国租界内向华民租地，惟其地既经永远租与德国，应由德领事官允准，并照请税契。

一、租界内向有官地，应由中国量为酌留，以为将来建造会审公所等项之用。

一、德国租界旧有官街、公路，将来盖造洋房时如有侵越，应即另行留出街路基地，如法修建。无论华洋商民及驿递公文饷鞘夫马人等，均准一律任便行走。又租界内如中国开办铁路须用地基，仍准让还其价值。倘与租户随时相商未能妥洽，应由监督会同领事官持平议定，均不得借词不允让还也。

一、德国租界距英租界中有通济门一城之隔，往来殊形不便。现由汉阳县会同勘定，在于通济门城角江岸建一马道车路，与江岸上游公路相通，则英租界便可联络一气。惟通济门外附近官地系为保护堡垣之用，不得列入租界以内。其附近官地上之棚屋，应由地方官饬令拆去，不准再盖及埋葬坟墓，以肃观瞻。

一、德国租界以内，如遇无驻华领事官管束之洋人并华人涉讼，应归中国官办理，派员在租界审谳。若无领事官管束之洋人并德国人或各国人因被华民欺凌、禀控，以及华民在租界内违犯章程，由中国官会同德国领事官或领事所派之员会审。如谳员定案不合，可由德领事官照请江汉关监督再行覆讯。如有重大事件，仍由地方官办理。如系两国交涉事件，仍照约章办理。

一、德国所开租界即在汉口通商口岸之内，如建码头，须先与监督商量，察看地势，与华洋商船往来无碍，方可修建。

一、德国租界未开之前，已经各国人向华民租定地基，并无违碍。至其地归入德册，倘未允洽，应由德国领事官照会各国领事官妥商办理。

以上条款立为租约两纸签押，一俟两国上宪批准，再行盖印为凭。此照。光绪二十一年八月十五日　在汉口立

俄国汉口租界条款

为立约永租地基事。现因俄国商务日盛，在汉口新开租界，奉驻京钦差大臣喀、湖广总督部堂张饬令，本领事、本署领事会同本监督奉派委查勘地界，所议条款，开列如左：

计开

一、俄国、法国租界现议在长江西岸汉口镇英租界以下，沿江至通济门为止，计长二百八十八丈，以三分之一由

俄界下至通济门城内官地为止，设为法界；以三分之二由英租界下至法界为止，设为俄界。此指大路之外至沿岸而言，是为前界，计长一百九十二丈，由大路至江岸南首深一百零六丈，北首深三十七丈，其大路之内南至北抵法界为止，计前长九十四丈，后长一百十六丈。由大路至城垣官地为止，南首深八十三丈，北首深一百零六丈五尺，均已勘定，竖立界石。

二、俄国租界共合地四百一十四亩六分五厘，应纳租价即系地丁、漕米银两，照亩科算。每亩地丁银一钱一分七厘，共银四十八两五钱一分四厘；每亩漕米二升八合四勺，共米十一石七斗七升六合六勺，每米一石折银三两，共银三十五两三钱二分八厘。二共银八十三两八钱四分二厘，于每年四月由俄国领事官送交汉阳县查收汇解。此地永租与俄国，其租界一切事宜归俄领事官按照此约及后订章程办理。惟租界内遇有华洋商民禀控欺凌等项事故，应由租界委员同领事官所派之员审讯办理。如系两国交涉重大事件，非委员所能定谳者，可由领事照会监督，按照约章，由地方官办。

三、俄国永租地基所有华民地段，从立据画押之后不准出售、暂租他人，只可永租俄国政府。此地之价值由中国地方与俄国领事官商量，公平议价，以一年之期全行永租俄国政府。期内准民间在于俄国租界地上建造房屋，其地基上房屋并会馆、庵庙暨葬有坟墓者，应分别等第照时估价，并酌给搬家、迁葬之费。至俄国租界未开以前已经各国人向华民租定地基，并无违碍，其地应归入俄册，应由俄领事办理。

四、俄国开办租界，按照外国永租地基章程，于契内均写永租字样，由汉阳县查勘明确税契，盖印以昭信守，并照别国章程，不准华民在于租界之内建造房屋并同住。

五、俄国租界内有武昌船关，为中国办公紧要之所，本难迁让。现因俄国开设租界亦属创办之事，是以允准。惟让迁移租界之外，照议估价，另行改建，以敦睦谊。至俄国租界毗连城垣官地，应须留出计宽五丈不在租界之内。此地只可开筑一大路，该处应宜洁静，不能建造房屋及居住华民。

六、俄国租界旧有官街公路，将来盖造洋房时如有侵越，应即另行留出街路基地如法修建，无论华洋商民及驿递公文饷鞘夫马人等，均准一律任便行走。又租界内如中国开办铁路须用地基，仍准让还，其价值倘与租户随时相商未能妥洽，应由监督会同领事官持平议定，均不得借词不允让还也。

七、俄国所开租界，如建码头，须先与监督商量，察看地势，与华洋商船往来无碍，方可修建。

以上条款立为租约两纸签押，一俟两国上宪批准，再行盖印为凭。

大俄钦命驻扎天津领事官办理通商事宜德押

大清钦命二品顶戴湖北汉黄德道监督江汉关税务兼办通商事宜瞿押

大俄钦命署理汉口领事官办理通商事宜罗押

光绪二十二年四月二十一日

西历一千八百九十六年五月二十日　在汉口立

法国汉口租界条款

为立约永租地基事。现因法国请在汉口开办租界，奉驻京钦差大臣施、湖广总督部堂张饬令，本总领事并本领事会同本监督奉派委查勘定界，所议条款，开列于左：

计开

一、俄国、法国租界现议在长江西岸汉口镇英租界以下，沿江至通济门为止，计长二百八十八丈，以三分之二由英租界下设为俄界，以三分之一由俄界，此指大路之外至江岸而言，是为前界，计长九十六丈，由大路至江岸南首计深三十七丈，北首计深十七丈。其大路之内西南自俄界起，东北抵城垣官地为止，计叙长一百十七丈。由大路至城垣官地为止，南首深一百零六丈五尺，北首计深四十三丈五尺。均已勘定，竖立界石。惟领事署与跑马场毗连之处，系属中国民地及各国洋人之地居多，除中国民地由地方官同洋务委员与法国领事商量定价外，其各国洋人之地自然归于租界，惟各国西洋人在法国租界内之地，均应更换契据，赴法国公署盖印投税。日后各国客人在租界内租地或租房屋，应至法国公署，税约应由法领事办理。

一、法国租界共合地一百八十七亩，每年应纳租价即系地丁、漕米银两，照亩科算。每亩地丁银一钱一分七厘，共银二十一两八钱七分九厘；每亩漕米二升八合四勺，共米五石三斗一升八勺，米一石折银三两，共银十五两九钱三分二厘。二共银三十七两八钱一分一厘，于每年四月由法国领事官送交汉阳县查收汇解。

一、永租地价及地基上房屋并会馆、庵庙暨葬有坟墓者，应分别等第，照时估价，并酌给搬家、迁葬之费，订期迁让。本监督当饬地方官谕令民间公平议价，不准高抬，法领事官亦饬洋商毋得抑勒，以昭公允。

一、法国开办租界应照别国永租地基章程，于契内均写永租字样，由汉阳府县查勘，明确税契，盖印以昭信守。并照别国租界章程，不准华民在租界内同住。

一、租界之外，由通济门内城墙迤东至江边留出官地十一丈，① 其城墙迤西一带留出官地五丈，作为大路之用。除应修建公所之外，不准民人搭盖棚屋等项。其大路亦宜时常修好。以上留出官地，不入租界之内。

一、法国租界之内旧有官街大路应免科算地价，将来盖造洋房时如有侵越，即另行留出街路基地，如法修建，无论华洋商民及驿递公文饷鞘夫马人等，均准一律任便行走。又，租界内如中国开办铁路须用地基，仍准照原价让还应用，不得借词不允。

一、法国所开租界如建码头，须先与监督商量，察看地势，与华洋商船往来无碍，方可修建。

以上条款立为租约两纸签押，一俟两国上宪批准，再行盖印为凭。

大清钦命二品顶戴湖北汉黄德道监督江汉关税务兼办通商事宜瞿押

大法钦命补授驻扎汉口、九江管理本国通商事务领事府德押

---

① 东：原误作“车”。

光绪二十二年四月二十一日

一千八百九十六年六日初二日　在汉口立

英国汉口新增租界条款光绪二十四年

为立约永租地基事。现因英国汉口租界之后新增地基归入英界，即应开办，奉湖广总督部堂张派委本监会同本领事查勘定界，所议条款，开列于左：

计开

一、英租界后至城垣，留出官地五丈止，南至一马路向城垣直线起，北至俄界止，所有四址以内，全行租与英国政府，归入租界。

二、英租界后四址以内，凡有各国商人已租之地，若须归入英界，应由英领事与各国领事商妥，照会监督有案，再议归入英界，照英租老界章程办理，并不准华民在租界内同住。

三、英租界后四址以内共合地三百三十七亩五厘，每年应纳租价即系地丁、漕米银两，照亩科算。每亩地丁银一钱一分七厘，共银三十九两四钱三分；每亩漕米二升八合四勺，共米九石五斗七升二合二勺，米每石折银三两，共银二十八两一分七厘。二共六十七两四钱五分二厘，于每年四月由英领事官送交汉阳县查收汇解。

四、永租地价及地基上房屋并会馆、庵庙暨葬有坟墓者，如现在此段地基仍属华人之地，自应由地方官查明禀请监督会同领事官公平议价，并酌给搬家、迁葬之费，订期迁让，不准高抬价值，英领事官亦饬洋商勿得抑勒，以昭公

允。倘有地基早经洋商价买，地上仍有房屋、庵庙、坟墓者，应询问该洋商及各地户从前买地之时有无将房屋价值、搬家、迁葬等费议明在内，如经议明价值给清，当由地方官谕令迁让。其洋商虽经买地而未将房屋价值及搬家、迁葬等费议明在内，或议而未给者，应由领事官自行办理。

五、英租界后四址以内，旧有官街、公路应免科算地价，将来盖造洋房时如有侵越，应即另行留出街路基地，如法修建，无论华洋商民，均准一律任便行走。又，如中国开办铁路须用地基，仍准让还，其价值倘与租户随时相商未能妥洽，应由监督会同领事官持平议定，均不得借词不允让还也。

六、旧有公路，华洋人均准任便行走，如有华人占据种菜、[①] 盖屋者，均由地方官查明，饬令让出，以备租界工程局修造。其有洋商已经购买而间有侵占公路、盖屋者，由领事官自行办理。至设有更改、抵换之处，必须商议明白，两无异言，以昭公允。

七、大智门内官街及城垣一带留出官地，即旧有公路，无论华洋商民及驿递公文饷鞘夫马人等，均一律任便行走。至于路灯巡捕，议由租界工程局安设，此项大路亦由工程局修造。但此路虽由工程局修造，仍属官路，与现在老租界三道洋街相同，以归一律。

八、现在城垣之上，大小房棚屋甚多。臭恶已极，理应驱逐。租界开办之后，不准再有盖屋居住。

九、新增租界以内华洋交涉事务，仍按老界章程办理。

---

① 据：原误作“倨”。

以上条款立为租约两纸签押，一俟两国上宪批准，再行盖印为凭。

大清头品顶戴新授湖北按察使汉黄德道江汉关监督押

大英钦命驻扎汉口管理通商事务领事官霍押

俄国汉口永租江岸地基条约

大清钦命二品顶戴湖北汉黄德道江汉关监督瞿，大俄钦命驻扎汉口正领事官办理通商事宜王，为会同订立办理中国将汉口俄国租界江岸地基四段永租与俄国之条约三条，开列于后：

第一条，中国永租与俄国政府坐落江边地基。

第一段地，先系厚生祥业户基地，东至江边，南至顺丰洋行基地，西至新泰洋行砖茶栈，北至公巷。丈得三万一千六百四十英方尺，核计二百二十九方零一分七厘一毫六丝，每方计银十两，共核银二千二百九十一两七钱二分。地基上所有房屋估银九十两，总共核银一万一千二百九十一两七钱二分。议定二十四年二月底交屋。

第二段地，先系武昌船关基地，东至江边，南至公巷，西至新泰洋行基地，北至泰新洋行基地。丈得六千五百三十一英方尺，核计四十七方零三分。查关屋系属公产，现因俄国开办租界，督宪体念中国辑睦邦交之意，谕饬格外通融，不必计算价值。今俄国政府愿献银一千两，请中国作善举之用，或作为贴补移关之费，其地上房屋由中国自行迁移。

第三段地，先系唐瑞芝基地，东至江边，南至宝顺洋行基地，西至大路，北至无主之地。丈得三十九万七千一百三十二英方尺，核计二千八百七十六方零四分六厘五毫三丝，每方计银十两，核银二万八千七百六十四两六钱五分。所有在地上未成栈房，应于立约后限一月搬移他处，所有盖造花费贴还银三千一百四十两零五钱，总共核银三万一千九百零五两一钱五分。

第四段系无主之地。东至江边，南至唐瑞芝基地，西界大路，北界公巷。丈得七万六千四百四十五英方尺，核计五百五十三方零六分九厘八毫五丝，每方计银十两，核银五千五百三十六两九钱八分。饬查现无地主出头承认，所有地价银两由中国收受，存于银行，俟将来有真正地主执契出认，提银发给。

第二条，中国将以上所开地基四段以及房屋，[①] 现在永租与俄国政府。所有地价暨房屋估价等项，共核银四万九千七百三十三两八钱五分，当时中国收清，由中国耽承与各业户自行办理。

第三条，现在俄租界内公巷二条仍照前留出，无论华洋商民，均准一律行走。如将公巷收入、添盖房屋，俄国政府仍照章每方补还中国地价十两。其余未尽事宜，均照二十二年四月所定条章办理，合并登明。

大清钦命二品顶戴湖北汉黄德道江汉关监督瞿

大俄钦命驻汉口正领事办理通商事宜王

大清光绪二十三年十一月十六日

大俄一千八百九十七年十一月二十七日

---

① 国：原脱，据文意补。

日本汉口租界章程

大清钦命二品顶戴升任湖北按察使、湖北汉黄德道江汉关监督税务兼办通商事宜瞿，大日本钦命驻沪总领事特派办理汉口租界事宜小田切，为立约永租地基事。现因日本商务日盛，请在汉口新开租界，奉湖广总督部堂张派委本监督会同本署总领事查勘定界，所议条款，开列于左：

计开

一、日本租界定准汉口镇德国租界北首起，量得东界沿江长一百丈；南界紧靠德界，东起江口，西至铁路地界为止；西界沿铁路地界；北界自东界之北端江口起，至西界之北端铁路地界为止，画成直线，此为日本专管租界。[①] 立定此约之后，派员会同树立界石。

一、界内所有道路、堤塘、沟渠、码头以及稽查地面之权，由日本领事官管理。其道路、堤塘、沟渠、码头，由日本领事官设法修造。道路、堤塘、沟渠公共所需之地，如有官街、官地，免纳租价钱粮；如系民地，除付租价外免纳钱粮。

一、界内租户应完钱粮，定于每亩地丁银一钱一分七厘，每亩漕米二升八合四勺，每米一石折银三两，每年四月由日本领事官送交汉阳县查收汇解。其有日商未经租定地亩，华民自行交纳钱粮。

一、界内凡日本商业、工业，均可在此照章租地，建造

① 租界：原误作“界租”。

屋宇、栈房。日本商、工人等向华民业户租地，应偿租价须照三年以内相等地基价值公平酌定。江汉关监督不准华民高抬时价，日商亦不准强抑之事。日商愿租之地如有官地，自应另议租价，格外从廉，以示惠恤。租之时必须禀明日本领事官，照会地方官履勘，印发契租三纸由日本领事官会印，一给租户，一存日本领事衙门，一存中国地方官衙门。一经承认之地，照章永归租户租用，不准何国何人强行退让。所有租契式样既有成案，无须另议。

一、中国无身家之人，不得私在租界内住家，开设店铺、行栈，违者分别惩办。如实系殷实体面、品行端正之人，方准在此界内居住营业，然商民等只准居住，不准租地，如有行迹可疑、不安本分、不奉章程之人，中国地方官可知照日本领事官，亦可知照中国地方官会同查确，由中国地方官罚办，不得纵容包庇，[①] 以安商旅而昭公允。

一、一经租给之地，只准出名承租之人居住，倘租户有事不能亲身在此居住，须托亲戚、友人、伙计、同行等有身家之人代理管办。如有不得已事故非转租不可之时，仍于转租之前，由日本领事官照会中国地方官，方能换给租契。

一、租界内如有民间家庙、祠堂及各帮会馆、公众庙庵，租价自应另议，以顺舆情。永租地基之上盖有房屋、葬有坟墓者，亦应分别瓦房、棚房，照估价值，并酌给搬家、迁葬之费，交清价值，即当让地。若地基上盖有房屋者，应再订期迁。若未让之先，华民业户用地，只可本人并其家属居住种田，不许作别项用，亦不准再造。又，由地方官出示

① 纵：原误作“从”。

禁止界内新造坟墓、安放灵柩，以便经营。将来如欲另择地区以设日本人坟域，届时由日本领事官照会中国地方官商办。

一、日本租界未开之前，已经外国人向华民租定地基，并无违碍，应照他国租界之例办理。惟界内地址过于窄狭，自立此约之后，只归日本商民永租地基，不准华民业户向外国商民以地抵押或行租让，违者由中国地方官从严惩办。如有外国体面殷实商人愿在界内居住者，只能居住，不得租地。

一、日本所开之租界即在汉口通商口岸之内，如建码头，须先与江汉关监督商量查看地势，与华商船往来无碍，方可建修。

一、日本租界内如遇无驻华领事官管束之洋人并华人涉讼，应归中国官办理派员在租界审谳。若无领事官管束之洋人并日本人或各国人，因被华民欺凌、禀控以及华民在租界内违犯章程，由中国官会同日本领事官或领事所派之员会审。如谳员定案不合，可由日本领事官照请江汉关监督再行复讯。如有重大事件仍由地方官办理，如系两国交涉事件，仍照约章办理。

一、所有外国租界及将来设有开拓之外国租界施设事宜，如别优处，日本租界亦当一体均沾。

一、此次所定日本租界以界址过于窄狭，将来商户盈满，则当临时酌妥情形，仍在丹水池迤下之地，由日本领事官随时与江汉关监督商酌购买妥宜地基，以便日后设立工厂。倘或丹水池迤下地方有已归洋人租界之处，即应在于丹水池以至沙口等各处地方，择江岸水深与船泊相宜之地代

之，总以附近铁路为主。所有租地章程，务依现议章程办理。

以上条款立为租约两纸签押，一俟两国上宪批准，再行盖印为凭。

光绪二十四年五月二十八日

明治三十一年七月十六日　在汉口立

法国汉口展拓租界条约[①]

大法钦命补授驻扎汉口管理本国通商事务领事府玛，大清钦命二品顶戴湖北汉黄德兵备道监督江汉关税务兼办通商事宜岑，为立租约展拓租界地基事。前此法国商人居汉无几，商贾尽由水道，故当时只要沿江一面之地设立租界。兹法国商人之数日增，内地已有铁路，法界之上设有铁道车栈，英国界后筑有新路直抵该车栈，因此数事，不能不将法界展拓，使近铁路，以便由车栈彼此筑路通达江滨。现奉本任兼署湖广总督部堂张、端派委本监督会同驻华法国钦差大臣派委本领事查勘定界，所议条款，开列于左：

计开

一、法国旧租界前至俄界，下设至通济门城内地为止。兹续展新界自官地西距铁路六十丈为止，合一百八十五迈当，[②] 北一面与德租界毗连之线，直引至距铁路六十丈之官地为止，南由俄、法之界直引一线至垣墙之外距铁路六十丈

① 标题原缺，为整理者所加。

② 迈当：公制长度单位的旧称。

之官地为止，设为新法国租界。

一、现议法国新界之地，所有租地章程均照旧界章程办理，若有各国商人之地在内，应由法领事与各国领事自行妥商后再照会监督立案。倘各国商人纠葛之地或其地全段在新界之内，又或有一地一段既分在新界之内、一段分在新界之外，该商人若不就范围，亦应由法领事按章与该商人调理，一切概与中国地方官无涉。

一、堡垣地基宽三丈，垣内地宽五丈，垣外官地宽五丈，城濠之地宽六丈，均展与法国新界。

湖广总督部堂为敦两国睦谊起见，免缴地价。

一、堡垣展入新界，所有砖石料件应归还中国地方官，其拆卸堡垣之费应归法界给发。

一、法国新展租界，每年应纳租价，即系地丁、漕米银两照数科算，每亩地丁银一钱一分七厘，每亩漕米二升四合四勺。新界亩数若干，应由中国地方官派熟悉之员会同法领事，计定地亩应纳若干价，应与旧界之租价同时输入中国地方官，照旧案办理。

一、中国地方官应与铁路车栈距法西界之中央速筑马路一道，法人亦应于其界内营筑街衢使车栈有通道直达江滨。两国应筑道路常行妥修，各限其权力于界内之路，不得逾越其权力于界外之路，以严界限。无论华洋商民及驿递公文饷鞘夫马人等，均仍准一律任便行走。

一、该租约应缮华文、法文各两份，各分执一份为据。照公法之例，倘有文字不明之处，应以法文为据。

大法钦命补授驻扎汉口管理本国通商事务领事官

大清钦命二品顶戴湖北汉黄德兵备道监督江汉关兼办通

商事务岑

一千九百零二年十一月十二日

光绪二十八年十月十三日　在汉口立

日本展拓汉口租界条约计三款

大清钦命湖北汉黄德兵备道监督江汉关税务兼办通事宜桑，大日本钦命驻扎汉口兼管九江办理通商事务领事水野，为立约永租地基、展拓汉镇日本租界事。现因彼此议订所有条款列左：

第一款，议定大日本国展拓租界从原定界址起，向北接展一百五十丈为止，东西界线照原界划齐。

第二款，议定画拓日本租界内华商设有之燮昌公司火柴厂，可在界内照常开设，不致勒令迁移。燮昌公司亦应遵守大日本国租界章程完纳税捐，与大日本国商民一律无异。大日本国国家看待燮昌公司，保护照料，亦与大日本国商民一律无异。至该火柴厂将来如何处置办法，大日本国家随时总准界内现有美孚大油栈，一律看待办理。但此项议定原系保护华商利益起见，是以将来倘或燮昌公司火柴厂明暗不在华商之手，大清国官宪一概不能干与保护。

第三款，议定此次展拓租界，应由湖广总督部堂札饬江汉关道会同大日本领事官派员勘丈四址界线，树立界碑。其余条约均照原订合同施行办理。

以上条款立为展拓租约，修就汉文、日文各两份，彼此签押，一俟两国上宪批准，再行盖印为据。

大清钦命湖北汉黄德兵备道监督江汉关税务兼办通商事

宜桑

大日本钦命驻扎汉口兼管九江办理通商事务领事水野

大清国光绪三十二年十二月二十七日

大日本国明治四十年二月九日　在汉口立

鄂督张附奏汉口比国租界议价收回情形片

再，汉口滨江地方招商局码头以下系英国租界，以下接展俄界、法界、德界至日本租界止；日界以下为华业公司地界，迤下直到刘家庙京汉铁路码头、火车栈厂皆为中国地界。乃比国乘铁路购地之际，在该处私购民地三万六千余方，以豫备铁路比国工人赁住为辞，于光绪二十四年坚向总署索订比国租界。经臣竭力拒绝，驳以比国工人只可由铁路公司造屋借与居住，不能准于立界。自光绪二十四年议起，相持至八年，该使复迭向外务部函催咨行。臣统筹兼顾，再四筹思，比国原购地段紧靠京汉铁路南端江边码头之刘家庙火车栈，包过铁路，实扼南北铁路咽喉，于中国管理铁路主权及京汉、粤汉两路交接之码头大有妨碍，坚不允许。仅就滨江一边划地一万六千余方，拟作比界，东北两面皆与铁路相离数十丈。该使复商由外务部咨请通融加宽，驳以查明窒碍咨覆外务部酌覆。自是又相持数年，该国驻汉领事将所买地契送交关道税印，迭经照催，要挟甚力。臣思该地跨越铁路，横当要冲，虽一再驳令减让，究于附近铁路地权地利有损，不如议价收回，留作扩充华商贸易之用，可以永保利权。惟自铁路告成以后，地价数十倍于从前，经臣派员与该领事磋议经年，始将全数基地议定价银八十一万八千余两。

又以巨款咄嗟难办，暂行息借华洋商款垫付，以杜翻悔。此系上年之事，现因地甫收清，息借之款已另行筹款归还。从此京汉、粤汉路临江码头不为外人租界扼阻，于路政、商务均有裨益。自应将此案原委情形奏咨立案，除咨外务部立案外，所有收回比国租界缘由，理合附片具陈，伏乞圣鉴。谨奏。

光绪三十三年　月　日具奏

朱　跋[1]

夏口未分治以前，旧有《汉阳县志》一编，都二十四卷。后人目之，虽征不信。盖体例不严，而考据多陋，费辞衍义，剌剌如茨。当时邑无著者，菅荈以从，[2] 宜乎绌矣。余生也晚，同学如密昌墀、黄元吉、吴无欺、万宗陵、田文烈诸子，悉饫经史根柢之学，每虑邑乘不足传信，拟例《武功志》以重辑之。乃以西燕东劳，议不克举，私心疚焉。闲尝读《夏口考》，详于沿革，裘行恕之言也。再读《汉口丛谈》，悉于风土人情，陈士元之言也。又如阮汉闻《纪游》、冯氏《题襟记》、施补堂《见闻录》附竹枝词，读之可见市政之得失，文物之盛衰，商货之良窳，[3] 习俗之奢靡，过来人輶轩问俗，[4] 何其深切而著明也。是书也，余故藏之。丁亥秋，毁佚殆尽，殊为可惜。日月几何，风气再变，即令尚存，览是书者，今昔沧桑之感又何如耶？故分治以后，前清厅同知、今县知事，每集邑人谋修《夏口县志》，旋议旋止。曲于资犹易也，[5] 秉笔者为难耳。方今汉口欧美羼处，[6] 轮

---

① 标题原缺，为整理者所加，后同。

② 菅：茅草。荈：指晚采的老茶。菅荈：指代学识普通的人。

③ 良窳：优劣。

④ 輶轩：古代使臣乘坐的轻车。亦指代使臣。

⑤ 资：财力。曲于资犹易：经费短费还好办。

⑥ 羼处：杂居。

轨交通，商埠迁变，时事易移，如累乱丝，至为繁缛，率尔操觚，犹《汉阳县志》也。忽闻徐君星槎撰成《汉口小志》一书，索稿浏览，分门别类，一十有五。其体例简而要，其考据约而精，其采录赅而细，苦心孤诣，至矣尽矣。夫徐君孝昌人也，公余之暇，而亦留心斯土，见见闻闻，必纪必载，以传吾邑而饷来者。于此纂修县志，矩为成本，岂不甚幸？然亦夏口士大夫之大愧矣！

乙卯五月六日，汉上逸人朱昌祁跋

胡　跋

友人徐星槎孝廉，与夏子惕生、黄子冠儒，皆好学深思之士，曩见乡先达著述半委蓬蒿，潜德弗彰，愯然自惧，亟谋所以表襮者。星槎搜文，冠儒搜诗，余与惕生探讨其间，竟夕无倦意，以证夙昔所得，而期相与有成也。乙卯岁暮，余役鄂，星槎役汉。闻所著《汉口小志》将脱稿，邮索视之，累日而卒业。搜罗宏富，抉择精审，言有可征，文能行远，《夏口县志》其必以此为权舆，而异日国家从事一统之书，亦将用以资别择。鸿文巨制，宜与金匮石室之藏同不朽矣！已而叹曰：著书立说，易俗移风，非学士大夫之责乎？乃科举未废以前，皆视文字为干禄之饵。洎乎欧化东渐，后生小子靡然从风，学步未成，先亡故我。至于骛词章者，只怡情于花月；事考据者，徒疲精于鱼虫，而于世道人心不相属焉。老成念旧之士，蒿目颓风，不禁悲从中来而不能自已也。星槎分绾警符，职司刑赏，谓布化宣猷，自近而远，故文王之化先及于江汉之间。况汉口居全国之中，为舟车之所出入，交通既繁，观感自易。于是就其政治、风俗、实业、教育诸大端，若者宜因，若者宜革，若者宜损与益，穷源竟委，胪列于编，用以为易俗移风之一助。世有贤哲，按籍披图，发挥光大，被其化者，又岂仅一时一地已哉！特恐有视作等闲记事之书，行李问途之用，遗其远大，摭取皮毛，作者苦心无以表著，因揭其旨以为读者告。

岁首乙卯嘉平月，同里愚弟胡天演小坡识于武昌巡按官廨

徐　跋

作志难，作汉口志尤难，其他远者、大者姑置勿论，近如黄鹄、大别均有为之志者，独汉口无之，毋亦谓地舆中山石难迁，平芜易改，势使然欤？曩有《汉口小志》之目，而书罕见，云集山人言之详矣。黄心庵《漫志》之作未竣而没，鹤关吴氏亦私拟一私志，老懒而辍。宜乎读彭念堂《汉口考》一篇而赞赏于靡既也。张宗绪《与毛大可书》云："仆尝三登黄鹤楼，访神仙吹铁笛处，唯见荒烟蔓草而已。枣木数枝，纤细如指大，万难结实，何从窃啖？独江心鹦鹉洲一区，水涨不没，涸亦不浮，青草茸茸，犹带生气。"噫嘻！宗绪莅鄂，既登黄鹄望鹦鹉，而汉口形如卧帚，独非水涨不没、涸亦不浮也乎？胡未闻屈指及之？诚哉！地以人传，非其人则地亦湮没而不彰。藉使当日者渔阳三挝、梅花数弄咸于汉皋芦苇丛中，留遗迹于数千年上，吾知咏古述怀之士将舍武昌、汉阳而咸取道于汉口，流风遗俗，刊载不磨，后有作人，览无遗憾，汉口传矣，复何待耶？同怀兄星槎先生旅汉有年，以其地不可无传，独发愤著书，援古证今，门分类别，成为《汉口小志》，为逆旅过客作向导，为问津游士示指南，苦心孤诣，竟昔贤未竟之志，起心庵、鹤

关、念堂诸先生而告之，未必不首肯于九京下也。[①] 复得淹博多闻如罗田王晦堂师为之商榷体例，芟订繁芜，校读一过，而已往与现在之汉口胥能了了，其未来之汉口，数十百年以后，又不知为何如也？嗟乎！后之视今，亦犹今之视昔，赓续撰箸，是所望于学士大夫之莅兹土者。汪淡漪有言："柳州山水幽奇，得子厚而始显；[②] 须江岩壑迥异，[③] 得许士而始彰。"然则山水之待人而传者，由人自不能忘情于山水故耳。吾兄固不得以柳州、许士自拟，而此版一出，纸贵洛阳，又岂仅长子孙、绵世泽于勿替耶？於戏远矣！

同怀弟焕章校讫谨跋

① 九京：九原，春秋时晋大夫墓地，引申为九泉。宋叶适《翁诚之墓志铭》："不忮不求，归全其生乎，不从古人于九京乎？"

② 子厚：柳宗元，曾为柳州刺史。

③ 须江：钱塘江重要支流。

补录引用书目

《列仙传》

《汉口新安书院志略》

《聊斋志异》

《三才图会》

《随州集》

《随园诗话》

《空同集》

《经义斋文集》

《秋水阁诗抄》

《挹檏露轩诗集》

《五痴山人稿》

《子固斋诗存》

《缃绮楼诗集》

《石桥剩稿》

密　序

夏之为言，大也。志夏口者，志其小而遗其大，无乃傎诸？然而主人也，问其巷而不知也，此亦土著者之耻也。有人焉，为我勤搜而详籍之，以便览省，而为异日治国闻者之导师，是又土著之一快也。且吾闻之，牛溲马勃，[①] 木屑竹头，克勤小物，洴澼且侯，[②] 使置五石之匏于此，而实不足当一勺之用也，吾又何以为吾夏口谋哉！盖吾夏口之在今日，其大者固不足志也，可志者独此小小者耳。

昔者己亥夏五，[③] 余朝京师，行当入对。时承戊戌之后，[④] 奸人构衅，帝在瀛台，宫府岌岌，忧焉不可终日，而又有术焉以钳制天下之口，使噤不得发声。余欲以虮虱臣勃起争之，非特发言，即恐伏诛，又恐激之已甚，或反厚其衅而速之祸，[⑤] 则余罪滋大。意踌躇未有以决也。会鄂督张文襄公奏割汉阳之北乡为夏口厅，[⑥] 得旨报可。余读报惊喜，拍案叫曰："夏口者，大口也。天其或者以是启余乎?"因乞

① 牛溲马勃：牛溲，车前草的别名。马勃，生于湿地及腐木的细菌。两者均可入药，比喻微贱但有用的东西。

② 洴澼且侯：洴，浮。澼，漂洗。《庄子·逍遥游》中讲，有人用不裂手之药漂洗织物，有人将其献于吴王而得封侯。

③ 者：原脱，据《密昌墀集》补。

④ 时：原脱，据《密昌墀集》补。

⑤ 或：原脱，据《密昌墀集》补。

⑥ 公：原脱，据《密昌墀集》补。

签于关帝，帝壮余意，有“欲诛逆党信非难，论可回天力拔山”之句，意遂决。然终虑两宫并坐，进说甚难，一言忤旨，则辞不得尽而事且败，逢、比之心计，[①] 非济以仪、秦之舌不可。[②] 独居深思至月余，意忽有悟，然后敢入。

入则见太后如旧识，胆益壮。言团练，则雪鲁绅臧景傅太史之狱；言垦荒，则伸晋抚胡蕲帅之议。任举一端，皆即垂询之所及，触类引伸，扩而大之，以入吾说。盖几如石投水，莫之拒。已而曰：“未也，臣请忧大局。”已而曰：“未也，臣请择枢臣。”已而曰：“未也，臣请以十六字进太后。”言至此，仰窥慈颜甚庄。则又迂回其说曰：“臣先有十六字进皇上。”[③] 盖规谏皇上之语，即借以感悟太后也。始先帝未谕吾意，[④] 意颇愠，继乃豁然大感动，称“是是”不绝口。太后虽神采英毅，意近疑猜，[⑤] 比闻入骨之言，遽陨沾巾之泪。不觉絮絮滔滔，若老妪然。且抚先帝之背，反复譬晓，[⑥] 盖甚太息痛恨于鸱鸮之不良，而恩斯勤斯之心不见谅于天下也。[⑦] 厥后余稍持之急，太后色忽变，夷然作门面语以自壮。余时不悟，[⑧] 以为如此则帝益危，[⑨] 情急舌快，遂

① 逢：夏代的逢龙。比：商代的比干。此二人皆敢于进谏之忠臣。

② 仪：张仪；秦：苏秦。战国时代著名纵横家，能言善辩。

③ 有：原误作“以”，据《密昌墀集》改。

④ 吾：《密昌墀集》中作“余”。

⑤ 疑：原误作“雄”，据《密昌墀集》改。

⑥ 反：《密昌墀集》中作“返”。

⑦ 此处二句，典出《诗经·豳风·鸱鸮》。作者之意是说因受奸人挑拨，所以太后爱护皇帝勤政之心不为天下所知。

⑧ 悟：原误作“语”，据《密昌墀集》改。

⑨ 此：《密昌墀集》中作“是”。

触逆鳞。太后惭于先帝在座,[1] 勃然震怒,以扇柄击案,厉声连叱者三。余时箭已离弦,势不得遏,抗辩益哗,声震殿壁。太后目光睒睒,户外履声橐橐,而余意不少慑,卒伸吾说而后已。盖言虽过戆,为先帝地,实兼为太后地也。久之,太后色定,摇扇数四,仍温颜谕出。故余有《固关题壁》诗云:"四大天门万叠山,孤臣手系日轮还。惊霆一震重霄霁,[2] 吾戴吾头入固关。"盖纪实也。

卒空言无补,彼狡负乘祸变相寻,瓜蔓同尽。武侠方啸聚于《水浒》,贪庸犹醉梦于《红楼》。泽狐一鸣,轩鹤不舞,使巨奸得乘之以为资,两利而俱用之,清社屋矣。而所谓夏口厅者,又未几而易为县矣。呜呼!自有夏口以来,其收效若此,足志乎?抑不足志乎?抑不独此也,往尝赴安陆陈君之约,与某元勋会饮于酒楼,[3] 其人走迎,执乡后辈礼甚恭。余逆谓之曰:"吾北乡区区一弹丸地耳,[4] 胡乃惯出怪物如此。"其人应声曰:"然!公老怪物,某则小怪物耳!"余亦无以难之,一笑而罢。

呜呼!汉北之建夏口厅也,在己亥之夏。厅之忽易为县也,实基于辛亥之秋。十年之间,沧桑数变,大言无实之兆欤?抑夥涉发难之力欤?[5] 自古鼎革之际,入主出奴,是丹非素。而在今日,欧风东渐,民权说兴,议论又加异焉。而吾与某元勋者,又不幸而产于兹土,且近在十里之内,然则

① 座:原误作"坐",据《密昌墀集》改。
② 惊:《密昌墀集》中作"雷"。
③ 于:原脱,据《密昌墀集》补。
④ 一:原脱,据《密昌墀集》补。
⑤ 夥涉:秦末陈涉起义。此处指辛亥首义的民军。

志夏口者，将颂为麟凤之郊薮欤，抑訾为龙蛇之窟宅欤？[①]

呜呼！三韭之谶，天实为之，儿时闻先叔铁卿公言："世祖燕京定鼎之夕，梦殿下生三韭，其长竟天。次日以语廷臣，一人贺曰：'此天长地久之兆也。'一人曰：'不然，韭者，九也，盖三九二百七十年耳。'"吾老且死，尚复何言。故曰：其大者不足志，可志者独此小小者耳。

志者，四区区长、徐星槎焕斗。序者，魁结老道、汉北密孑公昌墀。

丹皆先生文章豪迈如其人，国变后，久焚笔砚不作。此稿经年催促，昨始由王晦堂先生交来，书已成册，不能弁之卷首。特仿《易》叙卦，《史》《汉》叙传例，附之卷后。六朝以前，古书序文大都如此也。

丙辰八月八日，焕斗附识

① 宅：《密昌墀集》中作"穴"。

宗　跋

吾郡星槎徐署长之为是书也，口询笔书，搜求良苦。又得罗田王君访书长沙，以搜补未尽。是邦文献虽未云极备，要可十得七八。成书后，以付印属之鄙人。自维年来分作市民，从事铅椠资生之外，思尽得吾乡文献之放佚者而传布之，兹书其首事也。不虞兵兴市警，作业艰窘，荏苒岁时，今始告毕。吾知此书一出，邦人旅客必人手一编，为访古证今之先导，而有助于采风问俗者不少也。星槎以鄙人曾与经营，属题其后。惟是编之经要，丹皆密先生与王晦堂同年序之详矣，无取重赘。独生当多故，地处冲繁，即小小一印书事，必几经波折而始就。然则吾民今日亦何事不如是也哉！于是书之成也，不禁感慨系之。

丙辰秋八月，黄陂宗季同。